Die positive Forderungsverletzung und der Vertrag mit Schutzwirkung für Dritte im internationalen Privatrecht und internationalen Zivilprozeßrecht

Europäische Hochschulschriften

Publications Universitaires Européennes
European University Studies

Reihe II
Rechtswissenschaft

Série II Series II
Droit
Law

Bd./Vol. 3233

PETER LANG
Frankfurt am Main · Berlin · Bern · Bruxelles · New York · Oxford · Wien

Dirk Spahl

Die positive Forderungsverletzung und der Vertrag mit Schutzwirkung für Dritte im internationalen Privatrecht und internationalen Zivilprozeßrecht

PETER LANG
Europäischer Verlag der Wissenschaften

Die Deutsche Bibliothek - CIP-Einheitsaufnahme

Spahl, Dirk:

Die positive Forderungsverletzung und der Vertrag mit Schutzwirkung für Dritte im internationalen Privatrecht und internationalen Zivilprozeßrecht / Dirk Spahl. - Frankfurt am Main ; Berlin ; Bern ; Bruxelles ; New York ; Oxford ; Wien : Lang, 2001

(Europäische Hochschulschriften : Reihe 2, Rechtswissenschaft ; Bd. 3233)
Zugl.: Bonn, Univ., Diss., 2000
ISBN 3-631-38232-4

D 5
ISSN 0531-7312
ISBN 3-631-38232-4

www.peterlang.de

Meinen Eltern

Inhaltsverzeichnis

Verzeichnis der Abkürzungen

aA	anderer Ansicht
ABGB	Allgemeines Bürgerliches Gesetzbuch (Österreich)
ABl.EG	Amtsblatt der Europäischen Gemeinschaften
Abs.	Absatz
AcP	Archiv für die civilistische Praxis (Zeitschrift)
a. E.	am Ende
ähnl.	ähnlich
All ER	The All England Law Reports
Anh.	Anhang
Anm.	Anmerkung
App.	Cour d'Appell (Frankreich)
Aufl.	Auflage
AWD	Außenwirtschaftsdienst (Zeitschrift)
BAG	Bundesarbeitsgericht
Bd.	Band
betr.	betreffend
BGB	Bürgerliches Gesetzbuch
BGBl.	Bundesgesetzblatt
BGH	Bundesgerichtshof
BGHZ	Amtliche Sammlung der Entscheidungen des Bundesgerichtshofs in Zivilsachen
bspw.	beispielsweise
BT-Drs.	Bundestagsdrucksache
Bull. civ.	Bulletin des arrets de la Cour de Cassation rendus en matière civile
bzw.	beziehungsweise
Cass.	Cour de Cassation
Cass. ass. plén.	Cour de Cassation, Assemblée plénière
Cass. civ.	Cour de Cassation, Chambre civile
Cass. com.	Cour de Cassation, Chambre commerciale
CC	Code civil (Frankreich), Codice civile (Italien)
CMR	Übereinkommen über den Beförderungsvertrag im internationalen Straßenverkehr
D.	Recueil de jurisprudence Dalloz (Zeitschrift)

ders.	derselbe
Diss.	Dissertation
DS	Recueil de jurisprudence Dalloz et Sirey (Zeitschrift)
EG	Europäische Gemeinschaft
EGBGB	Einführungsgesetz zum Bürgerlichen Gesetzbuch
Einl.	Einleitung
EU	Europäische Union
EuGH	Europäischer Gerichtshof
EuGVÜ	Brüsseler EWG-Übereinkommen über die gerichtliche Zuständigkeit und die Vollstreckung gerichtlicher Entscheidungen in Zivil- und Handelssachen
EuZW	Europäische Zeitschrift für Wirtschaftsrecht
EvBl.	Evidenzblatt der Rechtsmittelentscheidungen (Österreich)
EVÜ	Römisches EWG-Übereinkommen über das auf vertragliche Schuldverhältnisse anzuwendende Recht
FamRZ	Zeitschrift für das gesamte Familienrecht
ff.	folgende
Fn.	Fußnote
Gaz. Pal.	Gazette du Palais
h. M.	herrschende Meinung
Hrsg.	Herausgeber
idF	in der Fassung
insbes.	insbesondere
IPRax	Praxis des internationalen Privat- und Verfahrensrechts
IPRspr.	Die deutsche Rechtsprechung auf dem Gebiete des internationalen Privatrechts
IR	Information rapide
iVm	in Verbindung mit
JBl.	Juristische Blätter (Österreich)
JCP.	Juris-Classeur périodique
JR	Juristische Rundschau
Jura	Jura, Juristische Ausbildung
JuS	Juristische Schulung
JZ	Juristenzeitung
LM	Lindenmaier-Möhring, Nachschlagewerk des Bundesgerichtshof
mwN	mit weiteren Nachweisen
NBW	Nieuw Burgerlijk Wetboek
NedJur	Nederlandse jurisprudentie
NJW	Neue Juristische Wochenschrift

NJW-RR	NJW-Rechtsprechungsreport
OGH	Oberster Gerichtshof (Österreich)
OLG	Oberlandesgericht
PHI	Produkthaftung International
RabelsZ	Rabels Zeitschrift für ausländisches und internationales Privatrecht
RdW	Recht der Wirtschaft
Rev.dr.int.pr.	Revue de droit international privé
Rev.trim.dr.civ.	Revue trimestrielle de droit civil
RG	Reichsgericht
RGZ	Amtliche Sammlung der Entscheidungen des Reichsgerichts in Zivilsachen
RIW	Recht der internationalen Wirtschaft
Rn.	Randnummer
S.	Seite, Satz
s.	siehe
SchwJbIntR	Schweizerisches Jahrbuch für internationales Recht
Slg.	Sammlung
Somm.	Sommaire (Zusammenfassung)
StAZ	Das Standesamt (Zeitschrift)
SZ	Entscheidungen des Obersten Gerichtshofs in Zivilsachen
TranspR	Transportrecht
Trib.	Tribunale
VersR	Versicherungsrecht
vgl.	vergleiche
WM	Wertpapier-Mitteilungen
z. B.	zum Beispiel
ZBl.	Zentralblatt für die juristische Praxis (Österreich)
ZEuP	Zeitschrift für Europäisches Privatrecht
ZfRV	Zeitschrift für Rechtsvergleichung
ZIP	Zeitschrift für Wirtschaftsrecht und Insolvenzpraxis
ZPO	Zivilprozeßordnung
ZVglRWiss	Zeitschrift für vergleichende Rechtswissenschaft
ZVR	Zeitschrift für Verkehrsrecht (Österreich)
ZZP	Zeitschrift für den Zivilprozeß

§ 1 Einleitung

Die positive Forderungsverletzung und der Vertrag mit Schutzwirkung zugunsten Dritter sind Rechtsinstitute des deutschen materiellen Rechts, die praeter legem von Rechtsprechung und Lehre entwickelt wurden. Der Vertrag mit Schutzwirkung für Dritte sollte dabei eine Ausdehnung der - gegenüber dem Deliktsrecht vorteilhaften - vertraglichen Haftung bewirken. Demgegenüber kommt der positiven Forderungsverletzung im deutschen Recht der Leistungsstörungen die Funktion eines Auffangtatbestandes für Verletzungen vertraglicher Pflichten zu. Angesichts eines weit gespannten Spektrums vertraglicher Pflichten erfaßt die positive Forderungsverletzung höchst ungleichartige Fallkonstellationen, die unterschiedlich systematisiert werden. Jedenfalls reichen dabei einzelne Bereiche in genuines Deliktsrecht hinein; vor allem die sogenannten "Schutzpflichtverletzungen" sind gemeint.

Allgemeiner gefaßt geht es auch um die Frage, wo die Grenze zwischen vertraglicher und deliktischer Haftung liegen soll - sofern sich eine solche denn eindeutig bestimmen läßt. Die Voraussetzungen und Rechtsfolgen beider Haftungssysteme differieren stark. Die materiellrechtliche Problematik findet ihre Fortsetzung auf der übergeordneten Ebene des Kollisionsrechts im Spannungsverhältnis von Vertragsstatut und Deliktsstatut und im Recht der internationalen Zuständigkeit bei dem Gerichtsstand am Erfüllungsort einer vertraglichen Verpflichtung in Art. 5 Nr. 1 EuGVÜ bzw. § 29 Abs. 1 ZPO oder dem Gerichtsstand für Deliktsklagen in Art. 5 Nr. 3 EuGVÜ bzw. § 32 ZPO.

Der Vertrag mit Schutzwirkung für Dritte und die positive Forderungsverletzung sind in der Literatur zum internationalen Privatrecht und internationalen Zivilprozeßrecht bislang kaum behandelt worden. Während sich zur Qualifikation des Vertrags mit Schutzwirkung noch einige differenzierte Stellungnahmen finden[1], wird die positive Forderungsverletzung meist ohne weiteres dem Vertragsstatut zugeordnet[2]. Dies steht in auffälligem Gegensatz zu der Fülle an materiell-

1 Möllenhoff, S. 71; Bauer, S. 13 f.; im Rahmen der Diskussion um die akzessorische Anknüpfung: W. Lorenz, Vorschläge, S. 157; Beitzke, SchwJbIntR 1979,93,97 f.; Wandt, Internationale Produkthaftung, Rn. 1207 ff.; Peter Fischer, S. 217 ff.; Schönberger, S. 206; Staudinger-v. Hoffmann, Art. 38 EGBGB Rn. 141.

2 Vgl. BGHZ 123,200,207; Reithmann/Martiny, Rn. 245; MüKo-Martiny, 2. Auflage, Art. 32 EGBGB Rn. 25; MüKo-Spellenberg, 3. Auflage, Art. 32 EGBGB Rn. 19 u.

rechtlichen Abhandlungen zu den genannten Rechtsinstituten. Eine vertragliche Einordnung im materiellen Recht steht dabei einer abweichenden Qualifikation im Kollisionsrecht nicht entgegen, da unterschiedliche Bedürfnisse und Fragestellungen von internationalem Privatrecht und Sachrecht Systemunterschiede zwischen ihnen möglich - oder sogar notwendig - machen[3].

Angesichts der beschriebenen Ausgangslage geht es in dieser Arbeit darum, zunächst die jeweiligen Rechtseinrichtungen nach ihrem Sinn und Zweck zu erfassen und ihre Bedeutung zu würdigen. Desweiteren müssen die Abgrenzungsmerkmale der deutschen Kollisionsnormen ermittelt werden[4]. In Frage kommt hier sowohl eine vertragliche (Art. 32 EGBGB) als auch eine deliktische Qualifikation, da die genannten Rechtsinstitute vertragliche wie deliktische Funktionen erfüllen. Die Systembegriffe der Kollisionsnorm sind dabei auf autonomrechtsvergleichender Grundlage auszulegen. Dies ergibt sich daraus, daß die Art. 27 ff. EGBGB auf dem Römer Schuldvertragsübereinkommen (EVÜ) beruhen, für das die Auslegungsmaximen für Staatsverträge gelten.

Die Rechtsordnungen der Vertragsstaaten sind mithin daraufhin zu befragen, welche Regelungsmechanismen sie für die entsprechenden Fallkonstellationen gefunden haben. Vor allem der Umfang des vertraglichen Pflichtenspektrums und die Reichweite der deliktischen Einstandspflicht werden Gegenstand der Betrachtung sein. Ausführlich soll dies an den Beispielen der Rechtsordnungen Österreichs und Frankreichs dargestellt werden. Ein kürzeres Augenmerk richtet sich auf das englische, italienische und niederländische Recht. Sofern das internationale Privatrecht dieser Länder interessante Ansatzpunkte aufweist, wird auch darauf eingegangen.

Die aus der Rechtsvergleichung gewonnenen Ergebnisse fließen in die Qualifikation von positiver Forderungsverletzung und Vertrag mit Schutzwirkung für Dritte ein. Zusätzlich werden dabei teleologische und systematische Wertungen sowie typisierte Rechtsanwendungsinteressen analysiert.

Im Anschluß ergibt sich die Frage, ob die Einordnungen von positiver Forderungsverletzung und Vertrag mit Schutzwirkung zugunsten Dritter im EGBGB (EVÜ) und EuGVÜ übereinstimmen. Deshalb ist im zweiten Hauptteil der Arbeit zu klären, ob es sich bei der positiven Forderungsverletzung und dem Vertrag mit Schutzwirkung um Ansprüche aus Vertrag im Sinne des Art. 5 Nr. 1 EuGVÜ oder um deliktische Ansprüche nach Art. 5 Nr. 3 EuGVÜ handelt. Hier sind andere Bedürfnisse und Fragestellungen als im Kollisionsrecht zu berücksichtigen.

26; Soergel-v. Hoffmann, Art. 32 EGBGB Rn. 32; Palandt-Heldrich, Art. 32 EGBGB Rn. 5.

3 v. Bar, IPR I, Rn. 599.

4 Vgl. RGZ 163,367,375 f.; BGHZ 29,137 ff.; 47,324,332; v. Bar, IPR I, Rn. 604.

Ein besonderer Stellenwert kommt in diesem Zusammenhang der Rechtsprechung des EuGH zu, der den Anwendungsbereich von Art. 5 Nr. 1 und 3 EuGVÜ im Wege der fallweisen Auslegung näher bestimmt hat. So richtet sich auf die Kalfelis- und die Handte-Entscheidung ein kritisches Augenmerk, da beide grundlegende Aussagen zum Verhältnis von vertraglichem zu deliktischem Gerichtsstand und von allgemeinem Gerichtsstand zu den besonderen Zuständigkeiten enthalten. Die Handte-Entscheidung hat überdies ein vertragliches Drittschutzkonzept - die französische action directe - zum Gegenstand, so daß sich Parallelen zum deutschen Vertrag mit Schutzwirkung für Dritte aufdrängen.

Unter dem Vorzeichen der lex-fori-Qualifikation der Begriffe des autonomen Rechts stellen sich die gleichen Fragen im nationalen deutschen Recht der internationalen Zuständigkeit. So kann der Gerichtsstand des Erfüllungsortes nach § 29 Abs. 1 ZPO oder der Gerichtsstand der unerlaubten Handlung aus § 32 ZPO einschlägig sein. Hintergrund und Bedeutung des lex-fori-Prinzips werden mit Blick auf die Auswirkungen des europäischen auf das autonome nationale Zivilprozeßrecht im Sinne einer harmonisierenden Auslegung untersucht. Am Schluß soll eine kohärente und praktikable Lösung für die Behandlung von Ansprüchen aus positiver Forderungsverletzung und Vertrag mit Schutzwirkung für Dritte im internationalen Privat- und Zivilprozeßrecht stehen.

§ 2 Positive Forderungsverletzung und Vertrag mit Schutzwirkung im deutschen materiellen Recht

I. Positive Forderungsverletzung

Im Rahmen dieser Arbeit ist nur eine knappe Skizze des gegenwärtigen Standes von Rechtsprechung und Literatur zur positiven Forderungsverletzung geboten. Es geht im wesentlichen darum, den Anwendungsbereich und die zentralen Fallgruppen mit dem Ziel zu umreißen, eine funktionsgerechte Einordnung im Kollisionsrecht und im internationalen Zivilprozeßrecht zu ermöglichen.

1. Geschichtliche Entwicklung und Aufgaben

Bereits kurze Zeit nachdem das BGB in Kraft getreten war, bemerkte man Unzulänglichkeiten bei der Regelung der Leistungsstörungen[5]. Die vom Gesetz geregelten Formen des Verzugs, der Unmöglichkeit sowie der Gewährleistungsrechte des Besonderen Teils vermochten einen zureichenden Schutz der Vertragspartner in den Fällen einer sorgfaltswidrigen Schlechtleistung nicht zu erreichen[6]. Die Verfasser des BGB hatten der Unmöglichkeit eine herausragende Stellung eingeräumt, die ihr in der Rechtswirklichkeit nicht zukam[7]. Trotz einiger Bestrebungen, den Unmöglichkeitsbegriff weiter zu fassen und auf Fälle der Schlechtleistung auszudehnen[8], entwickelte sich in relativ kurzer Zeit die positive Vertragsverletzung als dritter Tatbestand der Leistungsstörungen neben Unmöglichkeit und Verzug. Wie bereits bei der culpa-Haftung im gemeinen Recht, sollte die schuldhafte Verletzung einer Verbindlichkeit eine Verpflichtung zu Schadensersatz begründen. Das Reichsgericht glaubte, diesen Anspruch an § 276 BGB festmachen zu können[9], während der BGH bis heute als Analogiebasis §§ 280, 286, 325, 326 BGB heranzieht[10].

---

5 Grundlegend ist die 1904 erschienene Monographie von Staub: Die positiven Vertragsverletzungen.

6 Vgl. Emmerich, § 20 I; Esser/Schmidt, § 29 III; Köpcke, S. 11 ff.; Schünemann, JuS 1987,1,2 ff.

7 Köpcke, S. 10; Heinrichs, S. 8.

8 Vgl. Überblick bei Köpcke, S. 10 f.

9 Vgl. RGZ 52,18,19; 66,289,291; 106,22,25 f.

10 St. Rspr. seit BGHZ 11,80,83.

Gleichwohl wird auch gegenwärtig noch die Lückenhaftigkeit des Gesetzes unter Hinweis auf die Regelungen zur Teilunmöglichkeit und die Motive der Gesetzesverfasser angezweifelt[11]. Dies bedeutet aber nicht, daß eine Tendenz dahin geht, das Institut der positiven Forderungsverletzung im geltenden Recht abzuschaffen. Vielmehr wird ihm mittlerweile eine Stellung als Gewohnheitsrecht zugebilligt[12].

Die von Staub geprägte Begrifflichkeit "positive Vertragsverletzung" hat sich in mehrfacher Hinsicht als untrefflich erwiesen[13], so daß hier die Bezeichnung "positive Forderungsverletzung" verwendet werden soll. Sie ist über ihre ursprüngliche Funktion der Lückenfüllung hinausgewachsen und hat sich zu einem Auffangtatbestand - von einigen Stimmen in der Literatur als Grundtatbestand bezeichnet[14] - der Leistungsstörungen entwickelt. Zahlreiche heterogene Tendenzen, Zwecke und Funktionen fließen dabei unter diesem Rechtsinstitut zusammen[15].

Die Vielfältigkeit des Anwendungsbereichs spiegelt sich in der meistgebrauchten Definition der positiven Forderungsverletzung wider: Sie erfasse alle nach §§ 276 ff. BGB zu vertretenden Pflichtverletzungen im Rahmen eines bestehenden Schuldverhältnisses, die weder Unmöglichkeit noch Verzug zur Folge haben und die nicht in den Gewährleistungsvorschriften abschließend geregelt sind[16].

Schon aus dieser negativen Umschreibung des Anwendungsbereichs des Haftungsinstituts wird deutlich, daß Rechtsprechung und Lehre Schwierigkeiten bei dem Bemühen haben, eine strukturelle Eingrenzung des Tatbestandes vorzunehmen. So finden sich auch Stimmen, die zu Vorsicht bei der Typisierung von Fallgruppen anhalten; bei einer unübersehbaren Vielfalt von Vertragsgestaltungen seien kaum allgemeine Formen vertragswidrigen Verhaltens zu fassen[17]. Insbesondere die Rechtsprechung stelle Neben- und Schutzpflichten ohne nähere Systematisierung auf; die positive Forderungsverletzung sei ein amorphes Gebilde.

---

11 Emmerich, § 20 IV; MüKo-Emmerich, vor § 275 Rn. 97.

12 Vgl. BGHZ 11,80,83 ff.; MüKo-Emmerich, vor § 275 Rn. 96; Palandt-Heinrichs, § 276 Rn. 105; Staudinger-Löwisch, vor § 275 Rn. 24; Emmerich, § 20 IV; Larenz I, § 24 I a; kritisch: Picker, AcP 183 (1983),369,386; Schünemann, JuS 1987,1 f.

13 Soergel-Wiedemann, vor § 275 Rn. 352; Köpcke, S. 12.

14 Soergel-Wiedemann, vor § 275 Rn. 353; Schünemann, JuS 1987,1.

15 Esser/Schmidt, § 29 III 1.

16 Soergel-Wiedemann, vor § 275 Rn. 353; Emmerich, § 20 I; Larenz I, § 24 I a; Stade, S. 12.

17 Esser/Schmidt, § 29 III 2; ähnl. Soergel-Wiedemann, vor § 275 Rn. 358.

2. *Systematisierung durch Fallgruppenbildung*

Dennoch kann die Bildung von Fallgruppen helfen, den Anwendungsbereich eines Rechtsinstituts präziser zu fassen und zu systematisieren. Die verbreitete Kategorisierung der wichtigsten Fallgruppen der positiven Forderungsverletzung soll hier nachvollzogen und zum Ausgangspunkt der weiteren kollisionsrechtlichen Betrachtung gemacht werden. Im wesentlichen lassen sich drei Fallgruppen unterscheiden: Die Schlechterfüllung, die Verletzung leistungsbegleitender Nebenpflichten und die Schutzpflichtverletzung.

a. *Schlechterfüllung*

Bei der Schlechtleistung oder Schlechterfüllung handelt es sich um die mangelhafte Erfüllung einer Haupt- oder Nebenleistungspflicht, die weder Unmöglichkeit noch Verzug zur Folge hat und nicht unter die Gewährleistungsregeln des Besonderen Teils des BGB fällt. Den Schuldner soll eine allgemeine Pflicht zur vertragsmäßigen Leistung oder "Gutleistung" im Sinne einer integritätswahrenden Schulderfüllung treffen, die als allgemeines Prinzip dem Gesetz innewohnt und in Vorschriften wie §§ 480, 536, 633 BGB zum Ausdruck kommt[18]. Die Schlechterfüllung kann dabei sowohl das Leistungsinteresse, als auch das Erhaltungsinteresse verletzen, ohne daß diese Interessen bei der Tatbestandsbeschreibung eine Rolle spielen[19]. Zentraler Bezugspunkt bei der positiven Forderungsverletzung ist die Ermittlung einer Vertragspflicht und ihre mögliche Verletzung durch ein bestimmtes Verhalten des Schuldners.

Zu den Folgen der Schlechterfüllung zählen auch die sogenannten "Begleitschäden". Sie manifestieren sich an einem außervertraglichen Rechtsgut und betreffen damit typischerweise das Interesse des Gläubigers, nicht in seinem schon vorhandenen Bestand an Rechtsgütern verletzt zu werden. Sofern der Begleitschaden kausal mit einem Mangel verknüpft ist, spricht man von einem Mangelfolgeschaden. Gerade bei diesem bestehen einige Schwierigkeiten, zu bestimmen, ob er von den vorrangigen gesetzlichen Vorschriften der Mängelhaftung bei Kauf, Miete, Leihe und Werkvertrag umfaßt wird. Literatur und Rechtsprechung beschäftigen sich ausführlich und kontrovers mit dieser Frage[20].

Desweiteren kann - sofern keine besondere Gewährleistung greift - Ersatz über die positive Forderungsverletzung zu leisten sein, wenn bei einer zusam-

---

18 Köpcke, S. 30 f; Esser/Schmidt, § 29 III 2 a.

19 Anders aber beispielsweise U. Huber, AcP 177 (1977),281,283; Esser/Schmidt, § 29 III 2 a.

20 Einen Überblick bietet z. B. MüKo-Emmerich, vor § 275 Rn. 99 ff.

mengesetzten Ware der Mangel eines funktionell abgrenzbaren Teils nach Eigentumsübergang die Gesamtsache zerstört oder beschädigt und sich der Schaden mit dem Mangelunwert bei Gefahrübergang deckt, er "stoffgleich" ist[21]. Diskutiert wird dies unter dem Stichwort des "weiterfressenden Mangels" bzw. der "Weiterfresserschäden". Auch diese Fälle müssen unter die Kategorie der Schlechterfüllung gefaßt werden, da sie ebenso wie Mangelfolgeschäden auf der mangelhaften Erfüllung einer Haupt- oder Nebenleistungspflicht beruhen.

b. *Verletzung leistungsbegleitender Nebenpflichten*

Der vorgenannten Fallgruppe stehen Konstellationen nahe, in denen aus dem Schuldverhältnis sonstige Nebenpflichten resultieren, die den Leistungsvorgang begleiten. Sie sind sehr heterogen und nur im Einzelfall von den Nebenleistungspflichten abzugrenzen. Die Nebenpflichten entstehen vor allem situationsbedingt ex lege bei der Vertragsdurchführung; sie konkretisieren sich in vielen Fällen erst mit ihrer Verletzung. Demzufolge sind sie meistens nicht selbständig einklagbar. Gemeinsam ist ihnen das Ziel, eine möglichst schadensfreie Abwicklung des Schuldverhältnisses zu erreichen[22]. So wurden von der Rechtsprechung im Einzelfall Pflichten zu Mitwirkung, Aufklärung, Anzeige, Auskunft, Verschwiegenheit und Unterlassung angenommen[23]. Diese Aufzählung kann jedoch nur Anhaltspunkte liefern und nicht abschließend sein; die Praxis kann im Rahmen der wirtschaftlichen und sozialen Belange der am Rechtsstreit Beteiligten weitere Pflichten konstituieren[24]. Allgemeiner wird auch von "Durchführungspflichten" im Sinne einer Pflicht zur loyalen, an der Beachtung von Treu und Glauben orientierten Vertragsdurchführung gesprochen[25].

Desweiteren erscheint es sinnvoll, die Verletzung der sogenannten "Leistungstreuepflicht", also der Verpflichtung, den Vertragszweck und den Leistungserfolg weder zu gefährden noch zu beeinträchtigen, dieser Fallgruppe zuzuordnen. Damit sind insbesondere die Erfüllungsverweigerung und die Vertragsaufsage erfaßt. In diesen Fällen wird die Pflicht zu vertragsgerechtem Verhalten in besonders signifikanter Weise mißachtet. Ebenfalls lassen Verletzungen einer Gläubigerobliegenheit eine Nähe zu den Nebenpflichtverletzungen (Verletzung einer Mitwirkungspflicht des Gläubigers) erkennen, so daß sie dieser Fallgruppe zugerechnet werden können.

---

21 Vgl. BGHZ 67,359,361 ff.; 86,256 ff.
22 Esser/Schmidt, § 29 III 2.
23 Vgl. Übersicht bei Palandt-Heinrichs, § 276 Rn. 113 ff.
24 Vgl. Esser/Schmidt, § 29 III 2
25 Schünemann, JuS 1987,1,6.

c. *Schutzpflichtverletzung*

Neben der Verletzung leistungsbezogener Nebenpflichten bestehen Nebenpflichten, die ihrer Rechtsnatur nach den allgemeinen Verkehrssicherungspflichten ähneln und als Schutzpflichten bezeichnet werden. Die Schutzpflichtverletzung bildet die dritte wichtige Fallgruppe der positiven Forderungsverletzung. Innerhalb eines Vertragsverhältnisses soll jeder Teil verpflichtet sein, sich so zu verhalten, daß Rechtsgüter des Vertragspartners wie Person, Eigentum oder sonstige Rechte nicht verletzt werden. Insofern besteht eine Verwandtschaft zur Schlechterfüllung von Haupt- oder Nebenleistungspflichten, wenn Mangelfolgeschäden entstehen, die sich an den gleichen Rechtsgütern manifestieren. Die Schutzpflichten sind dabei jedoch gegenüber dem Vertrag weitgehend verselbständigt[26] und dienen ausschließlich dem Interesse des Vertragspartners, nicht in dem schon vorhandenen Bestand an Rechtsgütern - dem Integritätsinteresse - beeinträchtigt zu werden[27]. Die Unabhängigkeit von einer existenten Leistungspflicht unterscheidet die Schutzpflichten von den leistungsbegleitenden Nebenpflichten. Ohne die Sonderbeziehung zwischen den Parteien würde die Pflichtverletzung typischerweise nach Deliktsrecht behandelt.

Den Hintergrund dieser Einbeziehung eigentlich deliktischer Schutzpflichten in die vertragliche Haftung bilden die weithin problematisierten Schwächen des Deliktsrechts[28]. In der Regel werden in diesem Zusammenhang vier Gesichtspunkte angeführt: Die Regelung der Verjährung, die Beweislastverteilung, die Haftung für reine Vermögensschäden und vor allem die Regelung der Einstandspflicht für das Verhalten Dritter in § 831 BGB bzw. § 278 BGB. In der Sache stellt die Ausbildung vertraglicher Schutzpflichten eine Fortbildung des Deliktsrechts dar[29].

Während den Leistungspflichten ein Forderungsrecht des Gläubigers gegenübersteht, ist dies bei den vertraglichen Schutzpflichten niemals der Fall. Schlagwortartig formuliert können Schutzpflichten nur verletzt, aber nicht erfüllt werden.

Die Unabhängigkeit der Schutzpflichten vom Vertrag zeigt sich auch darin, daß heute vielfach ein einheitliches Schutzpflichtverhältnis angenommen wird, das bereits mit der Aufnahme von Vertragsverhandlungen entstehen und auch im

26 Diesen Aspekt stellte als erster Heinr. Stoll, AcP 136 (1932),257,290 ff. heraus.

27 Köpcke, S. 79 ff.; Soergel-Wiedemann, vor § 275 Rn. 484; U. Huber, AcP 177 (1977),281,318 f.; Esser/Schmidt, § 29 III 2 c.

28 Siehe nur Medicus, Gutachten, S. 491 ff.; v. Caemmerer, S. 56 ff.; Picker, AcP 183 (1983),369,373 f.

29 Hans Stoll, Festschrift für v. Hippel, S. 517,527 f.

nachvertraglichen Bereich Wirkungen entfalten soll[30]. Dabei soll das Entstehen dieses Schutzpflichtverhältnisses vom Willen der Parteien unabhängig sein und aus dem Vertrauensgedanken bzw. den allgemeinen Grundsätzen von Treu und Glauben aus § 242 BGB wegen der aus dem engeren Kontakt resultierenden erhöhten Einwirkungsmöglichkeiten gerechtfertigt werden. Dieses Verhältnis beginne mit der Aufnahme des geschäftlichen Kontakts und verdichte sich über mehrere Stufen wie die Vertragsverhandlungen, den Vertragsschluß, den Eintritt in das Erfüllungsstadium und überdauere den Erfüllungszeitraum. Die Rechtsinstitute culpa in contrahendo und positive Forderungsverletzung bezeichneten nur den Zeitpunkt der Haftung; culpa in contrahendo greife vor Vertragsschluß, positive Forderungsverletzung nach Vertragsschluß ein[31]. Desweiteren kann es nach der Vorstellung von einem einheitlichen Schutzpflichtverhältnis sogar zu Ersatzansprüchen aus positiver Forderungsverletzung ohne Vertrag kommen, wenn in Fällen der Unwirksamkeit des Vertrages ein Schaden bei der schlechten Leistung auf den vermeintlich wirksamen Vertrag eintritt. Allerdings sei eine Einschränkung dann erforderlich, wenn der Grund für das Scheitern eines wirksamen Vertrages auch die Belastung mit besonderen Schutzpflichten hindern wolle, wie dies beispielsweise bei den §§ 106 ff. BGB der Fall sei[32]. Ebenso könne die Unwirksamkeit des Vertrages die Intensität der Schutzpflichten beeinflussen.

Ihren rechtlichen Grund findet die Einbeziehung der Schutzpflichten in den Bereich vertraglicher Haftung in einer Vertrauensbeziehung, die aus dem sozialen Kontakt der Parteien herrührt[33]. Zwischen diesen bestehe eine "allgemeine Redlichkeitserwartung", die den Schutz der Rechtsordnung verdiene[34]. Sie sei die Basis für einen reibungslosen Ablauf des Geschäftsverkehrs. Den Maßstab aller Pflichten der Parteien aus dem Vertragsverhältnis bilde das Prinzip von "Treu und Glauben" nach § 242 BGB. Zudem gehe die rechtliche Sonderverbindung mit einem größeren Schadensrisiko einher und wirke so als Verstärkungsfaktor der Pflichten. Gerade auch mit dem Vertragsschluß eröffneten die Vertragspartner einander die Möglichkeit erhöhter Einflußnahme auf ihre Rechtsgüter und setzten sie damit einer stärkeren Gefährdung aus.

---

30 Grundlegend: Canaris, JZ 1965,475,478 ff.

31 Vgl. Canaris, JZ 1965,475,479; Schünemann, JuS 1987,1,7; Frick, S. 57 mwN.

32 Vgl. Medicus, Bürgerliches Recht, Rn. 203.

33 Hans Stoll, Festschrift für v. Hippel, S. 517,526 f.; Esser/Schmidt, § 29 I.

34 Larenz I, § 9 I a.

II. Vertrag mit Schutzwirkung für Dritte

1. Entwicklung des Drittschutzes

Auf eine beinahe neunzigjährige Rechtsanwendungspraxis blickt man zurück, wenn man sich mit dem Vertrag mit Schutzwirkung für Dritte auseinandersetzt. Am Vertrag nicht beteiligten Dritten waren schon wenige Jahre nach Inkrafttreten des BGB vertragliche Ansprüche zugestanden worden, ohne daß sie einen vertraglichen Leistungsanspruch hatten[35]. Die geschädigten Dritten kamen lediglich mit den Wirkungen des Vertrages in Berührung. Hintergrund dieser Entwicklung war von Anfang an die weitaus bessere Stellung des Vertragspartners gegenüber demjenigen, der sich zu seinem Schädiger lediglich in einer vertragslosen Jedermannsbeziehung befindet. Die Ausdehnung der "vertraglichen" Haftung geschah parallel zu der Ausbildung von Schutzpflichten bei der positiven Forderungsverletzung und der Annahme einer vorvertraglichen Haftung aufgrund der culpa in contrahendo[36]. Eine Verweisung der geschädigten Dritten auf deliktische Ansprüche erschien - ebenso wie bei Integritätsverletzungen im Rahmen einer Vertragsdurchführung und Schädigungen im vorvertraglichen Bereich - wegen der bereits beschriebenen Mängel des Deliktsrechts unzureichend[37].

Als klassische Fälle sind in diesem Zusammenhang die Miet-, Personenbeförderungs- und Krankenbehandlungsfälle zu nennen, bei denen häufig ein Familienmitglied des Vertragsgläubigers zu Schaden kam. Hier nahm die Rechtsprechung in zunehmendem Maße vertragliche Schutz- und Sorgfaltspflichten zugunsten der Dritten an[38]. Nachdem ursprünglich der Drittschutz nur zum Ersatz von Personenschäden gewährt wurde, erfolgte später keine Begrenzung mehr nach der Schadensart. Auch Sach- und Vermögensschäden sind heute über den Vertrag mit Schutzwirkung ersatzfähig[39]. Die genannten Schutz- und Sorgfaltspflichten treffen allerdings immer nur eine Partei des Schuldverhältnisses - den Schuldner -, so daß der geschützte Dritte dem "Anschlußgläubiger" zuzuordnen ist. Nur in dieser Form findet der Dritte Teilhabe an einem fremden Schuldverhältnis[40].

Desweiteren besteht keine Beschränkung auf bestimmte Vertragstypen mehr. Beispielsweise wird inzwischen auch Auskunftsverträgen eine Schutzwirkung für

35 Vgl. OLG Hamburg, Das Recht 1907, Nr. 3469; OLG Colmar, Das Recht 1914, Nr. 327; RGZ 87,289,292.

36 v. Caemmerer, S. 56 ff.; Picker, JZ 1987,1041,1042.

37 Übersicht bei Urban, S. 77 ff.

38 Vgl. MüKo-Gottwald, § 328 Rn. 60; Gernhuber, § 21 I 2.

39 Vgl. Rechtsprechungsnachweise bei Soergel-Hadding, Anh. § 328 Rn. 18.

40 Gernhuber, § 21 I 4.

Dritte beigemessen, die auf die Richtigkeit der Auskunft vertraut haben. Dies wirkt sich vor allem bei Banken, Gutachtern oder Rechtsanwälten aus[41].

Die Bezeichnung "Vertrag mit Schutzwirkung für Dritte" hat sich bei alledem erst relativ spät durchgesetzt, nachdem sie von Larenz in die Diskussion eingebracht worden war[42]. Zuvor waren die fraglichen Fälle von der Rechtsprechung meist als stillschweigender Vertrag zugunsten Dritter gem. § 328 BGB bezeichnet worden[43]. Inzwischen ist aber allgemein anerkannt, daß § 328 BGB nur solche Fälle regeln will, in denen dem Dritten ein eigener primärer Leistungsanspruch zukommen soll[44]. Die Klagbarkeit des Drittanspruchs ist damit das Abgrenzungskriterium zum echten Vertrag zugunsten Dritter.

2. *Rechtsgrundlage*

Bis heute ist umstritten, worauf sich die Rechtsfigur des Vertrags mit Schutzwirkung für Dritte in rechtsdogmatischer Hinsicht stützen kann. Die Beantwortung dieser Frage hat Auswirkung auf die Festlegung der tatbestandlichen Voraussetzungen des Vertrags mit Schutzwirkung für Dritte. Nachdem § 328 BGB unmittelbar oder analog nicht mehr herangezogen wird, stehen sich noch zwei Konzepte gegenüber: Eine ergänzende Auslegung des Vertrages zwischen Anschlußgläubiger und Schuldner nach §§ 133, 157 BGB und eine auf Treu und Glauben beruhende richterliche Rechtsfortbildung. Einzelne Stimmen, die den Vertrag mit Schutzwirkung für Dritte bereits als gewohnheitsrechtlich legitimiert ansahen[45], haben keinen Anhang gefunden.

a. *Ergänzende Vertragsauslegung*

Eine ergänzende Vertragsauslegung wird von Teilen der Literatur und in einigen Fällen auch durch die Rechtsprechung vorgenommen, um die Drittwirkung der Schutzpflichten zu begründen. Die Heranziehung des hypothetischen Parteiwillens geschieht unter Hinweis darauf, daß man so den Besonderheiten des Einzel-

---

41 Vgl. BGH WM 1985,1475,1476; BGH NJW 1988,200 ff.; BGH NJW 1991,352; BGH JZ 1995,306,307; indes prüft BGHZ 133,36 ff. die Dritthaftung bei Bankauskünften nicht unter dem Gesichtspunkt vertraglichen Drittschutzes, sondern als Frage der Drittschadensliquidation.

42 Larenz, NJW 1956,1193; ders., NJW 1960,77,79.

43 RGZ 91,21,23 f.; 102,231 f.; 160,153,155.

44 Larenz I, § 17 II; MüKo-Gottwald, § 328 Rn. 61; Soergel-Hadding, Anh. § 328 Rn. 4; Dahm, S. 18 ff.; aA nur Fikentscher, § 37 IV 2.

45 Gernhuber, Festschrift für Nikisch, S. 249,265; Lorenz, JZ 1966,143.

falles und dem konkret Gewollten besser Rechnung tragen könne[46]. Es entspreche dem Grundsatz der Vertragsfreiheit, daß die Parteien auch für Dritte, denen kein Anspruch auf die Primärleistung zusteht, einen Schadensersatzanspruch vereinbaren können.

b. *Richterliche Rechtsfortbildung*

Dagegen wird zu Recht eingewandt, daß die Erstreckung vertraglicher Schutzpflichten zwar auch im Interesse eines Vertragspartners liegen könne, sich aber nicht auf seinen aktuellen oder hypothetischen Willen stützen lasse. In aller Regel lasse sich weder eine Vertragslücke feststellen, noch hätten sich die Vertragspartner über den Schutz Dritter beim Abschluß des Vertrages Gedanken gemacht. Überdies könne die Vertragslösung nicht erklären, warum sekundäre Haftungsansprüche eines Dritten bereits im Rahmen eines vorvertraglichen Vertrauensverhältnisses[47] und bei gesetzlichen Schuldverhältnissen anzuerkennen sind. Folglich handele es sich bei dem Vertrag mit Schutzwirkung für Dritte um ein Produkt richterlicher Rechtsfortbildung, das sich auf das Prinzip von Treu und Glauben gem. § 242 BGB gründe[48].

Aufgrund dieser rechtsdogmatischen Herleitung des Vertrags mit Schutzwirkung zugunsten Dritter kann auch dessen Rechtsnatur bestimmt werden. Es handelt sich um ein selbständiges Rechtsinstitut der Vertrauenshaftung, ein gesetzliches Schuldverhältnis, bei dem dem geschützten Dritten "vertragliche Schadensersatzansprüche ohne Vertrag" zukommen[49]. Als solches ist der Anspruch des geschützten Dritten in aller Regel von dem tatsächlichen Zustandekommen eines Vertrages und seiner Wirksamkeit unabhängig[50]. Bei Nichtzustandekommen oder Unwirksamkeit des Vertrages richten sich Art und Umfang der Schutzpflichten nach den gleichen Grundsätzen, die gelten, wenn der Kontakt zum Abschluß eines (wirksamen) Vertrages geführt hat. Da es nicht auf den Willen der Hauptparteien ankommt, ist nach dem hier vertretenen Konzept auch kein Ausschluß der Ansprüche des geschützten Dritten durch eine Vereinbarung der Hauptparteien möglich[51]. Die Ansprüche entstehen vielmehr als gesetzliches Schuldverhält-

---

46 Vgl. RGZ 127,218,222; BGH NJW 1984,355,356; Palandt-Heinrichs, § 328 Rn. 14; Soergel-Hadding, Anh § 328 Rn. 6; Staudinger-Jagmann, vor § 328 Rn. 102.

47 Vgl. BGHZ 66,51,56.

48 So nun auch BGHZ 133,169,172; ebenso: MüKo-Gottwald, § 328 Rn. 62; Esser/Schmidt, § 34 IV 2; Gernhuber, § 21 II 6; Larenz I, § 17 II; Urban, S. 104 ff.

49 MüKo-Gottwald, § 328 Rn. 65; Urban, S. 115.

50 Zu möglichen Ausnahmen siehe § 2 I. c.

51 MüKo-Gottwald, § 328 Rn. 76.

nis entsprechend den Regeln der culpa in contrahendo[52] oder der positiven Forderungsverletzung und dehnen unter bestimmten Voraussetzungen die nur im Zweipersonenverhältnis bestehenden Pflichten auch auf Dritte aus. Unter Hinweis auf diesen originären Charakter des Drittschutzes und die Emanzipation vom Vertrag halten einige Autoren ein Mitverschulden des Anschlußgläubigers hinsichtlich des Drittanspruchs für unbeachtlich[53]. Gleichwohl wird von der überwiegenden Ansicht dem Dritten ein Mitverschulden des Hauptgläubigers nach § 254 BGB entgegengehalten und insofern die Abhängigkeit des Vertrauensschutzes des Dritten von dem Hauptschuldverhältnis gewahrt[54].

3. *Tatbestandliche Voraussetzungen*

Die tatbestandlichen Voraussetzungen für die Einbeziehung Dritter in den Schutzbereich des Vertrages werden üblicherweise wie folgt gefaßt:

Zunächst muß der Dritte bestimmungsgemäß mit der Hauptleistung in Berührung gekommen sein, wobei dies auch im vorvertraglichen Bereich geschehen sein kann[55]. Ein zufälliger Leistungskontakt reicht nicht aus; der Dritte darf den Schaden nicht nur "gelegentlich" der Leistung des Schuldners erleiden.

Desweiteren ist ein schutzwürdiges Interesse des Gläubigers an der Einbeziehung des Dritten in den Schutzbereich erforderlich[56]. Von der Rechtsprechung wurde dies ursprünglich dann bejaht, wenn der Gläubiger dem Dritten Schutz und Fürsorge schuldet, also für das "Wohl und Wehe" mitverantwortlich ist[57]. Solches nahm man vornehmlich in familienrechtlichen, arbeitsrechtlichen und mietrechtlichen Beziehungen an. Inzwischen hat sich die Judikatur davon gelöst und läßt es ausreichen, wenn die Leistung nach dem Vertragsinhalt bestimmungsgemäß dem Dritten zugute kommen soll[58]. Erforderlich ist demnach aber immer noch ein besonderes Innenverhältnis zwischen Vertragspartner und Drittem, während die allgemeine Pflicht des Vertragspartners, Rechte eines Dritten

---

52 Ein klassisches Beispiel für diese Konstellation bildet BGHZ 66,51,54.

53 Esser/Schmidt, § 34 IV 2; Gernhuber, § 21 II 7 c.

54 Vgl. BGHZ 9,316,318; BGH NJW 1975,867,868; Larenz I, § 17 II; MüKo-Gottwald, § 328 Rn. 79; Staudinger-Jagmann, vor § 328 Rn. 109.

55 Vgl. BGHZ 49,350,354; 61,227,234; 70,327,329.

56 Soergel-Hadding, Anh. § 328 Rn. 15.

57 Vgl. BGHZ 51,91,96; 56,269,273; BGH NJW 1970,38,40.

58 Vgl. BGHZ 69,82,86 ff.; BGH NJW 1984,355; zustimmend: MüKo-Gottwald, § 328 Rn. 69 f.; Palandt-Heinrichs, § 328 Rn. 17; zur Kritik: Staudinger-Jagmann, vor § 328 Rn. 99.

nicht zu verletzen, nicht zur Erstreckung der vertraglichen Schutzpflichten genügt.

Schließlich muß der Kreis der geschützten Dritten für den Schuldner erkennbar sein[59]. Dies soll den Schuldner davor schützen, einem bei Vertragsabschluß unübersehbaren Haftungsrisiko ausgesetzt zu werden. Dem Schuldner muß es möglich sein, das Risiko zu kalkulieren und ggf. zu versichern. Im Bereich der Produzentenhaftung hat die fehlende Erkennbarkeit dazu geführt, die Ansprüche des geschädigten Endabnehmers nicht aus dem Vertrag zwischen Hersteller und Verkäufer zu entnehmen[60]. Der Kreis der potentiell Betroffenen wurde als für den Hersteller nicht überschaubar angesehen.

4. *Stellung in der Haftungsdogmatik*

Lehre und Rechtsprechung ist es aufgrund der Vielschichtigkeit der Fallkonstellationen nicht gelungen, den Anwendungsbereich des Vertrags mit Schutzwirkung für Dritte durch eine Fallgruppenbildung wie bei der culpa in contrahendo oder der positiven Forderungsverletzung stärker zu konturieren. Sie haben durch die Entwicklung des Vertrags mit Schutzwirkung für Dritte den Bereich der vertraglichen Haftung beträchtlich ausgeweitet, so daß teilweise von einer "Hypertrophie des Vertragsrechts" und einer "Verwischung des dualistischen Haftungssystems" die Rede ist und eine Rückgliederung der fraglichen Fälle in das Deliktsrecht befürwortet wird[61]. Der Bereich einer "Grauzone" der Haftungssystematik beim Vertrag mit Schutzwirkung für Dritte wird signifikant, wenn die Haftung als eine solche aus einem gesetzlichen Schuldverhältnis verstanden wird, die nur die Haftung nach vertraglichen Grundsätzen als Rechtsfolge nach sich zieht. Es spricht somit viel dafür, den Vertrag mit Schutzwirkung für Dritte als Teil einer dritten Art der Haftung zu betrachten, die zwischen der Haftung auf Grundlage der Selbstbindung durch Rechtsgeschäft und derjenigen einer Fremdbindung durch Delikt steht. Insofern ergeben sich Berührungspunkte zu der haftungsdogmatischen Einordnung der culpa in contrahendo, bei der diese Sichtweise bereits einigen Anklang findet[62].

---

59 Vgl. BGHZ 49,350,354; BGH NJW 1985,2411; Soergel-Hadding, Anh. § 328 Rn. 17; Gernhuber, § 21 II 2 d.

60 Vgl. BGHZ 51,91,96.

61 Vgl. Übersicht bei Picker, JZ 1987,1041,1042.

62 Canaris, Festschrift für Larenz 1983, 27,84 ("Dritte Spur der Haftung"); MüKo-Cramer, Einl. § 241 Rn. 73.

§ 3 Die Einordnung von positiver Forderungsverletzung und der Ansprüche des Dritten beim Vertrag mit Schutzwirkung im Kollisionsrecht

I. Allgemeines zur "Qualifikation"

Die Zuordnung der Rechtsinstitute positive Forderungsverletzung und Vertrag mit Schutzwirkung zugunsten Dritter zu einer Kollisionsnorm wirft die Frage auf, wie der Systembegriff der Kollisionsnorm auszulegen ist, und ob der konkrete Anspruch aus den Rechtsinstituten subsumiert werden kann. Der Qualifikationsvorgang umfaßt die Beantwortung dieser zwei Fragen. Daher sind die Begriffe "Qualifikation" und "Auslegung" nicht synonym, sondern komplementär aufeinander bezogen[63]. Die Auslegung bildet den ersten Teil des gesamten Qualifikationsvorgangs und dient dazu, festzustellen, welche Rechtsfragen von den Anknüpfungsgegenständen erfaßt werden. Es geht also um die Frage des sachlichen Anwendungsbereichs einer Kollisionsnorm und die Abgrenzung von einer anderen[64]. Erst nach der Identifizierung der Begriffe der Kollisionsnorm auf der Tatbestandsseite kann die Subsumtion eines auf eine Rechtsnorm gestützten konkreten Anspruchs erfolgen[65].

1. Lex fori als "Qualifikationsstatut"

An dieser Stelle gewinnt auch die Frage Bedeutung, nach welchem Maßstab, nach welcher Rechtsordnung die Auslegung der Kollisionsnorm vorzunehmen ist. Sofern ein Gericht sein eigenes Kollisionsrecht anwendet, erfolgt die Qualifikation grundsätzlich nach der lex fori, jedoch nicht unbedingt nach den materiellrechtlichen Begriffen der lex fori[66]. Bei der Qualifikation von positiver Forderungsverletzung und Vertrag mit Schutzwirkung zugunsten Dritter kommt - vom Ausgangspunkt der dogmatischen Herleitung im deutschen materiellen Recht - zunächst eine vertragliche Einordnung in Frage. Die insoweit einschlägigen Kollisionsnormen des internationalen Schuldvertragsrechts in Art. 27 bis 37 EGBGB

---

63 Kropholler, IPR, § 14 I 3; v. Bar, IPR I, Rn. 600; ähnl. Dörner, StAZ 1988,345,348; Keller/Siehr, § 34 I 2; MüKo- Sonnenberger, Einl. EGBGB Rn. 346 f.

64 Kropholler, IPR, § 14 I 1; v. Bar. IPR I, Rn. 581; MüKo-Sonnenberger, Einl. EGBGB Rn. 340 u. 343.

65 Vgl. MüKo-Sonnenberger, Einl. EGBGB Rn. 346.

66 Vgl. BGHZ 29,137,139; 47,324,332; Kropholler, IPR, § 16 I.

beruhen auf internationalem Einheitsrecht. Sie inkorporieren das EG-Schuldvertragsübereinkommen (EVÜ) von 1980[67], einen völkerrechtlichen Vertrag, so daß sie wie ein solcher auszulegen sind[68]. Die Rechtnatur der Art. 27 ff. EGBGB als deutsches staatliches Kollisionsrecht[69] steht dem nicht entgegen.

2. *Autonom-rechtvergleichende Qualifikation von Staatsverträgen*

Bei internationalem Einheitsrecht gibt es keine einzelne materielle Rechtsordnung, auf die sich die Auslegung stützen könnte. Wollte jeder Vertragsstaat die in einer Konvention enthaltenen Verweisungsbegriffe nach seiner lex fori auslegen, wären Interpretationsdivergenzen unvermeidlich und die vereinheitlichten Kollisionsnormen bald wieder gespalten. Bei Staatsverträgen ist daher eine von den nationalen Rechtsordnungen losgelöste autonom-rechtsvergleichende Qualifikation vonnöten[70].

Autonom bedeutet, daß die Auslegung aus dem Übereinkommen selbst heraus erfolgen und die gemeinsamen Vorstellungen der beteiligten Staaten berücksichtigen muß. Die Auslegungsgrundsätze für internationale Übereinkommen werden durch das Wiener Übereinkommen über das Recht der Verträge (WVK)[71], das für die Bundesrepublik Deutschland im Jahre 1987 in Kraft getreten ist[72], präzisiert. Zu der autonomen Auslegung gehören nach Art. 31 Abs. 1, 33 Abs. 4 WVK die grammatische, systematische und teleologische Auslegung, wobei letztere die Rechtsvergleichung umfassen soll[73]. Nach Art. 32 WVK soll demgegenüber der historischen Auslegung nur eine subsidiäre Bedeutung zukommen. Dies steht allerdings im Widerspruch zu der Rechtspraxis, die zur Interpretation von Staatsverträgen eher auf die veröffentlichten Materialien zurückgreift, als sich auf undeutliche teleologische Wertungen zu stützen[74].

---

67 Übereinkommen über das auf vertragliche Schuldverhältnisse anzuwendende Recht vom 19.06.1980, ABl.EG 1980 Nr. L 266/1.

68 Vgl. BGHZ 123,380,384; MüKo-Sonnenberger, Einl. EGBGB Rn. 195 u. 381; MüKo-Martiny, Art. 36 EGBGB Rn. 7 ff.; Palandt-Heldrich, vor Art. 3 EGBGB Rn. 8.

69 Vgl. MüKo-Martiny, vor Art. 27 EGBGB Rn. 3.

70 Vgl. BGHZ 52,216,220; Junker, RabelsZ 55 (1991),674,677; Meyer-Sparenberg, S. 30; Kropholler, IPR, § 16 II 3; ders., Int. EinheitsR, S. 265.

71 Vom 23.05.1969, BGBl. 1985 II,927.

72 Bekanntmachung über das Inkrafttreten des Wiener Übereinkommens über das Recht der Verträge vom 26.10.1987, BGBl. 1987 II,757.

73 Kropholler, Internat. EinheitsR, S. 278; Meyer-Sparenberg, S. 110.

74 Vgl. Meyer-Sparenberg, S. 114.

II. Kollisionsnormen im vertraglichen und deliktischen Bereich

1. Internationales Vertragsrecht

Die maßgeblichen Kollisionsnormen im internationalen Vertragsrecht sind die Art. 27 bis 30 und 33 EGBGB, die den Art. 3 bis 6 EVÜ nachgebildet sind. Sie allein bestimmen das auf auf den Vertrag anzuwendende Recht. Das Vertragsstatut soll grundsätzlich für den Inhalt der gegenseitigen Verpflichtungen, ihre Abwicklung und ihr Erlöschen gelten[75].

a. Grundlage EVÜ: Geschichte, Hintergrund und Inkorporation in das EGBGB

Eingangs war bereits die Rede von der Inkorporation des EVÜ in die deutschen Normen des EGBGB. Zum besseren Verständnis der Zusammenhänge und um die heutige Bedeutung des EVÜ zu erfassen, soll die Entstehungsgeschichte des Übereinkommens kurz nachgezeichnet werden. Daran schließt sich ein Überblick über den gegenwärtigen Stand der Kodifikation in den Vertragsstaaten an.

Ausgangspunkt der Entstehung des EVÜ war das EuGVÜ von 1968, das es den Parteien erleichtert, ein Gericht in einem Vertragsstaat anzurufen und das Urteil in einem anderen Staat zu vollstrecken. In "natürlicher Fortsetzung"[76] des EuGVÜ sollte durch einheitliche Vorschriften über die von den Gerichten jeweils anzuwendenden Sachnormen der Gefahr unterschiedlicher Rechtsanwendung in gleichgelagerten Fällen vorgebeugt werden[77]. Der Wert der einheitlichen Rechtsanwendung auf internationaler Ebene ist daher die überragende Ordnungsfunktion[78]. Teil dessen ist die Verbesserung der Rechtssicherheit und der Vorhersehbarkeit von Entscheidungen. Desweiteren ging es um eine Verhinderung des "forum-shopping"[79], das wenig attraktiv wird, wenn einheitliche Kollisionsnormen zur Anwendung des gleichen materiellen Rechts führen. Demgegenüber ist eine Sachrechtsvereinheitlichung ein sehr langwieriges und aufwendiges Unterfangen, so daß den Mitgliedsstaaten der EG nur der Weg der Kollisionsrechtsvereinheitlichung blieb. Schließlich trägt dieses Vorgehen auch zur Verwirklichung des EG-Binnenmarktes bei[80].

---

75 MüKo-Martiny, 2. Auflage, Art. 32 EGBGB Rn. 4; MüKo-Spellenberg, 3. Auflage, Art. 32 Rn. 4; Palandt-Heldrich, Art. 32 EGBGB Rn. 1.

76 Giuliano/Lagarde, ABl.EG 1980 Nr. C 282/5.

77 Denkschrift, BT-Drs. 10/503 S. 21.

78 Vgl. Kropholler, Internat. EinheitsR, S. 275.

79 Giuliano/Lagarde, ABl.EG 1980 Nr. C 282/5.

80 Vgl. Plender, 2.02.

Im Dezember 1972 legte die EG-Kommission den Vorentwurf vor, der das internationale Privatrecht der vertraglichen und außervertraglichen Schuldverhältnisse umfaßte[81]. Der Beitritt Großbritanniens, Irlands und Dänemarks zur EG im Jahre 1973 machte eine Überarbeitung des Vorentwurfs notwendig. Dabei wurde die Vereinheitlichung des Kollisionsrechts 1978 auf das vertragliche Schuldrecht beschränkt. Am 19. Juni 1980 unterzeichneten schließlich die Bevollmächtigten Belgiens, der Bundesrepublik Deutschland, Frankreichs, Irlands, Italiens, Luxemburgs und der Niederlande in Rom das EVÜ[82]. 1981 folgten Dänemark und das Vereinigte Königreich. Gemäß Art. 29 EVÜ ist das Übereinkommen nach den ersten sieben Ratifikationen am 1. April 1991 für Belgien, Dänemark, Deutschland, Frankreich, Großbritannien, Italien und Luxemburg in Kraft getreten. Griechenland trat dem EVÜ durch ein gesondertes Beitrittsübereinkommen vom 10. April 1984 bei, das ebenfalls 1991 in Kraft trat. Das EVÜ gilt ferner seit dem 1. September 1991 für die Niederlande, seit dem 1. Januar 1992 für Irland, seit dem 1. September 1993 für Spanien und seit dem 1. Oktober 1994 für Portugal[83]. Der Beitritt der neuen EU-Staaten Finnland, Österreich und Schweden zum EuGVÜ und EVÜ ist am 29. November 1996 erfolgt, wobei sich die Beitrittsübereinkommen wie ihre Vorgänger auf technische Anpassungen beschränken[84].

In Deutschland ist nach Art. 1 Abs. 2 des Zustimmungsgesetzes zum EVÜ die unmittelbare Geltung der Art. 1 bis 21 des Übereinkommens ausgeschlossen[85]. Damit findet Art. 3 Abs. 2 S. 1 EGBGB insoweit keine Anwendung. Stattdessen wurden die Art. 1 bis 21 in das EGBGB inkorporiert, vor allem in den Art. 27 bis 37 EGBGB.

b. Bedeutung einer einheitlichen Auslegung des EVÜ

aa. Brüsseler Protokolle

Um die nationalen Rechtsprechungen bei der Auslegung des EVÜ zu koordinieren, wurde in der bei der Unterzeichnung des EVÜ beigefügten Gemeinsamen Erklärung die Bereitschaft zum Ausdruck gebracht, "die Möglichkeit zu prüfen, dem Gerichtshof der Europäischen Gemeinschaften bestimmte Zuständigkeiten zu übertragen und gegebenenfalls über den Abschluß eines derartigen Übereinkommens zu verhandeln", um "zu verhindern, daß durch unterschiedliche Ausle-

---

81 Deutscher Text: RabelsZ 38 (1974),211 ff; vgl. dazu Lando, RabelsZ 38 (1974),6 ff.
82 Giuliano/Lagarde, ABl.EG 1980 Nr. C 282/8.
83 Vgl. Übersicht bei Martiny, ZEuP 1995,67 ff.
84 Jayme/Kohler, IPRax 1997,385,389 ff.
85 BGBl. 1986 II S. 809.

gung die durch dieses Übereinkommen angestrebte Einheitlichkeit beeinträchtigt wird"[86]. Im Jahre 1988 kam es schließlich zur Unterzeichnung zweier Protokolle - Erstes und Zweites Brüsseler Protokoll[87] - die dem Europäischen Gerichtshof eine Auslegungskompetenz hinsichtlich des EVÜ im Wege eines Vorabentscheidungsverfahrens zuweisen. Zwar fällt das EVÜ nicht in den Anwendungsbereich von Art. 220 EGV, doch sollte durch dieses Rechtsinstrument gleichzeitig auch dem Gemeinschaftsbezug des Übereinkommens, dessen institutioneller Verknüpfung mit dem Rechtssystem der Europäischen Gemeinschaft, konkreter Gehalt verliehen werden[88]. Desweiteren könne trotz eines ausdrücklichen Gebots der einheitlichen Auslegung diese wegen der Tendenz der Richter, auf die ihnen am meisten vertrauten Rechtskategorien zurückzugreifen, der Unterschiede in den einzelnen Sprachfassungen und der unterschiedlichen Verfahren zur Umsetzung des Übereinkommens in nationales Recht unterlaufen werden[89]. Außerdem bleibe offen, wer sich bei Auslegungdifferenzen zwischen Gerichten verschiedener Staaten wem anpassen solle[90]. Nur ein supranationales Gericht kann auf Dauer das Auseinanderdriften der nationalen Spruchpraxis verhindern.

Indes sind die Brüsseler Protokolle zur Zeit noch nicht in Kraft. Das Erste Protokoll ist von neun, das Zweite Protokoll von zehn der zwölf Unterzeichnerstaaten ratifiziert worden. Für Deutschland geschah dies am 26. 3. 1996[91]. Gemäß Art. 6 kann das Erste Protokoll (Regelung der Auslegungszuständigkeit) daher ohne weitere Ratifikation in Kraft treten, sobald das Zweite Protokoll (mit dem der EuGH zur Ausübung der Zuständigkeiten nach dem Ersten Protokoll ermächtigt wird) von den restlichen zwei Staaten (Belgien, Dänemark) ratifiziert sein wird[92]. Ob es dazu noch kommen wird, ist derzeit nicht abzusehen. Auf der Basis des durch den Vertrag von Amsterdam neu geschaffenen Art. 65 EGV sind der Gemeinschaft Zuständigkeiten für die Rechtssetzung im internationalen Privat- und Zivilprozeßrecht übertragen worden. Demnach ist geplant, das EVÜ in eine Verordnung zu überführen; für April 2001 ist hierzu eine Mitteilung der Kommission vorgesehen[93].

Eine mögliche Überführung des EVÜ in sekunäres Gemeinschaftsrecht oder die Frage des Inkrafttretens der Auslegungsprotokolle ändern aber nichts am Grundsatz der einheitlichen Auslegung, der bereits jetzt durch die Gerichte der

86 ABl.EG 1980 Nr. L 266/17.
87 ABl.EG 1989 Nr. L 48/1 und Nr. L 48/17.
88 Tizzano-Bericht, ABl.EG 1990 Nr. C 219/3.
89 Vgl. Tizzano-Bericht, ABl.EG 1990 Nr. C 219/5 f.
90 Vgl. Beitzke, RabelsZ 48 (1984),623,636.
91 BGBl. 1996 II, 914.
92 Jayme/Kohler, IPRax 1995,343,352.
93 Jayme/Kohler, IPRax 2000,454,463.

Vertragsstaaten zu beachten ist. Die Anwendung internationaler Auslegungsmaßstäbe hängt nicht von der Vorlagemöglichkeit an ein supranationales Gericht ab[94].

bb. Auslegungsmaßstab des Art. 18 EVÜ

Besondere Bedeutung kommt daher der Vorschrift des Art. 18 EVÜ zu, an den sich die Regelung des Art. 36 EGBGB anlehnt. Diese Normen sind ebenfalls unabhängig von der Auslegungszuständigkeit des EuGH[95]. Nach dem Bericht von Giuliano/Lagarde soll Art. 18 EVÜ nur eine "Erinnerungsfunktion" zukommen und zur Lösung von Qualifikationsproblemen beitragen[96].

Art. 18 EVÜ gibt zunächst einen Hinweis auf die allgemeinen Regeln zur Auslegung völkerrechtlicher Verträge. Teilweise wird daher Art. 18 EVÜ auch als Verweis auf die Auslegungsregeln der WVK verstanden[97]. Jedenfalls ist das Leitmotiv der Vorschrift die autonome, vom nationalen Recht losgelöste Interpretation der staatsvertraglichen Regeln[98]. Insbesondere die teleologische Auslegung muß dabei den rechtsvereinheitlichenden und integrationsfördernden Zweck des Übereinkommens in Rechnung stellen[99].

Zusätzlich will Junker eine europäische Auslegung neben der autonomen vornehmen[100]. Dies ergebe sich aus der substantiellen Verknüpfung von EuGVÜ und EVÜ und dem damit einhergehenden Gemeinschaftsbezug des EVÜ. Europäische Auslegung sei vor allem als integrationsfreundliche, rechtsharmonisierende Auslegung zu verstehen. Diese habe das Ziel, den Vorgaben des EGV - insbesondere der Verwirklichung der Grundfreiheiten - bestmöglich zu entsprechen. Ebenso wie das EuGVÜ könne auch das EVÜ als Instrument der Integration anerkannt werden.

Damit korrespondiert die Forderung, für das EVÜ zu prüfen, ob eine Auslegung des EuGH hinsichtlich eines Rechtsbegriffes im EuGVÜ übernommen werden kann[101]. In Großbritannien besteht in dieser Hinsicht sogar eine gesetzliche Regelung. Section 3 (1) des Contracts (Applicable Law) Act 1990, der das EVÜ

---

94 Meyer-Sparenberg, S. 158.

95 Reinhart, RIW 1994,445,446; Giuliano/Lagarde, ABl.EG 1980 Nr. C 282/38; Bertrams/van der Velden, S. 6.

96 ABl.EG 1980 Nr. C 282/38.

97 Meyer-Sparenberg, S. 101, 159.

98 Vgl. Junker, RabelsZ 55 (1991),674,681.

99 Martiny, ZEuP 1995,67,72.

100 Vgl. Junker, RabelsZ 55 (1991),674,683 ff.

101 Kropholler, EuGVÜ, Einl. Rn. 16 ff.; Martiny, ZEuP 1995,67,72; Reithmann/Martiny, Rn. 16; Plender, 2.02.

in britisches Recht überführt, sieht vor, daß die Auslegung in Übereinstimmung mit der Rechtsprechung des EuGH erfolgen soll. Dabei sind nicht nur die Entscheidungen zum eigentlichen Gemeinschaftsrecht, sondern auch solche zum EuGVÜ gemeint[102]. In umgekehrter Weise entspricht dies schon der Rechtspraxis des EuGH, der in der "Ivinel"-Entscheidung zum EuGVÜ auf das EVÜ Bezug genommen und damit dem Zusammenhang der Übereinkommen Rechnung getragen hat[103].

In Deutschland ist der BGH in einer Entscheidung bereits in der fraglichen Weise verfahren und hat bei der Bestimmung des Begriffs der Erbringung von Dienstleistungen in Art. 29 Abs. 1 EGBGB (Art. 5 Abs. 1 EVÜ) die Auslegung von Art. 13 Abs. 1 Nr.3 EuGVÜ durch den EuGH herangezogen[104]. Dagegen könnte eingewandt werden, daß sich eine Gleichstufung von EVÜ und EuGVÜ verbietet, da das EVÜ im Gegensatz zum EuGVÜ nicht auf Art. 220 EGV beruht und daher kein Gemeinschaftsrecht im eigentlichen Sinne darstellt[105]. Zudem habe eine bewußte Distanz der Vertragsstaaten zu einer institutionellen Verankerung im Gemeinschaftssystem bestanden, und das EVÜ würde den EuGH vor die - gegenüber dem EuGVÜ ganz andersartige - Aufgabe stellen, ein einheitliches Kollisionsrecht erst fallrechtlich herauszubilden.

Jedoch berücksichtigt eine derartige Sichtweise den engen Zusammenhang von EuGVÜ und EVÜ nur unzureichend. Die Übereinkommen verfolgen ähnliche Intentionen - Verbesserung der Rechtssicherheit und europäische Rechtsvereinheitlichung - und das EVÜ ist als Ergänzung des EuGVÜ konzipiert[106]. Die Verhinderung von "forum-shopping" ist auch keine Frage des IPR sondern ein Bedürfnis des internationalen Zivilprozeßrechts. Eine Übernahme von Methoden und Ergebnissen der Auslegung des EuGH zum EuGVÜ für das EVÜ erscheint somit sinngerecht. Außerdem kann so dem Auseinanderdriften der Auslegung durch die nationalen Gerichte bis zum Inkrafttreten der Brüsseler Protokolle oder dem Erlaß des EVÜ als Verordnung wirksam vorgebeugt werden. Ob indes eine ausdrückliche europäische Auslegung als eigene Kategorie - wie von Junker vorgeschlagen - neben der autonomen Auslegung erforderlich ist, bleibt zweifelhaft. Insbesondere ist kein substantieller Unterschied zur teleologischen Auslegung zu erkennen, die hinreichend in der Lage ist, den integrativen und rechtsvereinheitlichenden Charakter des EVÜ zu erfassen[107].

---

102 Kaye, S. 79, 356; Plender, 2.02.
103 EuGH v. 26.5.1982 (Ivinel), Slg. 1982,1891,1901.
104 Vgl. BGHZ 123,380,384 f.
105 Vgl. Nolte, IPRax 1985,71,74 f.; Denkschrift zum EVÜ, BT-Drs. 10/503 S. 21.
106 S. oben § 3 II. 1. a.
107 Vgl. Reinhart, RIW 1994,445,450; MüKo-Martiny, Art. 36 EGBGB Rn. 19.

cc. Bedeutung des Berichts bei der Auslegung des EVÜ

Hinzuweisen ist noch auf den, bereits erwähnten, ausführlichen Bericht von Giuliano und Lagarde[108] zum EVÜ, der als Auslegungshilfe gedacht ist und den Gerichten der Vertragsstaaten die Anwendung des Übereinkommens erleichtern soll[109]. Bei der historischen Auslegung kommt ihm eine herausgehobene Bedeutung zu, die die gewöhnlicher Gesetzgebungsmaterialien übersteigt[110]. Dies liegt zum einen in der Person seiner Verfasser und ihrer Rolle bei der Ausarbeitung der Konvention begründet. Zum anderen verleiht die Veröffentlichung im Amtsblatt der EG dem Bericht besondere Autorität.

dd. Art. 36 EGBGB als Verschärfung gegenüber Art. 18 EVÜ

Bei der Inkorporation des EVÜ in das deutsche EGBGB hat der Gesetzgeber Art. 18 EVÜ nicht wörtlich übernommen, sondern in Anlehnung daran Art. 36 EGBGB eingefügt. Die sprachliche Fassung von Art. 36 EGBGB ist insoweit schärfer, als sie eine Rechtspflicht, ein Gebot[111] zur einheitlichen Auslegung für den deutschen Richter statuiert ("ist zu berücksichtigen")[112]. "Der Blick über die eigenen Grenzen hinaus ist unerläßlich"[113]. Dagegen läßt die Formulierung in Art. 18 EVÜ "dem Wunsch Rechnung zu tragen" eher Raum für eine Interpretation als folgenlose "Erinnerung"[114]. Art. 36 EGBGB eröffnet den unmittelbaren Zugang zum Übereinkommen, dessen Text in Zweifelsfällen maßgeblich ist. Zudem umfaßt die Pflicht zur Anwendung der rechtsvergleichenden Methode eine Pflicht, ausländische Gerichtsentscheidungen - auch ohne förmliche Bindungswirkung - als Erkenntnisquelle zu nutzen. Während sich hinsichtlich der Verschärfung des Übereinkommenstextes bei der Übernahme in nationales Recht keine rechtlichen Bedenken ergeben[115], entzündet sich rechtspolitische Kritik an dieser Gesetzestechnik. Dies liegt vorrangig daran, daß die geschlossene Kodifikation des internationalen Schuldvertragsrechts im EGBGB so wieder aufgebrochen wird und bei der Auslegung doch wieder auf das Übereinkommen zurück-

108 ABl.EG 1980 Nr. C 282.

109 Vgl. BGHZ 123,380,384 f.; MüKo-Martiny, Art. 36 EGBGB Rn. 18; Palandt-Heldrich, Art. 36 EGBGB Rn. 1; Junker, RabelsZ 55 (1991),674,680.

110 Plender, 2.07; Kaye, S. 78; Bertrams/van der Velden, S. 6.

111 Vgl. BAG IPRax 1991,407,411.

112 Vgl. Reinhart, RIW 1994,445,449; Sandrock, RIW 1986,841,844; MüKo-Martiny, Art. 36 Rn. 7.

113 BT-Rechtsausschuß, BT-Drs.10/5632 S. 38.

114 Vgl. Giuliano/Lagarde, ABl.EG 1980 Nr. C 282/38.

115 Reinhart, RIW 1994,445,451.

gegriffen werden muß[116]. Dies hat vor allem Bedeutung bei Wortlautdifferenzen und bei der systematischen Auslegung. In der praktischen Rechtsanwendung bleibt daher vom Ausschluß der unmittelbaren Wirkung des Übereinkommens nicht viel übrig[117].

c. *Grenzen des Vertragsstatuts*

Der Anwendungsbereich der Art. 27 ff. EGBGB wird durch die Ausschlußnorm des Art. 37 EGBGB (Art. 1 Abs. 2 EVÜ) begrenzt. Folglich fallen beispielsweise Fälle der positiven Forderungsverletzung oder des Vertrags mit Schutzwirkung für Dritte im Rahmen von Gesellschafts- oder Versicherungsverträgen über in der EU belegene Risiken nicht unter die Regeln über den Schuldvertrag.

2. *Ausblick auf das internationale Deliktsrecht*

Im internationalen Deliktsrecht ist nunmehr in Art. 40 EGBGB die bereits seit langem als Grundprinzip der Anknüpfung allgemein anerkannte Tatortregel kodifiziert worden. Art. 41 EGBGB enthält daneben eine Ausweichklausel für den Fall, daß sich eine wesentlich engere Verbindung des Sachverhalts zu einer anderen Rechtsordnung ermitteln läßt. Im deutschen internationalen Deliktsrecht stehen keine Besonderheiten aufgrund vereinheitlichten Kollisionsrechts im Raum. Insbesondere präjudiziert keine europäische Rechtsvereinheitlichung auf staatsvertraglicher Grundlage das Qualifikationsstatut und die Qualifikationsmethode. Erst wenn die Rechtsvergleichung für einzelne Fallkonstellationen gemeineuropäische Tendenzen zum Deliktsrecht präzisiert hat, soll im Zuge der kollisionsrechtlichen Zuordnung einzelner Ansprüche aus positiver Forderungsverletzung und Vertrag mit Schutzwirkung das Augenmerk auf die deliktsrechtlichen Anknüpfungsmodelle und ihre Eignung für den fraglichen Sachverhalt gerichtet werden.

116 Vgl. Junker, RabelsZ 55 (1991),674,691.
117 Junker, RabelsZ 55 (1991),674,695.

III. Qualifikation von Ansprüchen aus positiver Forderungsverletzung und aus Vertrag mit Schutzwirkung

1. Einleitung

Begründet die Einordnung einer Vorschrift oder eines Rechtsinstituts in eine bestimmte Kategorie des Sachrechts eine Vermutung dafür, daß sie der Kollisionsnorm mit gleichlautendem Kategoriebegriff zuzuordnen ist?[118] Die Frage läßt sich klar beantworten: Die dogmatische Einordnung der positiven Forderungsverletzung im deutschen materiellen Recht als vertragliche Haftung bedeutet noch nicht, daß damit im internationalen Privatrecht das Vertragsstatut einschlägig sein muß. Vielmehr machen unterschiedliche Bedürfnisse und Fragestellungen Systemunterschiede zwischen dem internationalem Privatrecht und dem Sachrecht geradezu notwendig[119]. Das Kollisionsrecht erfordert "neutrale" Lösungen in dem Sinn, daß von den rechtstechnischen Besonderheiten und Zufälligkeiten der nationalen Rechte abstrahiert wird[120]. Wenn das Sachrecht bestimmte Rechtsfiguren in den Bereich der vertraglichen Haftung zieht, um seiner deliktsrechtlichen Defizite Herr zu werden, heißt dies noch nicht, daß auch das internationale Deliktsrecht defizitär ist. Zentrale Aufgabe ist die Suche nach einer eigenen internationalprivatrechtlichen Lösung[121]. Dagegen gibt die systematische Stellung eines Rechtsinstituts im Sachrecht allein keine Hilfestellung für die Qualifikation im internationalen Privatrecht. Demgemäß ist sogar die Rede davon, daß erst der kollisionsrechtliche Grenzfall das Wesen eines Rechtsinstituts zeige[122]. Die eigentlichen Strukturmerkmale der Rechtsinstitute positive Forderungsverletzung und Vertrag mit Schutzwirkung müssen aus überstaatlicher Sicht herausgearbeitet werden[123]. Selbst bei einer Auslegung lege fori muß die "Autonomie des IPR"[124] anerkannt werden, so daß keine zwingende Identität der kollisionsrechtlichen Begriffe mit denen des materiellen Privatrechts der lex fori besteht[125].

Nach alldem ist es ausgeschlossen, wie einzelne Arbeiten es tun, aus einer materiellrechtlichen "Segmentierung" eines zwischen Vertrag und Delikt stehen-

118 Ähnlich formuliert Grundmann, S. 11 die Ausgangsfrage seiner Untersuchung.
119 v. Bar, IPR I, Rn. 599.
120 Hans Stoll, IPRax 1989,89,90.
121 Hopt, AcP 183 (1983), 608, 662 f.
122 Kropholler, IPR, § 14 II mwN.
123 Vgl. Frick, S. 69.
124 Kropholler, IPR § 16 II 2.
125 Rabel, RabelsZ 5 (1931),241,287; MüKo-Sonnenberger. Einl. EGBGB Rn. 355; Palandt-Heldrich, Einl. vor Art. 3 EGBGB Rn. 27.

den Rechtsinstituts des deutschen materiellen Rechts - unter anderem geht es um die culpa in contrahendo - auf die kollisionsrechtliche "Programmierung" zu schließen[126]. Damit würde wieder einer reinen Qualifikation nach der lex fori das Wort geredet. Wie bereits dargelegt[127], ist ein solcher Weg indes zumindest unter der Geltung von internationalem Einheitsrecht versperrt. Das Qualifikationsstatut kann nur ein autonom-rechtsvergleichendes sein.

2. *Funktionale Qualifikationsmethode als Anwendungsfall teleologischer Auslegung*

Für die Qualifikation ist weiterhin bedeutsam, welche methodischen Regeln anzuwenden sind, wenn über die Zuordnung einer Rechtsfigur zu einer Kollisionsnorm zu entscheiden ist. Sofern sich der rechtliche Maßstab der Auslegung der Kollisionsnorm aus einer autonom-rechtsvergleichenden Betrachtungsweise ergibt, muß als Qualifikationsmethode die funktionale bzw. teleologische Qualifikation herangezogen werden. Diese ist am ehesten in der Lage, sich von einer einzelnen Rechtsordnung zu lösen und so eine gleichmäßige Beurteilung von Fällen mit Auslandsberührung zu ermöglichen[128]. In methodischer Hinsicht bedeutet funktionale Qualifikation, daß zunächst die Funktion oder der Zweck und damit das Ordnungsziel des fraglichen Rechtsinstituts ermittelt wird[129] Sodann muß dies mit Funktion oder Zweck des Verweisungsbegriffs der Kollisionsnorm verglichen werden. Insofern kann die funktionelle Qualifikation als Anwendungsfall der teleologischen Auslegung angesehen werden[130]. Der Gesichtspunkt der Funktionalität ist zudem das Grundprinzip der gesamten Rechtsvergleichung[131], so daß der Zusammenhang zwischen dem autonom-rechtsvergleichenden Qualifikationsstatut und der funktionalen Qualifikationsmethode deutlich hervortritt.

Bei der Darstellung der positiven Forderungsverletzung im deutschen materiellen Recht ist deutlich geworden, daß es keinen einheitlichen Tatbestand der positiven Forderungsverletzung gibt, sondern ganz unterschiedliche Fallkonstellationen von diesem Rechtsinstitut erfaßt werden. Die in diesem Zusammenhang gebildeten Fallgruppen sollen auch später bei der Qualifikation einzeln betrachtet

---

126 Vgl. Degner, S. 97, 215 ff.; ders., RIW 1983,825,827.
127 S. oben § 3 I. 2.
128 Vgl. v. Bar, IPR I, Rn. 600 ff.; Lüderitz, Rn. 128; Kropholler, IPR, § 17 II; Looschelders, Anpassung, S. 150.
129 Vgl. Dörner, StAZ 1988,345,351; MüKo-Sonnenberger, Einl. EGBGB Rn. 360 ff.; Kropholler, IPR, § 17 I.
130 Grundmann, S. 21; Looschelders, Anpassung, S. 151.
131 Zweigert/Kötz, § 3 II.

werden. Ein "diffuses Gebilde" wie die positive Forderungsverletzung als Sammelbecken verschiedenartiger Rechtsfragen kann nur durch die Aufteilung in verschiedene Fallgruppen genauer analysiert werden[132]. Wie bei jeder Subsumtion unter eine Rechtsnorm, werden einzelne Rechtsfragen qualifiziert und unter eine Kollisionsnorm subsumiert[133]. So kann dem Wesen des Rechtsinstituts am besten Rechnung getragen werden, um dem Erfordernis einer funktionalen Qualifikation gerecht zu werden. Die staatsvertragliche Herkunft der schuldvertraglichen Kollisionsnormen zwingt zu einer kritischen Überprüfung der überkommenen kollionsrechtlichen Sichtweise mit ihrer Ausrichtung an der systematischen Einordnung der positiven Forderungsverletzung im Sachrecht. Bei der Rechtsvergleichung können indes die zusammengehörigen Regelungskomplexe einer fremden Rechtsordnung nicht nach einer Fallgruppensystematik aus dem eigenen materiellen Recht separiert werden, da sich sonst Hintergründe und Zusammenhänge kaum erschließen.

3. Reichweite von Art. 32 Abs. 1 EGBGB (Art. 10 Abs. 1 EVÜ)

Ausgangspunkt der Betrachtung soll die gesetzliche Regelung zum Umfang des Vertragsstatuts, Art. 32 Abs. 1 EGBGB, sein.

a. Sinn und Zweck der Norm

Im Rahmen des internationalen Schuldvertragsrechts ist Art. 32 Abs. 1 EGBGB eine Auslegungsregel[134]. Als solche kann sie einen Hinweis darauf geben, ob die positive Forderungsverletzung und der Vertrag mit Schutzwirkung unter das Vertragsstatut fallen. Das anwendbare Recht bestimmt sich dagegen nur nach den Art. 27 bis 30 und 33 EGBGB. Als Auslegungsregel ist Art. 32 Abs. 1 EGBGB aber nicht abschließend. Wie sich aus dem Wortlaut "insbesondere" ergibt, zählt diese Vorschrift nur Beispiele für die Reichweite des Vertragsstatuts auf, bestimmt aber nicht dessen Grenzen[135]. Vielmehr spricht nichts dagegen, seinerseits auch Art. 32 Abs. 1 EGBGB auszulegen, und zwar wie einen Staatsvertrag in autonom-rechtsvergleichender Weise[136]. Als einheitliches europäisches Kollisionsrecht müssen die fraglichen Vorschriften des EGBGB so ausgelegt und ange-

---

132 Vgl. Frick, S. 36, Reder, S. 17.

133 Vgl. Kropholler, IPR, § 15 I 3; Nickl, S. 20.

134 v. Bar, IPR I, Rn. 597.

135 Vgl. zu Art. 10 EVÜ: Kassis, Nr. 388; Lagarde, Contract Conflicts, S. 54; Plender, 11.02; Kaye, S. 297; Bertrams/van der Velden, S. 55 f.

136 MüKo-Sonnenberger, Einl. EGBGB Rn. 381.

wandt werden, daß die erstrebte Rechtseinheit mit den anderen europäischen Vertragsstaaten gewahrt bleibt[137].

Art. 32 Abs. 1 EGBGB soll im Grundsatz alle vertragsrechtlichen Fragen erfassen und damit im Dienste einer "materiellrechtlichen Harmonie" stehen[138]. Darin liege eine Ausprägung des überkommenen "Einheitsprinzips" bzw. der "Lehre vom Einheitsstatut"[139]. Eine britische Kommentierung zu Art. 10 EVÜ nennt als Gegenstand der Regelung "substance" und "essential validity" des Vertrages[140], eine andere spricht von den "effects of a contract[141]. Ähnlich wird in Frankreich der Begriff "effets du contrat" für den Regelungsbereich des Art. 10 EVÜ herangezogen[142].

Art. 32 Abs. 1 Nr. 2 EGBGB (Art. 10 Abs. 1 lit. b EVÜ) ordnet Fragen der Erfüllung der vertraglichen Verpflichtung dem Vertragsstatut zu. Aus diesem ergibt sich, was die Parteien einander schulden und in welcher Weise sie ihren Vertragspflichten nachzukommen haben. Es sind daher die Frage der Sorgfalt, mit der die Leistung erbracht werden muß, Leistungszeit, Ermittlung des Erfüllungsorts und Erfüllung durch Dritte erfaßt[143]. Desweiteren sollen die Nebenansprüche des Gläubigers, beispielsweise Aufklärung und Anleitung, Art. 32 Abs. 1 Nr. 2 EGBGB unterfallen[144]. Vorrangige Bedeutung für Fragen der Sekundärebene, zu der Ansprüche aus positiver Forderungsverletzung zählen, besitzt die Vorschrift des Art. 32 Abs. 1 Nr. 3 EGBGB (Art. 10 Abs. 1 lit. c EVÜ), der Bezug auf die "durch den Vertrag begründeten Verpflichtungen" aus Art. 32 Abs. 1 Nr. 2 EGBGB nimmt.

b. Wortlaut der Norm

Der Wortlaut der Norm ist nicht eindeutig und bedarf einer Erörterung. In der deutschen Fassung von Art. 32 Abs. 1 Nr. 3 EGBGB (Art. 10 Abs. 1 lit. c EVÜ) ist die Rede von den "Folgen der vollständigen oder teilweisen Nichterfüllung" der vertraglichen Verpflichtung. Das BGB verwendet diesen Terminus so nicht und kennt nur den Schadensersatz wegen Nichterfüllung, beispielsweise in den

137 Vgl. Junker, RabelsZ 55 (1991),675,676; Kropholler, IPR, § 52 I 2.
138 Vgl. MüKo-Spellenberg, Art. 32 EGBGB Rn. 1; Soergel-v. Hoffmann, Art. 32 EGBGB Rn. 1.
139 Sandrock, RIW 1986,841,851; Gerfried Fischer, JZ 1991,168,170.
140 Kaye, S. 297.
141 Plender, 11.02.
142 Kassis, Nr. 388.
143 Vgl. Giuliano/Lagarde, ABl.EG 1980 Nr. C 282/33; MüKo-Spellenberg, Art. 32 EGBGB Rn. 20; Plender, 11.08.
144 v. Bar, IPR II, Rn. 541; Soergel-v. Hoffmann, Art. 32 EGBGB Rn. 24.

§§ 280, 325, 326, 338, 463 BGB. Die deutsche Kommentarliteratur versteht darunter die Folgen der Leistungsstörungen[145], nur hat dieser Begriff keinen Eingang in den Wortlaut des EVÜ gefunden und bei der Inkorporation des Art. 10 Abs. 1 EVÜ in das EGBGB ist daran nichts geändert worden. Weder die Denkschrift des Deutschen Bundestages[146], noch die Begründung des Regierungsentwurfs[147] geben dazu Aufschluß. Der Bericht von Giuliano/Lagarde erläutert den Wortlaut dahingehend, daß die Folgen gemeint seien, die das anwendbare Recht oder der Vertrag für den Fall der Nichterfüllung vorsehen. Dazu gehöre die Haftung der Partei, die die Nichterfüllung zu vertreten hat, die Einrede des nicht erfüllten Vertrages und der Rücktritt vom Vertrag wegen Nichterfüllung[148].

Einer vorschnellen Gleichsetzung des Begriffs "Folgen der vollständigen oder teilweisen Nichterfüllung" mit "Folgen der Leistungsstörungen" begegnen daher Bedenken.

Wenn das Übereinkommen einen normativen Begriff wie den der "Nichterfüllung" verwendet, ist zu unterscheiden, ob es sich um einen Ausdruck des rechtsvergleichend zu schaffenden übernationalen Begriffsapparates handelt, oder ob legislatorisch lediglich auf die nationale Rechtssprache eines bestimmten Vertragsstaates zurückgegriffen worden ist. Die Auslegung muß also entscheiden, ob damit wirklich ein nationaler Begriffsinhalt in das Einheitsrecht einfließen soll[149]. Regelmäßig wird jedoch eine Fixierung auf eine bestimmte nationale Rechtsordnung nicht beabsichtigt sein, da das Einheitsrecht Autonomie anstrebt. Meist handelt es sich um Sammelbegriffe, die ihren Ursprung in mehreren Rechtsordnungen haben, so daß sich schrittweise ein neuer internationaler Begriffsapparat herausbildet. Nationale Rechtsbegriffe verlieren dann ihre ursprüngliche Bedeutung und werden mit einem neuen supranationalen Begriffsinhalt gefüllt[150].

---

145 Erman-Hohloch, Art. 32 EGBGB Rn. 9; MüKo-Martiny, 2. Auflage, Art. 32 EGBGB Rn. 26; MüKo-Spellenberg, 3. Auflage, Art. 32 EGBGB Rn. 26; Palandt-Heldrich, Art. 32 EGBGB Rn. 5; Reithmann/Martiny, Rn. 245; Soergel-v. Hoffmann, Art. 32 EGBGB Rn. 31 ff; v. Bar, IPR II, Rn. 546.

146 BT-Drs. 10/503 S. 21 ff.

147 BT-Drs. 10/504 S. 82.

148 Giuliano/Lagarde, ABl.EG 1980 Nr. C 282/33.

149 Vgl. Kropholler, Internat. EinheitsR, S. 265.

150 Vgl. Diedrich, S. 74.

c. *Sprachfassungen des Übereinkommens und Verhältnis zum nationalen Sachrecht*

Auskunft hinsichtlich des EVÜ kann zunächst ein Blick in die verschiedenen ursprünglichen Sprachfassungen des Übereinkommens - in Dänisch, Deutsch, Englisch, Französisch, Irisch, Italienisch und Niederländisch - geben, die gemäß Art. 33 EVÜ gleichermaßen verbindlich sind. Schon ein Blick in die englische und französische Fassung von Art. 10 EVÜ zeigt nun allerdings, daß die fremdsprachigen Fassungen auf rechtstechnische Begriffe des jeweiligen materiellen Rechts zurückgreifen. So ist in der englischen Fassung die Rede von "consequences of breach (of contract)", die französische Version spricht von "conséquences de l'inexécution totale ou partielle de ces obligations". Der französischsprachige Bericht von Giuliano/Lagarde beschreibt diese als "conséquences que la loi ou le contrat font découler de l'inexécution d'une obligation contractuelle, qu'il s'agisse de la responsabilité de la partie à laquelle l'inexécution est imputable ou qu'il s'agisse de l'exception d'inexécution et de la résolution du contrat pour inexécution. La nécessité (éventuelle) d'une mise en demeure du débiteur pour que la responsabilité de celui-ci soit engagée rentre également dans ce contexte[151]". Damit wird die Kommentierung von Giuliano/Lagarde/van Sasse van Ysselt zu Art. 15 des EVÜ-Vorentwurfs aus dem Jahre 1972[152], der Grundlage von Art. 10 EVÜ war, fast vollständig übernommen. Nur hinsichtlich des Verzichts einer Regelung für außervertragliche Schuldverhältnisse ist der Wortlaut angepaßt.

In der deutschen Fassung ist der Bericht von Giuliano/Lagarde eine weitgehend wortgleiche Übersetzung aus dem Französischen. Ansonsten hätte es nahegelegen, auch die materiellrechtlichen Kategorien des deutschen Leistungsstörungsrechts in diesem Zusammenhang zu nennen. Lediglich bei dem Begriff "Einrede des nicht erfüllten Vertrages" wird die deutsche Rechtsterminologie verwendet.

Dagegen benutzt die englische Fassung des EVÜ die Rechtsterminologie des Common Law. Die englische Version des Berichts von Giuliano/Lagarde erläutert die "consequences of breach"[153] als "consequences which the law or the contract attaches to the breach of a contractual obligation, whether it is a matter of the liability of the party to whom the breach is attributable or of a claim to termi-

151 Journal officiel des Communautés européennes 1980 N° C 282/32 f.

152 Bericht Giuliano/Lagarde/van Sasse van Ysselt, in: La convenzione di Roma sulla legge applicable alle obbligazioni contrattuali, S. 552 f.

153 Lagarde, Contract Conflicts, S. 49,54 spricht gleichwohl in diesem Zusammenhang von "consequences of non-performance".

nate the contract for breach. Any requirement of service of notice on the party to assume his liability also comes within this context[154]".

In der italienischen Fassung ist die Rede von "conseguence dell'inadempimento totale o parziale di quelle obbligazioni". Im italienischen materiellen Recht ist "inadempimento" der zentrale Begriff des Leistungsstörungsrechts, er steht im Mittelpunkt des Einheitstatbestandes von Art. 1218 Codice civile[155]. Insoweit kommt ihm die gleiche Stellung wie der "inexécution" in Frankreich zu. Eine Differenz besteht allerdings zwischen dem italienischen Übereinkommenstext und der italienischen Version des Berichts von Giuliano/Lagarde, der den Begriff "conseguence dell'inesecuzione" verwendet. Insoweit scheint eine bloße Übersetzung aus dem Französischen vorzuliegen, während der Übereinkommenstext die italienische Rechtsterminologie "inadempimento" verwendet. In der niederländischen Sprachfassung wird die Wendung "de gevolgen van gehele of gedeeltelijke tekortkoming" gebraucht. Der niederländische Begriff "tekortkoming" findet sich in der Generalklausel des Art. 6:74 (Nieuw) Burgerlijk Wetboek (NBW) wieder und bezeichnet dort die Pflichtverletzung des Schuldners[156].

Die Untersuchung verschiedener Sprachfassungen zeigt also, daß kein übernationaler Begriff der "Folgen der vollständigen oder teilweisen Nichterfüllung" in den Übereinkommenstext einfließen sollte, sondern daß durchweg auf die jeweilige nationale Rechtssprache Bezug genommen wird. Da dies nur in der deutschen Fassung nicht der Fall ist, liegt die Annahme eines Versehens oder einer unpräzisen Übersetzung nahe.

Nach der Wortlautinterpretation ist daher die Gleichsetzung von Nichterfüllung und Leistungsstörung möglich. Die Auslegung des EVÜ darf jedoch nicht der rein begrifflichen Ebene verhaftet bleiben, sondern es muß im Zuge der autonom-rechtsvergleichenden Auslegung weiterhin überprüft werden, welcher materiellrechtliche Gehalt den verwendeten Begriffen in verschiedenen EVÜ-Vertragsstaaten zukommt, inwieweit sich also die Bereiche der vertraglichen Haftung entsprechen. Nur so läßt sich klären, ob alle Bereiche der positiven Forderungsverletzung von den "Folgen der Nichterfüllung" in Art. 32 Abs. 1 Nr. 3

154 Official Journal of the European Communities 1980 No C 282/33.

155 Art. 1218 Codice civile lautet in der deutschen Übersetzung: "Der Schuldner, der die geschuldete Leistung nicht gehörig erbringt (1176, 1181, 1197), ist zum Schadensersatz verpflichtet (1223 ff., 2740), wenn er nicht beweist, daß die Nichterfüllung oder die Verspätung durch die Unmöglichkeit der Leistung (1256 Abs. 1) verursacht worden ist, die auf einen von ihm nicht zu vertretenden Grund zurückgeht."

156 Art. 6:74 NBW in der Übersetzung von Nieper/Westerdijk: "Jede Pflichtverletzung bei der Erfüllung einer Verbindlichkeit verpflichtet den Schuldner, den Schaden, den der Gläubiger durch sie erleidet, zu ersetzen, es sei denn, daß die Pflichtverletzung dem Schuldner nicht zugerechnet werden kann."

EGBGB (Art. 10 Abs. 1 lit. c EVÜ) erfaßt werden. Zweigert/Kötz bezeichnen diese Art der Rechtsvergleichung als "Mikrovergleichung", bei der einzelne Rechtsinstitute oder Rechtsprobleme im Mittelpunkt stehen, also die Regeln betrachtet werden, nach denen bestimmte Sachprobleme oder Interessenkonflikte in verschiedenen Rechtsordnungen beurteilt werden[157].

d. *Vorschläge der Lando-Kommission zu "non-performance" und "inexécution"*

In den Vorschlägen der Lando-Kommission zu einem einheitlichen europäischen Vertragsrecht findet sich in Art. 1.105 eine allgemeine Definition zu "non-performance"[158] bzw. "inexécution"[159]. In der Erläuterung zu Art. 3.101 wird weiter ausgeführt, daß "non-performance" die Nichterfüllung jeder Vertragspflicht umfasse. Eingeschlossen sei die Verletzung einer Nebenpflicht wie der zur Wahrung von Geschäftsgeheimnissen[160]. Alle Fälle, in denen eine vertraglich versprochene Leistung nicht oder nicht vollkommen vertragsgemäß erbracht wird - sie mag ausbleiben, verspätet angeboten werden, unvollständig, mangelhaft oder in irgendeiner anderen Weise vertragswidrig sein - zählen so zur Nichterfüllung. Damit wird für materielles Einheitsrecht der Kernbereich dessen abgesteckt, was in allen europäischen Staaten zum Bereich der vertraglichen Haftung gerechnet werden kann. Indes ist unwahrscheinlich, daß die Vorschläge der Lando-Kommission in absehbarer Zeit Gesetzeskraft erlangen. Außerdem würde im einzelnen dann wieder zu klären sein, ob einzelne Ansprüche aus Vertrag, die bislang in einzelnen Rechten in u. U. expansiver Weise bestehen, unter die einheitsrechtliche Norm fallen. Zur Auslegung des EVÜ lassen sich die Vorschläge der Lando-Kommission daher nur am Rande fruchtbar machen.

---

157 Zweigert/Kötz, § 1 II.

158 "...'non-performance' denotes any failure to perform an obligation under the contract, whether or not excused, and includes delayed performance, defective performance and failure to co-operate in order to give full effect to the contract.".

159 "...le terme 'inexécution' dénote le fait de manquer à exécuter une obligation issue du contrat, qu'il bénéficie ou non d'une exonération, et s'applique aussi à une exécution tardive ou défectueuse et au refus d'une collaboration qui permette au contrat de produire son plein effet,...".

160 Principles of European Contract Law, Part I, S. 120; dazu: Flessner, ZEuP 1997,255.

4. *Materiellrechtlicher Gehalt der verwendeten Begriffe im jeweiligen Sachrecht*

Zu klären ist nun, welcher materiellrechtliche Gehalt den verwendeten Begriffen im jeweiligen Sachrecht zukommt, um daraus Rückschlüsse für eine Interpretation der "Folgen der Nichterfüllung" ziehen zu können.

Streng genommen erfordert das autonom-rechtsvergleichende Qualifikationsstatut die Einbeziehung sämtlicher Rechtsordnungen der Vertragsstaaten in die Rechtsvergleichung. Ein solches Unterfangen wird in aller Regel an praktischen Schwierigkeiten scheitern[161]. Vor diesem Hintergrund sollen hier einige ausgewählte Rechtsordnungen betrachtet werden, wobei Schwerpunkte auf Frankreich und Österreich liegen. Vergleichsweise kurz wird daneben auf Großbritannien, Italien und die Niederlande eingegangen.

Zunächst soll ein besonderes Augenmerk auf das französische Sachrecht als Beispiel für den romanischen Rechtskreis gerichtet werden, um es auf seine Ergebnisgleichheit mit der deutschen Systematik zu überprüfen.

a. *Frankreich*

aa. *Begriff der "inexécution"*

Im französischen Privatrecht umfaßt der zentrale Begriff der "inexécution" - Art. 1146 ff. code civil - all die Bereiche, in denen im deutschen Zivilrecht deutlich zwischen Unmöglichkeit, Verzug und positiver Forderungsverletzung differenziert wird[162]. "Inexécution" ist jegliche Abweichung der erbrachten von der vertragsmäßigen Leistung, gleich ob Haupt- oder Nebenleistungspflichten oder sonst leistungsbegleitende Nebenpflichten betroffen sind[163]. Die daraus resultierende Schadensersatzpflicht wird zur "théorie de la responsabilité" gerechnet, so daß die "responsabilité contractuelle" ihre funktionelle Entsprechung in dem deutschen Systembegriff der "Leistungsstörungen" findet[164]. Dem Gläubiger entstandene Schäden sind, wenn die sonstigen Voraussetzungen des Schadensersatzes vorliegen, in jedem Fall ohne Rücksicht auf die Bedeutung der Nichterfüllung zu ersetzen[165].

Allerdings scheint die Vorschrift des Art. 1147 CC, nach der der Vertragsschuldner Schadensersatz sowohl wegen "inexécution de l' obligation" als auch

161 Vgl. Kropholler, Internat. EinheitsR, S. 257; Zweigert/Kötz, § 3 IV.
162 Hübner/Constantinesco, § 22 3; Constantinesco Nr. 13; Zweigert/Kötz, § 36 III.
163 Vgl. Ferid, 2 C 5 f.; Renner, S. 16; Constantinesco, Nr. 13.
164 Ferid, 2 C 1.
165 Ferid, 2 C 13.

wegen "retard dans l' obligation" zu leisten hat, auf das Bestehen eines zweiten gesetzlichen Haftungsgrundes - Verzug - hinzuweisen. Man ist sich aber darüber einig, daß der Wortlaut von Art. 1147 CC mißverständlich ist, und die Norm eine umfassende Regelung der Haftung des Schuldners wegen Nichterfüllung enthält, wobei dem Verzug keine eigenständige Bedeutung zukommt[166]. Die Gegenüberstellung von "retard" und "inexécution" sei lediglich aus historischen Gründen erfolgt, denn der Verzug stelle im System des französischen Leistungsstörungsrechts nur eine Variante des allgemeinen Tatbestandes dar, er sei eine besondere Ursache der teilweisen Nichterfüllung. Nur im Schadensersatzrecht wird zwischen "dommages-intérêts compensatoires" (Nichterfüllungsschaden) und "dommages-intérêts moratoires" (Verzugsschaden) unterschieden, obgleich das Gesetz dafür keinen Anhalt gibt[167].

bb. Prinzip des "non-cumul"

Eine besondere Prägung mit weitreichenden Implikationen erfährt das französische Haftungsrecht dadurch, daß das Problem der Konkurrenz vertraglicher und deliktischer Ansprüche durch eine generelle Verdrängung der deliktischen Haftung gelöst wird. Dies ist der Inhalt des Prinzips vom "non-cumul des responsabilités délictuelle et contractuelle"[168]. Sofern also beispielsweise die Schlechterfüllung das Erhaltungsinteresse verletzt - typischerweise bei Begleitschäden - steht dem Gläubiger nicht die Möglichkeit offen, gleichzeitig deliktische Ersatzansprüche geltend zu machen. Der non-cumul-Grundsatz greift immer dann ein, wenn die Voraussetzungen der vertraglichen Natur der Haftung erfüllt sind und Beziehungen zwischen Vertragspartnern zur Diskussion stehen.

Der Ausschluß deliktischer Ersatzansprüche wird damit begründet, daß das Vertragsrecht mit einer Vielzahl von speziellen Regelungen eine Sonderordnung darstelle, die durch eine uneingeschränkte Anwendung des Deliktsrechts überlagert zu werden drohe[169]. Die Art. 1382, 1383 CC als deliktische Generalklauseln sind derart weit gefaßt, daß sich selbst "reine" Vertragsverletzungen kaum je als solche kennzeichnen und damit aus den Vorschriften des Deliktsrechts herauslösen lassen. Insbesondere besteht keine Tendenz zum unterschiedlichen Interessenschutz durch Vertrags- und Deliktsrecht, während in Deutschland dem De-

166 Constantinesco, Nr. 17; Mazeaud-Tunc, Traité III, Nr. 2276.

167 Vgl. Encycl. Dalloz, Responsabilité contractuelle, Nr. 5 ff.; Starck, Nr. 1334 f.

168 Grundlegend: Cass. civ. 11.1.1922, D. 1922, I, 16 f.; vgl. aus neuerer Zeit: Cass. civ. 6.1.1989, JCP. 1989, II, 21326.

169 Vgl. Cass. civ. 6.1.1981 Bull. civ. 1981, I, Nr. 7 S. 65; Encycl. Dalloz, Responsabilité (en général), Nr. 175; Schlechtriem, S. 64; Renner, S. 10 mit umfangreichen Hinweisen auf frz. Literatur.

liktsrecht eher der Schutz absoluter Rechtsgüter zugewiesen wird und sich die vertragliche Haftung am Vermögensschutz orientiert[170]. Angesichts des unbeschränkten Rechtsgüterschutzes durch das Deliktsrecht würde ohne die Regel vom non-cumul für ein und dasselbe Verhalten sowohl nach Vertragsrecht, als auch nach Deliktsrecht gehaftet. Erhebliche Wertungswidersprüche wären die Folge, da vor allem vertragliche Abreden oder gesetzliche Vorschriften über eine bestimmte Risikoverteilung zwischen den Parteien entwertet würden. So verlören Haftungsbeschränkungen zugunsten des einen Vertragsteils bei freiem Rückgriff auf das mit schärferen Haftungsmaßstäben ausgestattete Deliktsrecht ihre Wirkung[171]. Auch wäre die wesentliche Frage des Deliktsrechts, ob eine Sorgfaltspflicht überhaupt besteht, immer schon bejaht, da das Vertragsverhältnis auch insoweit pflichtenbegründend wirkt. Welche Probleme das französische Haftungsrecht vor der Leitentscheidung der Cour de Cassation aus dem Jahre 1922 hatte, wird dadurch verdeutlicht, daß Teile der Literatur die Begründung von Vertragspflichten von den schadensersatzrechtlichen Folgen ihrer Verletzung unterscheiden wollten[172]. Die Einführung des non-cumul-Prinzips löste die beschriebenen Schwierigkeiten. Erleichtert wurde diese Entscheidung durch den Umstand, daß die vertraglichen Rechtsbehelfe des französischen Rechts stark genug ausgebaut sind, um eine Verdrängung des Deliktsrechts ohne zweifelhafte Folgen zu ermöglichen[173].

Schwierigkeiten bei der Kategorisierung werfen jedoch auch heute noch die Fälle auf, in denen es zu Schädigungen "anläßlich eines Vertrages" kommt. Zu denken ist dabei beispielsweise an die Lieferung einer mängelbehafteten Sache, die den Käufer verletzt, oder den Fall, daß der Mieter den Autovermieter mit der Mietsache anfährt. Ob eine vertragliche oder eine deliktische Einstandspflicht besteht, hängt davon ab, ob ein "ursächlicher Zusammenhang" zwischen Vertrag und Schädigung zu erkennen ist. Dieser Zusammenhang muß juristischer Natur sein ("lien juridique"), denn ein nur zufälliges tatsächliches Zusammentreffen ("lien occasionel" bzw. "lien de fait") soll nicht zur Begründung einer vertraglichen Haftung genügen[174]. Nur wenn der Schaden einer Partei unvermittelt auf der Nichterfüllung, auf der Verletzung einer vertraglichen Verpflichtung beruht, greift das Vertragsrecht. Die Abgrenzung richtet sich danach, ob das schädigende Verhalten des Vertragspartners gerade dem Vertragsinhalt oder einer allgemeinen Verhaltenspflicht zuwiderläuft. Außer Betracht müssen an dieser Stelle die

---

170 Vgl. Renner, S. 55 f.

171 Vgl. Ferid-Sonnenberger, 2 O 43.

172 Vgl. v. Bar, DeliktsR I, Rn. 433 mit Nachweisen aus dem älteren französ. Schrifttum

173 Mazeaud-Tunc, Responsabilité civile I, Nr. 204.

174 Cass. civ., 28.3.1955, Bull. civ. 1955, I, Nr. 139 S. 119 f.; Cass. civ. 13.5.1955, D. 1956 Jur. 53; Mazeaud-Tunc, Traité I, Nr. 145 f.

Schwierigkeiten der Praxis mit diesem Kriterium bleiben, die zu einer reichen und kaum überschaubaren Kasuistik geführt haben[175].

cc. Spektrum der vertraglichen Pflichten

Infolge des einheitlichen Begriffs der Nichterfüllung ist im französischen Recht die Frage nach dem Charakter der Vertragspflicht als Haupt- oder Nebenpflicht im Rahmen des Schadensersatzes zweitrangig[176]. Demgemäß beschäftigen sich die französische Rechtsprechung und die Rechtslehre nicht mit einer umgreifenden Unterscheidung zwischen Haupt- und Nebenpflichten des Vertrages. Zudem erfolgt die Konturierung der vertraglichen Pflichten anders als in Deutschland. Von vorrangiger Bedeutung ist die allgemeine Auslegungsregel des Art. 1156 CC, die den Parteiwillen als vertragsschöpfendes Element hervorhebt. Wenn sich der Parteiwille untersuchen läßt, kann das Vertragsziel bestimmt und der genaue Inhalt der Vertragspflicht ermittelt werden.

aaa. Unterscheidung nach "obligation de résultat" und "obligation de moyens"

Wie bei allen vertraglichen Pflichten wird von der neueren Rechtsprechung und Lehre weiter danach unterschieden, ob es sich um eine auf einen Erfolg zielende Verpflichtung (obligation de résultat bzw. obligation determinée) oder um eine bloße Verpflichtung zur Tätigkeit (obligation de moyens) handelt[177]. Im Falle der Nichterfüllung bei der obligation de résultat kann sich der Schuldner nur durch den Nachweis höherer Gewalt oder von Zufall (force majeure, cas fortuit, Art. 1148 CC) - diese Begriffe sind bei den Leistungsstörungen synonym[178] - entlasten. Demgegenüber muß bei der obligation de moyens der Geschädigte den Beweis eines Sorgfaltsmangels führen. Allerdings entfaltet sich bei der Festlegung, ob eine obligation de moyens oder eine obligation de résultat besteht, eine vielfältige Kasuistik, bei der die Zuordnung zu einer der beiden Gruppen häufig ohne Präzisierung der Zuordnungskriterien erfolgt[179]. Gleichwohl ist vorrangig der Parteiwille von Bedeutung; der Schuldner kann einen bestimmten Leistungserfolg

---

175 Vgl. Übersicht bei Encycl. Dalloz, Responsabilité contractuelle, Nr. 34 ff.

176 Meller, S. 36; Sonnenschein, S. 46.

177 Vgl. aus neuerer Zeit: Starck, Nr. 1392 ff.; Encycl. Dalloz, Responsabilité contractuelle, Nr. 58 ff.; Mazeaud-Tunc, Traité I, Nr. 103-6; Zweigert/Kötz, § 36 III.

178 Encycl. Dalloz, Responsabilité contractuelle, Nr. 171; Ferid, 2 C 51.

179 Vgl. Encycl. Dalloz, Responsabilité contractuelle, Nr. 60.

garantieren[180]. Desweiteren kann die Art der Verpflichtung, beispielsweise Unterlassung, einen Anhalt geben.

In vielen Fällen, vor allem bei den - sogleich näher zu umreißenden - gesetzlichen Pflichten, wird sich aber aus dem Parteiwillen und der Art der Verpflichtung keine Klassifizierung des Obligationeninhaltes herleiten lassen. Dann muß der Grad des Ausfallrisikos (aléa), das mit jeder Leistung verbunden ist, als Abgrenzungskriterium fungieren. Wenn erhebliche, sich aus der Natur der Verbindlichkeit ergebende Ausfallrisiken bestehen, handelt es sich um eine obligation de moyens. So legen viele Verträge dem Schuldner die Verpflichtung auf, gewisse Dienste zu leisten, die persönliche Anstrengungen erfordern, deren Erfolg aber nicht sicher erscheint. Der Arzt kann nicht für den Erfolg der Heilbehandlung, der Anwalt nicht für einen Prozeßgewinn im Sinne einer obligation de résultat einstehen. Sie sind lediglich verpflichtet, das ihnen Mögliche zu tun und dabei sorgfältig vorzugehen. Der Gläubiger muß hinsichtlich einer Nichterfüllung dem Schuldner - wie beim Delikt - einen Verstoß gegen die Sorgfaltspflicht nachweisen. Klassisches Beispiel für den umgekehrten Fall ist der Transportunternehmer, der den Fahrgast heil und sicher ("sain et sauf") an sein Ziel zu bringen hat[181]. Vor allem in Fällen der Verletzung einer vertraglichen Sicherungspflicht war auch von Bedeutung, inwieweit dem Gläubiger eine aktive Rolle bei der Erfüllung zukam (z. B. Teilnahme am Reitunterricht, Benutzung eines Skischlepplifts); eine "rôle actif" läßt auf ein größeres Ausfallrisiko und damit eine obligation de moyens schließen[182]. Aus alldem wird deutlich, daß dem Richter in dieser Hinsicht ein weiter Ermessensspielraum zukommt; zuweilen werden sogar in demselben Vertragsverhältnis beide Arten von Pflichten angenommen[183].

bbb. "Obligation de sécurité"

Eine weitere zentrale Vorschrift bei der Bestimmung der vertraglichen Pflichten ist Art. 1135 CC, nach der neben den durch ausdrücklichen Willen der Parteien festgelegten Pflichten zusätzliche Pflichten aus Gesetz (loi), Billigkeit (équité) oder Brauch (usage) bestehen. Diese haben gemein, daß die Parteien jede Handlung unterlassen sollen, die der normalen Erfüllung des Vertrages zuwiderläuft[184]. Insbesondere hat die französische Rechtsprechung eine vertragliche Si-

180 Vgl. Cass. civ. 8.1.1985, Bull. civ. 1985, I, Nr. 12 S. 12 (Pyrotechniker garantiert den Erfolg einer Sprengung).

181 Vgl. Cass. civ., 21.11.1911, D. 1913, I, 249 ff.; Mazeaud-Tunc, Traité I, Nr. 154.

182 Vgl. Cass. civ. 8.10.1963, D. 1963 Jur. 750; Cass. civ. 9.2.1994, JCP. 1994, II, 22313.

183 Meller, S. 60.

184 Constantinesco, Nr. 16.

cherungspflicht (obligation de sécurité) zur Verstärkung des persönlichen Schutzes des Vertragspartners eingeführt[185]. Ihren Ausgang nahm die Diskussion im Arbeitsrecht, wo sich durch zahlreiche Arbeitsunfälle die Notwendigkeit herausstellte, dem Arbeitnehmer seine Rechtsverfolgung zu erleichtern. Indes wurde in diesem Bereich der Gesetzgeber schon früh durch den Erlaß von Arbeitssicherheitsbestimmungen tätig. Die erste positive Entscheidung der Cour de Cassation aus dem Jahre 1911 betraf einen Beförderungsvertrag[186]. Inzwischen dient die obligation de sécurité auch dem Schutz von Gütern[187] und ragt insofern in alle Bereiche hinein, die in Deutschland den verschiedenen Fallgruppen der positiven Forderungsverletzung zugeordnet werden.

Typisch für die Annahme einer obligation de sécurité sind Fälle, in denen sich der Vertragspartner zum Zeitpunkt der Schädigung in Räumen oder an einer Maschine aufhält, die unter der Herrschaft des Schuldners stehen[188]. Zu beachten ist allerdings, daß bei einigen Vertragstypen der Anwendungsbereich der obligation de sécurité im Hinblick auf die besonderen Gewährleistungsvorschriften bei Kauf (Art. 1645 ff. CC), Miete (Art. 1719 ff. CC) und Hinterlegung (Art. 1947 CC) eingeschränkt ist[189]. So hat die obligation de sécurité beim Kaufvertrag nur die Aufgabe, den Käufer gegen Unfälle zu schützen, die vom Kaufgegenstand verursacht werden[190]. Die Cour de Cassation bejahte eine obligation de sécurité, als ein Kunde im Supermarkt bei der Explosion einer Limonadenflasche, die er gerade in seinen Einkaufswagen legen wollte, verletzt wurde[191]. Ebenso haftete der Inhaber eines Kinos vertraglich für den Sturz eines Kinobesuchers auf einer Bananenschale[192]. Weiteres Beispiel ist der durch den gekauften Fernseher verursachte Wohnungsbrand, bei dem die Rechtsprechung eine obligation de sécurité de moyens annahm[193].

Betonung verdient in diesem Zusammenhang, daß die obligation de sécurité nur dann dem Vertragsinhalt hinzugerechnet werden kann, wenn sie in einem engen Verhältnis zur Hauptpflicht des Vertrages steht[194]. Dieses Erfordernis ist Ausprägung der grundsätzlich erforderlichen und zuvor schon beschriebenen "lien juridique". Abgelehnt wurde dies in einem Fall, bei dem ein Patient vom Arzt

185 Vgl. Starck, Nr. 1010 ff.; Encycl. Dalloz, Responsabilité contractuelle, Nr. 31 ff.
186 Cass. civ. 21.11.1911, D. 1913, I, 249 ff.
187 Vgl. Mazeaud-Tunc, Traité I, Nr. 150.
188 Vgl. Cass. civ. 7.3.1989, Gaz. Pal. 1989 Jur. 632 (Eisenbahnbeförderung); Encycl. Dalloz, Responsabilité contractuelle, Nr. 31.
189 Vgl. zu Überschneidungen bei Mangelfolgeschäden: v. Bar, DeliktsR I, Rn. 470.
190 Vgl. Rechtsprechungsübersicht bei Viney, Nr. 500.
191 Vgl. Cass. civ. 12.6.1979, JCP. 1980, II, 19422.
192 Vgl. Cass. civ. 17.3.1947, D. 1947 Jur. 269.
193 Vgl. Cass. civ. 16.5.1984, DS. 1985 Jur. 485 f.
194 Mazeaud-Tunc, Traité I, Nr. 151.

korrekt behandelt wurde, doch auf dem glatten Fußboden des Wartezimmers ausrutschte[195]. Gleiches galt, als umgekehrt eine Krankenschwester bei einem Hausbesuch in der Wohnung des Patienten stürzte[196]. Ebenso stützte die Cour de Cassation den Anspruch des Klägers, der im Krankenhaus eine Kontrolluntersuchung durchführen lassen wollte und sich bei einem Besuch auf der Toilette verletzte, auf das Deliktsrecht[197]. Hingegen soll beim Einsatz medizinischen Geräts ein enges Verhältnis zur Hauptpflicht des Vertrages zu bejahen sein[198]. Nicht im medizinischen Bereich sondern im Werkvertragsrecht ereignete sich der Fall, daß ein mit Planierarbeiten beauftragtes Unternehmen den Einsturz des Nachbarhauses bewirkte, das ebenfalls zufällig dem Besteller gehörte. Der Ersatzanspruch wurde aus Delikt gewährt[199].

Die obligation de sécurité läßt sich trotz dieser Einschränkungen durch die Rechtsprechung als Generaltypus der vertraglichen Sorgfaltspflichten ansehen, so daß eine Verwandtschaft zu der deliktsrechtlichen Pflicht des "neminem laedere" offen zutage liegt[200]. Wenn das - naturgemäß sehr unscharfe - Kriterium eines engen Zusammenhangs mit der vertraglichen Hauptpflicht zur Ablehnung der vertraglichen Haftung führt, kann der Geschädigte ohne weiteres deliktische Ansprüche geltend machen, da die Regel vom non-cumul keine umgekehrte Sperrwirkung entfaltet. Obwohl ein Vertrag vorliegt, fehlt es an der Verletzung einer vertraglichen Verpflichtung. Dem Richter steht sonach mit der beschriebenen Interpretationsbefugnis im Hinblick auf den Vertragsinhalt gleichzeitig die Wahl der für den Geschädigten günstigeren Haftungsordnung zu. Wichtig ist in diesem Zusammenhang auch, daß der Kassationshof die Qualifizierung von Pflichten als vertraglich oder außervertraglich grundsätzlich den Untergerichten (juges du fond) überläßt. Konsequenz ist die beschriebene Uneinheitlichkeit der Lösungen.

Bei der Frage nach dem Umfang und der Bedeutung der vertraglichen Pflichten können zudem die Ebenen der Unterscheidung nach obligation de moyens und obligation de résultat und die Erweiterung des vertraglichen Pflichtenspektrums durch die obligation de sécurité nicht völlig getrennt voneinander betrachtet werden, da vielfältige Wechselwirkungen bestehen. Deutlich wird dies auch daran, daß die obligations de sécurité sowohl in der Form "de résultat" als

195 Cass. civ. 10.1.1990, zit. nach Jourdain, Rev. trim. dr. civ. 89 (1990), 481.

196 Vgl. Cass. civ. 28.4.1981, Bull. civ. 1981, I, Nr. 137 S. 114.

197 Trib. de grande instance de Périgeux, 20.7.1994, DS. 1995 Jur. 315.

198 Vgl. Cass. civ. 16.11.1965, D. 1966 Jur. 61; Cass. civ. 12.4.1995, JCP. 1995, II, 22467.

199 Vgl. Cass. civ. 5.5.1969, D. 1969 Somm. 118.

200 Knetsch, S. 145, 181.

auch "de moyens" angenommen werden und damit ein wichtiges Hilfsmittel bei der Anpassung des Haftungssystems an neue Bedürfnisse darstellt[201].

ccc. Sonstige vertragliche Nebenpflichten

Die französische Rechtsentwicklung ist in Sachen Ausweitung des vertraglichen Pflichtenspektrums nicht bei der obligation de sécurité stehengeblieben, sondern hat vor allem hinsichtlich Information, Aufklärung und Beratung in jüngerer Zeit die an den Schuldner gestellten Anforderungen verschärft. Eine große Bedeutung besitzen Warn- und Hinweispflichten, die den Hersteller oder professionellen Verkäufer einer gefährlichen Sache dem Kunden gegenüber treffen[202]. Desweiteren hat die Rechtsprechung "devoir de conseil" oder "obligation de renseignement, d'information et de mise en garde" beispielsweise bei einem Immobilienmakler[203], bei einem Wartungsvertrag[204], einem Subunternehmer-Werkvertrag[205] und einem Mietvertrag[206] angenommen. Ebenso wie die genannten Nebenpflichten sämtliche Vertragstypen durchziehen, kann die Informations- und Beratungspflicht technische wie rechtliche Aspekte betreffen. Das Anwendungsfeld ist weit gefächert. In Konsequenz daraus variiert der Inhalt dieser Pflichten stark; er kann von einer einfachen Auskunft bis zur umfassenden Beratung und Anleitung gehen[207]. Er ist abhängig von der jeweiligen richterlichen Auslegung des Vertrages. Verallgemeinernd läßt sich feststellen, daß Informations- und Aufklärungspflichten in den Bereichen bestehen, in denen eine Partei keine Kennntnisse besitzt und der anderen insoweit vertraut[208]. Insbesondere dem "professionnel" werden dabei besondere Anstrengungen abverlangt.

Diese Pflichten müssen indes von der vorvertraglichen "obligation précontractuelle de renseignement" unterschieden werden, bei der das "ob" des Vertragsschlusses im Vordergrund steht. Demgemäß haben diese Pflichten einen teilweise anderen Charakter und gehen oft weniger weit als die vergleichbaren Verpflichtungen nach Vertragsschluß[209]. Außer Betracht bleiben hier auch die Fälle, in denen Beratung und Information die Hauptleistungspflicht des Schuld-

---

201 Vgl. Schlechtriem, S. 69.

202 Vgl. Cass. civ. 14.12.1982, Bull. civ. 1982, I, Nr. 361 S. 309 f.; Cass. civ. 23.4.1985, DS. 1985 Jur. 558 f.

203 Vgl. Cass. civ. 30.10.1985, Bull. civ. 1985, I, Nr. 277 S. 248; Cass. civ. 20.12.1971, DS. 1972 Jur. 157.

204 Vgl. Cass. civ. 28.2.1989, Bull. civ. 1989, I, Nr. 102 S. 65.

205 Vgl. Cass. civ. 17.3.1969, DS. 1969 Jur. 532.

206 Vgl. Trib. grande inst. Libourne, 2.2.1978, Gaz. Pal. 1978, 2 Somm. 209 f.

207 Übersicht bei Viney, Nr. 502 ff.

208 Encycl. Dalloz, Responsabilité contractuelle, Nr. 32.

209 Vgl. Viney, Nr. 502.

ners darstellen. Schließlich ist noch darauf hinzuweisen, daß den Aufklärungs- und Informationspflichten des Schuldners solche des Gläubigers zu Nachfrage und Erkundigung gegenüberstehen[210], sogar von einem "devoir de coopération" ist die Rede[211].

Auf das Ganze gesehen muß hinsichtlich der Ausweitung der vertraglichen Pflichten in Frankreich berücksichtigt werden, daß sich die Entwicklung vor dem Hintergrund einer - von dem Prinzip des non-cumul verursachten - strengen Antithese von vertraglicher und deliktischer Haftung vollzogen hat. Jede zusätzliche vertragliche Pflicht hat automatisch zur Folge, daß das Deliktsrecht unanwendbar wird. Die deliktische Haftung führt zu einer für den Geschädigten ungünstigen Beweislastverteilung und steht mit dieser starren Regelung einer flexibleren Beweislastregel bei der vertraglichen Haftung gegenüber. Bei dieser können wiederum Haftungsklauseln die Haftung - in Grenzen - ausschließen oder beschränken[212]. Ebenso kann sich die vertragliche Haftung wegen Art. 1150 CC, der eine Beschränkung des Schadensersatzes auf den vorhersehbaren Schaden vorsieht, nachteilig auswirken. Bei "dol" oder "faute lourde" des Vertragsschuldners kommt diese Vorschrift indes nicht zur Anwendung; zudem wird der Begriff der Vorhersehbarkeit weit ausgelegt[213]. Fragen der Verjährung können in Frankreich meist nicht zu Friktionen führen und sind daher für das Verhältnis von Delikts- und Vertragsrecht - von Ausnahmen abgesehen - unbedeutend (Artt. 2262 und 2270-1 CC).

Ähnlich stellt sich die Rechtslage bei der Haftung für Schädigung durch Gehilfen dar. Nach Art. 1384 Abs. 5 CC haftet der Geschäftsherr für "faute" seines Verrichtungsgehilfen ohne Entlastungsmöglichkeit sowohl im deliktischen, als auch, in analoger Anwendung der Norm, im vertraglichen Bereich[214]. Schwierigkeiten wirft aber die jüngste Entwicklung der Rechtsprechung zur Gardienhaftung im Rahmen des Art. 1384 Abs. 1 CC bei deliktischen Ansprüchen auf, da sich 1991 der Kassationshof in einer Plenarentscheidung für eine objektive, verschuldensunabhängige Haftung für die Verwirklichung von Personengefahren entschied[215]. Es liegt auf der Hand, daß damit eine wesentliche Stärkung des Deliktsrechts verbunden ist und Gründe zur Ausdehnung des Bereichs der vertraglichen Haftung entfallen. Die Bedeutung für das Gesamtsystem läßt sich noch nicht recht abschätzen; jedenfalls sind durch die jüngste Rechtsprechung Konkurrenz-

---

210 Encycl. Dalloz, Responsabilité contractuelle, Nr. 105.
211 Starck, Nr. 1144.
212 Vgl. Mazeaud-Tunc, Nr. 2519 ff.
213 Vgl. Encycl. Dalloz, Responsabilité contractuelle, Nr. 163 ff.; Dammann, S. 18.
214 Ferid-Sonnenberger, 2 O 23.
215 Vgl. Cass. ass. plén. 29.3.1991, DS. 1991 Jur. 324; ebenso Cass. civ. 22.5.1995, JCP. 1995, II, 22550; Cass. civ. 22.5.1995, JCP. 1995, IV, 1743.

und Wertungsprobleme aufgetreten, auf die nur am Rande verwiesen werden kann[216].

dd. *Zusammenfassende Betrachtung des Umfangs der vertraglichen Pflichten und rechtsvergleichende Einschätzung*

Zusammenfassend läßt sich somit feststellen, daß die Abgrenzung zwischen vertraglichem und deliktischem Haftungsregime bei Schädigungen von Gesundheit und Eigentum der anderen Partei unklar bleibt, da dem Richter bei der Bestimmung der Vertragspflichten und ihrer Klassifizierung als obligation de moyens oder als obligation de résultat ein großer Interpretationsspielraum offensteht. Erschwert wird die Analyse der Rechtsprechung überdies dadurch, daß die Gerichte den Rechtsgrund der Haftung nicht zu nennen brauchen. Vielfach sind weniger dogmatische Stringenz als Billigkeitserwägungen prägend[217]. Allerdings deckt sich bei einer vorsichtigen Gesamtschau die "inexécution" zum großen Teil mit dem deutschen Begriff der "Leistungsstörungen". Bezogen auf die positive Forderungsverletzung finden die Fallgruppen Schlechterfüllung, Verletzung einer leistungsbezogenen Nebenpflicht und Schutzpflichtverletzung in dem Tatbestand der "inexécution" überwiegend Platz, wenngleich die vertraglichen Schutzpflichten in Frankreich aus anderen Gründen als in Deutschland entwickelt wurden. Wenn dagegen formuliert wird, die französische Praxis fasse Schadensersatzansprüche aus körperlichen Schädigungen rein deliktisch auf[218], verkürzt dies die Problematik und findet in Anbetracht der Ausweitung der vertraglichen Haftung keine Bestätigung mehr. Insbesondere muß daher vor der unkritischen Übernahme von Ergebnissen aus älteren Untersuchungen[219] gewarnt werden. Allenfalls im vorvertraglichen Bereich werden Fälle, in denen "der Besucher einer Gastwirtschaft, eines Warenhauses oder Ladens durch mangelhafte Beschaffenheit des Lokals oder durch fehlerhafte Betriebseinrichtungen zu Schaden kommt, nach Deliktsrecht entschieden"[220].

Auf der anderen Seite treffen aber auch die Einschätzungen zu, nach denen das deutsche Recht durch die Anerkennung der positiven Forderungsverletzung den Übergang zu einer Generalklausel vertraglicher Haftung vollzogen und sich der französischen Konzeption eines einheitlichen Haftungstatbestandes weitgehend angenähert habe[221]. Allerdings kann dieser Befund nicht darüber hinweg-

---

216 Näher: v. Bar, DeliktsR I, Rn. 116.
217 v. Bar, DeliktsR I, Rn. 468.
218 Frick, S. 74; Ferid, 1 E 107.
219 So bspw. Hopt, AcP 183 (1983),608, Medicus, Gutachten I, S. 479, 489.
220 Vgl. Nirk, RabelsZ 18 (1953), 310,351; Knetsch, S. 137 f.; Nickl, S. 45 f.
221 Vgl. Sonnenschein, S. 36; ähnlich Flessner, ZEuP 1997,255,286.

täuschen, daß in Randbereichen Abweichungen bestehen. Zu nennen sind hier insbesondere der Ersatz von Schäden, die nur anläßlich der Vertragsausführung entstehen. Obgleich deutliche Parallelen in der Haftungsverlagerung vom Deliktsrecht zum Vertragsrecht sichtbar werden[222], geschieht die Ausweitung der vertraglichen Pflichten vorsichtiger als in Deutschland. Die "clause implicite de securité" ist nicht der deutschen Schutzpflicht oder Verkehrssicherungspflicht gleichzusetzen[223], da die obligation de sécurité in einem engen Verhältnis zur Hauptpflicht des Vertrages stehen muß. Nur wenn sich dies bejahen läßt, ist sie dem Vertragsinhalt zuzurechnen und ihre Verletzung löst die vertragsrechtliche Haftung aus[224]. Den deutschen "vertraglichen" Schutz- und Erhaltungspflichten ist ein solches Erfordernis fremd. Zudem wird eine obligation de sécurité von der Rechtsprechung seltener und zögerlicher angenommen[225] als die vertragliche Schutzpflicht in Deutschland. Im ganzen gesehen läßt sich dies so zusammenfassen, daß in Frankreich eine stärkere Tendenz besteht, den Ersatz von Schäden, die aus dem allgemeinen Lebensrisiko resultieren, dem Deliktsrecht zuzuweisen, während das vertragsspezifische Risiko eher über vertragliche Nebenpflichten abgedeckt wird[226]. Dagegen sind im deutschen Recht die Unterschiede zwischen den deliktischen Verkehrssicherungspflichten und den Schutzpflichten bei Vertragsbeziehungen weitgehend eingeebnet. Über die Schutzpflichten als vertragliche Nebenpflicht werden nicht nur vertragsspezifische Risiken erfaßt.

ee. Mechanismen vertraglichen Drittschutzes

Das französische Zivilrecht kennt einen Grundsatz der Relativität der vertraglichen Rechte und Pflichten in Art. 1165 CC: "Les conventions n'ont d'effet qu'entre les parties contractantes; elles ne nuisent point au tiers, et elles ne profitent que dans le cas prévu par l'article 1121." Diese Norm steht zunächst einer Erstreckung von Vertragswirkungen auf Dritte - vom Vertrag zugunsten Dritter abgesehen - entgegen. Indes hat sich die Rechtsentwicklung von diesem Prinzip gelöst, indem sie auch die Interessensphäre von nicht an einem Vertrag beteiligten Dritten teilweise dem Schutz durch das Vertragsrecht unterstellt. Dabei geht es nicht nur um den Schutz absoluter Rechtsgüter, sondern auch um den Ersatz reiner Vermögensschäden. Das französische Zivilrecht kennt sonach wichtige Ausnahmen vom Grundsatz des Art. 1165 CC. In rechtstechnischer Hinsicht haben sich in diesem Zusammenhang die "stipulation pour autrui tacite" und die

---

222 Knetsch, S. 161.
223 Vgl. Constantinesco, Nr. 80.
224 Mazeaud-Tunc, Traité I, Nr. 151.
225 Knetsch, S. 146.
226 Mayer, S. 162.

"action directe" etabliert. Eine "stipulation pour autrui" ist nach dem Gesetz nur unter den sehr eingeschränkten Voraussetzungen des Art. 1121 CC zulässig, über die sich die Rechtsprechung aber hinweggesetzt hat[227]. Von den Rechtswirkungen her ähnlich ist zudem das Prinzip der "opposabilité". Eine Bestandsaufnahme und ein wertender Vergleich mit dem deutschen Rechtsinstitut des Vertrages mit Schutzwirkung für Dritte sollen nun folgen.

aaa. "Opposabilité"

Von der rechtstechnischen Konstruktion her weist die "opposabilité" wenig Ähnlichkeit mit dem deutschen Rechtsinstitut Vertrag mit Schutzwirkung auf. Der Rechtsbegriff "opposabilité" steht für die Berücksichtigung vertraglichen Fehlverhaltens als haftungsauslösende "faute" bei dem deliktischen Anspruch aus Art. 1382 CC. Der Geschädigte kann also die für den deliktischen Anspruch erforderliche "faute" durch den Beweis einer Vertragsverletzung des Anspruchsgegners gegenüber einem Dritten belegen. Damit ist er de facto in den Schutzbereich des Vertrages einbezogen[228]; die Vertragsverletzung wird als Tatsache bei der Klage auf Schadensersatz aus Delikt, Art. 1382 CC, gewertet. Einige Beispiele aus der Judikatur können dies illustrieren: So hat der Kassationshof dem Besteller eines Werkvertrages gestattet, die Vertragsverletzung des Subunternehmers gegenüber dem Hauptunternehmer im Rahmen eines Werkvertrages als Beweis für eine deliktische "faute" im Sinne von Art. 1382 CC bei einer Klage gegen den Subunternehmer anzuführen[229]. Ebenso wurde bei der Klage eines Mieters gegen einen Architekten entschieden, der vom Hauseigentümer mit der Planung und Überwachung von Renovierungsarbeiten an einem Gebäude beauftragt war. Die Berechnungen des Architekten waren fehlerhaft, so daß nach Ablauf der zehnjährigen Garantiefrist Nachbesserungsarbeiten erforderlich wurden, die der Mieter ausführte[230].

In diesen Fällen tritt eine Verwischung der Grenzen von Vertrags- und Deliktsrecht auf, die auch in rechtsdogmatischer Hinsicht im französischen Recht noch nicht als geklärt gelten kann[231]. So scheint der haftungsauslösende Tatbestand eine Vertragsverletzung zu sein, während die Rechtsfolgen und der Haf-

---

227 Vgl. Renner, S. 214.

228 Vgl. Starck, Nr. 1219 ff.; Encycl. Dalloz, Contrats et Conventions, Nr. 304 ff.

229 Vgl. Cass. civ. 18.12.1968, Bull. civ. 1968, IV, Nr. 366, S. 328 f.; Cass. civ. 17.2.1981, JCP. 1981, IV, 157; Cass. civ. 22.6.1982, Bull. civ. 1982, III, Nr. 164, S. 120.

230 Vgl. Cass. civ. 9.10.1962, JCP. 1962, II, 12910.

231 Vgl. Übersicht bei Dammann, S. 95; ausführlich zur Frage von Identität oder Unterschieden zwischen vertraglicher und deliktischer "faute": Knetsch, S. 57 ff.

tungsmaßstab sich nach Artt. 1382 ff. CC bestimmen. Kritik läßt sich weiter daran festmachen, daß vertragstypische Nebenpflichten, einschließlich vertragstypischer Sorgfaltspflichten, nur dem Vertragsgläubiger geschuldet werden. Soll sich ein außerhalb des Vertrages stehender Dritter darauf berufen können, muß er die gleiche Rechtsstellung einnehmen, wie wenn er selbst Gläubiger wäre[232]. Bei der gegenwärtigen Konstruktion der "opposabilité" steht der Dritte besser, als wenn er selbst Vertragsgläubiger wäre, da ihn weder Haftungsbeschränkungen noch das Erfordernis der Vorhersehbarkeit des Schadens nach Art. 1150 CC treffen können. Daher kann sich der Vertragsschuldner unkalkulierbaren Risiken aus deliktischen Ansprüchen gegenübersehen. Indes ist die Rechtsentwicklung hinsichtlich der "opposabilité" noch im Fluß; eine Entscheidung aus dem Jahr 1987 zu Ansprüchen des Bestellers gegen den Subunternehmer lehnt einen deliktischen Anspruch ab[233]. Hingegen zieht eine neuere Entscheidung zu dem Fall eines Immobilienmaklers, der die Unmöglichkeit der Verwirklichung eines Bauvorhabens verschuldet und gegenüber dem Käufer aus Delikt haftet, die Vertragsverletzung gegenüber dem Verkäufer als "opposabilité" heran[234].

Über die Rechtsinstitute der "action directe" oder der "stipulation pour autrui tacite" bestehen weitere Möglichkeiten, Vertragswirkungen auf Dritte zu erstrekken.

bbb. Kodifizierte Fälle der "action directe"

In verschiedenen Bereichen ist die Möglichkeit eines Dritten, sich auf dem Wege einer "action directe" an den Schuldner seines Schuldners zu halten, kodifiziert. So ermöglicht beispielsweise Art. 1798 CC unter bestimmten Voraussetzungen einem Bauhandwerker, seinen Lohn direkt vom Bauherren zu verlangen. Gleichfalls kann der Vermieter gemäß Art. 1753 CC, soweit der Mieter den Mietzins schuldig geblieben ist, unmittelbar gegen den Untermieter vorgehen. In diesen gesetzlich geregelten Fällen der "action directe" geht es aber immer nur um einen Anspruch auf die Primärleistung. Ein funktionelles Äquivalent zum deutschrechtlichen Vertrag mit Schutzwirkung für Dritte stellen diese Fälle daher nicht dar. Inwiefern aber von der französischen Rechtsprechung hinsichtlich der Verletzung von Schutz- und Sorgfaltspflichten der Bereich der vertraglichen Haftung auf Dritte ausgeweitet worden ist, soll nun dargestellt werden.

---

232 Vgl. Dammann, S. 98.
233 Vgl. Cass. com. 17.2.1987, JCP. 1987, II, 20892.
234 Vgl. Cass. civ. 16.12.1992, JCP. 1993, IV, 505.

ccc. Kaufverträge (Produkthaftungsrecht)

(1) Rechtsprechung

Das von der Anzahl der Entscheidungen her bedeutendste Feld sind Kaufverträge, denen eine Schutzwirkung beigelegt wurde. Heute unbestritten und als feste richterrechtliche Regel anzusehen[235] ist die Möglichkeit des Durchgriffs des Letztkäufers gegen die Vormänner seines Verkäufers - in der Regel den Hersteller der Kaufsache - mittels der "action directe". Die Produzentenhaftung erfolgt demnach in Frankreich auf vertraglichem Wege. Als typisches Beispiel aus der Rechtsprechung der Cour de Cassation sei der Fall herausgegriffen, in dem ein Endverbraucher bei einem Händler einen Fußbodenklebstoff kaufte, der mit der Aufschrift "entflammbar" versehen war. Bei der Verwendung des Klebstoffs entzündete der minderjährige Sohn des Käufers ein Streichholz im Nebenzimmer, wodurch es zu einer Explosion kam, bei der der Vater getötet wurde. Der Klage der Witwe gegen den Hersteller auf Schadensersatz aus Vertrag wegen Verletzung einer Informations- und Aufklärungspflicht wurde stattgegeben[236]. Ein anderer Sachverhalt hatte den auf einen Konstruktionsfehler zurückzuführenden Unfall eines Gebrauchtwagenkäufers zum Gegenstand. Die Cour de Cassation führte aus, daß dem geschädigten Endabnehmer eine vertragliche Direktklage wegen Sachmängelgewähr sowohl gegen den Hersteller, wie auch alle Zwischenhändler und seinen direkten Verkäufer zustehe[237].

Erforderlich ist aber immer eine durchgehende Kette von Verträgen, die sog. "chaîne des contrats"; bei der Schädigung eines Nichtkäufers - also des sog. "innocent bystanders" oder mittelbar Geschädigten ("victime par ricochet") der aus eigenem Recht klagt - kommt in der Regel Deliktsrecht zur Anwendung[238]. Eine wichtige Ausnahme bildet nur die soeben beschriebene Schädigung von Familienmitgliedern des Käufers; der Vorverkäufer soll einer Vertragsklage nicht deshalb entgehen, weil das Opfer nicht überlebt hat.

Besondere Erwähnung verdient, daß der Durchgriffsanspruch des Endabnehmers seit der Grundsatzentscheidung der Plenarversammlung der Cour de Cassation vom 7. 2. 1986 auch bei gemischten Kauf-Werkvertragsketten (sog. heterogene Vertragsketten) zu gewähren ist[239]. Der Auftraggeber beim Werkvertrag

---

235 Ferid/Sonnenberger, 2 G 654; Wandt, Internat. Produkthaftung, Rn. 1191.

236 Vgl. Cass. civ. 31.1.1973, Bull. civ. 1973, I, Nr. 40 S. 36 f.

237 Vgl. Cass. civ. 9.10.1979, DS. 1980 IR 222 f.

238 Vgl. Cass. civ. 27.6.1978, DS. 1978 IR 409; Ferid/Sonnenberger, 2 G 661; Dammann, S. 63.

239 Cass. ass. plén. 7.2.1986, DS. 1986 Jur. 293 (deutsche Übersetzung in: RIW 1987,307 ff.); auch Cass. civ. 30.10.1991, Bull. civ. 1991, III, Nr. 251 S. 148 f.;

wird also einem Endkäufer gleichgesetzt, so daß er mittels der "action directe" gegen den Produzenten und Erstverkäufer ebenso wie gegen Zwischenverkäufer von Materialien vorgehen kann, die der Werkunternehmer als Käufer vom Produzenten oder einem Zwischenverkäufer erworben hat. Aufgrund der non-cumul-Regel schließt die im Vertragsrecht wurzelnde Direktklage freilich eine Deliktsklage aus[240]. Allerdings hat der Endabnehmer über die "action directe" nicht nur die Möglichkeit, Schadensersatz wegen Nichterfüllung vertraglicher Nebenpflichten geltend zu machen, sondern kann alle Ansprüche erheben, die dem Erstkäufer im Zusammenhang mit der Kaufsache gegen den Produzenten zustehen, so eben auch Primärpflichten wie den Ersatz einer mangelhaften Sache oder Wandlung[241].

Als praktische Schwierigkeit erweist sich bei der Geltendmachung von Gewährleistungsansprüchen hinsichtlich verborgener Mängel häufig der "bref delai" des Art. 1648 CC, der als Ausschlußfrist nach pflichtgemäßem Ermessen vom Gericht festzusetzen ist[242]. Andererseits hat der Letzterwerber Vorteile bei der Beweisfrage dahingehend, daß bei der Produkthaftung der Hersteller aufgrund einer obligation de securité de résultat und der auf Art. 1645 CC beruhenden Fiktion, daß ein professioneller Verkäufer immer Kenntnis von versteckten Mängeln seiner Ware habe, für die Fehlerhaftigkeit seines Produktes strikt haftet[243].

(2) Rechtsdogmatische Grundlage

Einer langen Rechtsanwendungspraxis als vertraglicher Anspruch stehen immer noch Unklarheiten hinsichtlich der dogmatischen Grundlage der "action directe" gegenüber. Die verschiedenen Deutungsversuche sollen hier nur skizziert werden. Die meisten Anhänger findet die Annahme, der vertragliche Anspruch der Sachmängelhaftung hafte der Sache an, sei ein "accessoire" iSd. Art. 1615 CC. Der vertragliche Anspruch sei auf diesem Wege untrennbar mit der Sache verbunden. Gebräuchlich ist der Ausdruck der "obligation propter rem"[244]. Auch die

---

Cass. civ. 14.11.1991, Bull. civ. 1991, III, Nr. 271 S. 159 f.; zur Vorgeschichte: Encycl. Dalloz, Responsabilité contractuelle, Nr. 53.

240 Vgl. Cass. civ. 9.10.1979, DS. 1980 IR 222 f.

241 Vgl. Sonnenberger, Festschrift für Steindorff, S. 777, 788; Dammann, S. 43 ff; undeutlich: Ferid-Sonnenberger, 2 G 657.

242 Ferid-Sonnenberger, 2 G 611.

243 Vgl. Cass. civ. 19.1.1965, D. 1965 Jur. 389 f.; Cass. civ. 27.1.1993, Bull. civ. 1993, I, Nr. 44 S. 29 f.

244 Vgl. Starck, Nr. 1745.

Rechtsprechung scheint zu dieser Erklärung zu tendieren[245]. Mit dem Eigentum an der Sache sollen die vertraglichen Garantieansprüche gegen den Vormann ex lege auf den Käufer übergehen. An dieser sachenrechtlichen Erklärung nimmt eine Reihe von Literaturstimmen Anstoß und bevorzugt stattdessen Deutungsversuche als stillschweigender Vertrag zugunsten Dritter, als stillschweigende Zession oder als "subrogation légale" gemäß Art. 1251 CC (Eintritt des Käufers in die Rechte seines Verkäufers gegenüber dem Vorverkäufer)[246]. Vor allen Dingen muß sich erklären lassen, warum ein Erstkäufer, der einen ihm vor dem Weiterverkauf entstandenen Eigenschaden erlitten hat, unabhängig von einer eventuellen Klage eines Endkäufers gegen seinen Verkäufer oder dessen Vormänner eine Vertragsklage erheben können soll[247].

Hinzu kommt die ungeklärte Frage, ob Freizeichnungsklauseln und Gerichtsstandsabreden aus Erstverträgen Drittwirkung entfalten sollen[248]. Läßt man dies zu, wird der ursprünglich durch die "action directe" erstrebte Schutz des Geschädigten in einen Schuldnerschutz verkehrt. Denn wegen des non-cumul-Prinzips sind die Ansprüche des Endverbrauchers notwendig und ausschließlich vertraglicher Natur. Der von der Rechtsprechung in diesem Zusammenhang herangezogene Begriff der "groupe des contrats"[249], nach dem die Verfolgung eines gemeinsamen wirtschaftlichen Zieles ein verbindendes Element sei, bleibt in seinem Bedeutungsgehalt im Hinblick auf die dogmatische Einordnung und die Freizeichnungsproblematik unklar. Andererseits versteht sich von selbst, daß der Geschädigte gegen den Hersteller nicht mehr Rechte geltend machen kann, als ihm gegen seinen unmittelbaren Schuldner zustehen. Sofern der Schuldner durch eine Freizeichnungsklausel geschützt ist, kann der Hersteller diese bei einer Inanspruchnahme aus "action directe" einwenden[250].

Die Schwierigkeiten bei der Einordnung der "action directe" in die Systematik des Code civil legen es nahe, eine außerhalb des Gesetzes stehende Erklärung als richterliche Rechtsfortbildung zu suchen. Die genannten Probleme können dann - bei aller Fragwürdigkeit freier Rechtsfortbildung - unabhängig von aus der

245 Vgl. Cass. ass. plén. 7.2.1986, DS. 1986 Jur. 293: "le maître de l'ouvrage, comme le sous-acquéreur, jouit de tous le droits et actions attachés à la chose qui appartenait à son auteur; ..."

246 Übersichten bei Encycl. Dalloz, action directe, Nr. 28 ff.; Ferid-Sonnenberger, 2 G 655.

247 So Cass. civ. 19.1.1988, DS. 1988 IR 38.

248 Bejahend Cass. civ. 8.3.1988, JCP. 1988, II, 21070; Cass. civ. 21.6.1988, DS. 1989 Jur. 5 f.; vgl. Ferid- Sonnenberger, 2 G 659; Sonnenberger, Festschrift für Steindorff, S. 777, 796 f.

249 Vgl. Cass. civ. 21.6.1988, DS. 1989 Jur. 5 f.; hierzu Encycl. Dalloz, action directe, Nr. 43; Kötz, S. 388 f.

250 Dazu Wolfer, PHI 1991,220,225.

Zuordnung zu einem bestimmten Rechtskonstrukt herrührenden Implikationen einer einheitlichen Lösung zugeführt werden[251]. Der Letztkäufer rückt damit nicht auf schwerlich zu erklärende Weise in die Rechte eines anderen ein, sondern befindet sich in einer eigenen vertragsähnlichen Rechtsbeziehung zum Hersteller.

ddd. Werkverträge mit Schutzwirkung über "action directe"

Das zweite wichtige Anwendungsfeld der "action directe" sind Werkverträge ("contrat d'entreprise), denen die Rechtsprechung eine Schutzwirkung beigelegt hat. Weder in rechtstechnischer Hinsicht noch in der Begründung unterscheiden sich diese Fälle wesentlich von den vorgenannten. Der Anwendungsbereich des "contrat d'entrepris" ist dabei weiter als der des Werkvertrags nach deutschen Recht. So werden auch Verträge mit Ärzten, Anwälten, Architekten oder Unternehmensberatern zu den Werkverträgen gerechnet, während Transportverträge nicht mehr dazu gehören sollen[252]. Hinsichtlich der Drittschutzwirkung von Werkverträgen verneinte noch 1983 der Kassationshof die Möglichkeit einer "action directe" bei vorgeschaltetem Werkvertrag und nachfolgendem Kaufvertrag[253]. Nach der Grundsatzentscheidung aus dem Jahre 1986 zum umgekehrten Fall[254] dürfte auch für die hier genannte Fallkonstellation der Anwendungsbereich der "action directe" eröffnet sein. Auf der anderen Seite wurde bei Werkvertragsketten vielfach kein vertraglicher Anspruch über die "action directe" gewährt, sondern die oben beschriebene "opposabilité" im deliktischen Bereich verwendet[255]. Zwischenzeitlich entschied die erste Kammer des Kassationshofs über den Anspruch eines Fotoamateurs, der Diapositive zu einem Fotogeschäft zur Vergrößerung brachte, das wiederum ein Fotolabor mit der Arbeit beauftragte: Der Anspruch des ersten Auftraggebers gegen den Subunternehmer sei vertraglicher Natur[256]. Grenzen der Entwicklung bei der Ausdehnung der vertraglichen Haftung hat dann aber - nach divergierenden Entscheidungen des ersten und dritten Senats - die Plenarentscheidung des Kassationshofs vom 12. 7. 1991 aufgezeigt, nach der ein Anspruch des Bauherrn gegen den Subunternehmer delikti-

251 Sonnenberger, Festschrift für Steindorff, S. 777, 783; Dammann, S. 60 ff.; ähnlich Encycl. Dalloz, Responsabilité contractuelle, Nr. 55.
252 Ferid-Sonnenberger, 2 K 102 ff.
253 Vgl. Cass. civ. 5.10.1983, Bull. civ. 1983, I, Nr. 219, S. 196 f.
254 Siehe oben § 3 III. 4. a. ee. ccc. (1).
255 Siehe oben § 3 III. 4. a. ee. aaa.
256 Vgl. Cass. civ. 21.6.1988, DS. 1989 Jur. 5 f.

scher Natur ist[257]. Sie wurde vielfach als Rückkehr zum Grundsatz der Relativität der vertraglichen Rechte und Pflichten begrüßt[258].

eee. Sonstige Vertragsketten mit Schutzwirkung über "action directe"

Die Cour de Cassation gewährte auch bei einem Vertrag zwischen einem Hotel und dem Veranstalter eines Schulungskurses einem Kursteilnehmer einen vertraglichen Schadensersatzanspruch gegen das Hotel, als diesem seine Kleidungsstücke infolge mangelhafter Überwachung der Hotelgarderobe gestohlen worden waren[259].

fff. Anwendungsbereich der "stipulation pour autrui tacite"

Schwerer noch als der Anwendungsbereich der "action directe" bei Vertragsketten ist die Erstreckung vertraglicher Schutzpflichten auf Dritte, denen keinerlei vertragliche Leistungsansprüche zustehen, im Wege der Annahme einer "stipulation pour autrui tacite" zu überblicken. Der wichtigste Anwendungsbereich ist immer noch das Frachtrecht, während man in anderen Bereichen eher bemüht ist, den Dritten, der ja bessergestellt werden soll, nicht durch die Kombination von vertraglichem Drittschutz und non-cumul um die Vorteile des Art. 1384 CC zu bringen. Gerade zu dieser Norm hat sich - wie schon beschrieben[260] - in jüngster Zeit eine umfassende objektive "gardien"-Haftung bei der Verwirklichung von Sach- und Personengefahren entwickelt[261]. Ausgangspunkt der Entwicklung zur "stipulation pour autrui tacite" waren Beförderungsverträge und dabei vor allem die Frage der Stellung von "victimes par ricochet" (mittelbar Geschädigte). Anders als der Regel nach bei den Kaufverträgen wurde diesen hier ein eigener vertraglicher Anspruch zugestanden[262]. Inzwischen besteht für diese Fälle eine spezialgesetzliche Regelung, so daß insoweit das Konstrukt eines stillschweigenden Vertrages zugunsten Dritter erheblich an Bedeutung eingebüßt hat[263]. In der Vergangenheit wurde vereinzelt die "stipulation pour autrui tacite" auch bei der Be-

---

257 Vgl. Cass. ass. plén. 12.7.1991, JCP. 1991, II, 21743; bestätigt durch Cass. civ. 7.7.1992, Bull. civ. 1992, I, Nr. 221 S. 147; Cass. civ. 16.2.1994, Bull. civ. 1994, I, Nr. 71 S. 55.

258 Vgl. Encycl. Dalloz, action directe, Nr. 112 ff.

259 Vgl. Cass. civ. 13.10.1987, JCP. 1987, IV, 391.

260 S. § 3 III. 4. a. cc. ccc.

261 Vgl. Cass. ass. plén. 29.3.1991, DS. 1991 Jur. 324; Cass. civ. 22.5.1995, JCP. 1995, II, 22550; Cass. civ. 22.5.1995, JCP. 1995, IV, 1743.

262 Übersicht bei Renner, S. 215.

263 Vgl. Encycl. Dalloz, Responsabilité contractuelle, Nr. 50, Dammann, S. 112 ff.

rufshaftung angenommen, als nämlich ein Sachverständiger, der eine Briefmarke im Auftrag des Verkäufers begutachtet hatte, dem Käufer wegen einer Fehleinschätzung vertraglich haftete[264]. Häufig zitiert wird auch der Fall der Bluttransfusion, bei dem einem Patienten, der im Krankenhaus bei einer Bluttransfusion mit Syphilis infiziert wurde, ein vertraglicher Anspruch gegen die Blutspendezentrale wegen Verletzung ihrer Sorgfaltspflicht gewährt wurde[265]. Nach Art. 1121 und 1135 CC enthalte der Vertrag zwischen dem Krankenhaus und der Blutspendezentrale einen Anspruch zugunsten des Patienten auf Lieferung einwandfreien Blutes. Vergleichbare Fälle haben in jüngster Zeit im Zusammenhang mit Aidsverseuchten Blutkonserven wieder Aktualität erlangt, sind aber jetzt nach Deliktsrecht entschieden worden[266].

Heute entfalten vorrangig Transportverträge Drittschutzwirkungen[267]. Zunächst gilt dies zugunsten der Empfänger der Waren, wobei allerdings hier die Einordnung als stillschweigender Vertrag zugunsten Dritter von der Lehre bestritten wird, die eine Erklärung außerhalb der bekannten zivilrechtlichen Institute sucht. Auch ist der vertragliche Anspruch des Empfängers nicht auf Schadensersatz beschränkt, sondern kann auch auf Erfüllung der dem Vertragspartner geschuldeten Primärleistung gehen, so daß die Grenze zur "action directe" unscharf bleibt. Darüberhinaus können sich vertragliche Schutz- und Sorgfaltspflichten auch auf weitere Geschädigte erstrecken: So entschied der Kassationshof, daß aus einem Vertrag zwischen einer Bank und einem Geldtransportunternehmen Schutzwirkungen zugunsten eines Supermarktes, bei dem Geld abzuholen war, bestanden[268]. Zu dieser Entscheidung ist indes anzumerken, daß dem Supermarkt ohnehin die Transporte von dem Geldtransportunternehmen in Rechnung gestellt wurden, so daß die Annahme einer eigenen Vertragsbeziehung näher gelegen hätte. Abgelehnt hat die Rechtsprechung Drittwirkungen von Frachtverträgen zugunsten von Arbeitnehmern des Auftraggebers[269].

Ein Beispiel für die Drittschutzwirkung eines Mietvertrages ist der Fall, in dem der Ehemann der Wohnungsmieterin beim Versuch, sich an ein schadhaftes Fenstergitter anzulehnen, aus dem Fenster stürzte. Sein Anspruch gegen den Vermieter wegen Verletzung der Sicherungspflicht war vertraglicher Natur[270].

264 Vgl. App. Paris, 18.6.1957, JCP. 1957, II, 10134.

265 Vgl. Cass. civ. 17.12.1954, D. 1955 Jur. 269.

266 Z. B. App. Aix-en-Provence 12.7.1993, DS. 1994 Jur. 13.

267 Vgl. Rechtsprechungsübersicht bei Encycl. Dalloz, Responsabilité contractuelle, Nr. 49.

268 Vgl. Cass. civ. 21.11.1978, DS. 1980 Jur. 309.

269 Vgl. Cass. soc. 21.3.1972, JCP. 1972, II, 17236.

270 Vgl. Cass. civ. 25.1.1961, JCP. 1962, II, 12429; ebenso in vergleichbarem Fall: App. Paris 19.2.1988, DS. 1988 IR. 86 f.

Besuchern des Mieters ist dagegen kein vertraglicher Anspruch zugebilligt worden; paradoxerweise stehen sie dadurch besser, weil der Vermieter aus Art. 1384 CC als "gardien" auch ohne den Nachweis seines Fehlverhaltens objektiv zur Haftung verpflichtet ist.

Nur kurz sei auf die kritischen Einwände gegen diese Rechtsprechung eingegangen. So sind insbesondere die - weitgehend fiktiven - Annahmen eines entprechenden Parteiwillens nur schwer nachzuvollziehen. In der Lehre finden sich Bezeichnungen wie "gekünstelt" und "ergebnisorientiert"[271]. Eine mangelnde Konsistenz der Rechtsprechung besteht damit vor allem im Blick auf den Kreis der Drittbegünstigten, der sich kaum nach allgemeingültigen Kriterien beschränken läßt. Der Rechtssicherheit ist mit einer solchen Entwicklung nicht gedient.

ggg. Zusammenfassung und rechtsvergleichende Bewertung

An der französischen Rechtslage fällt auf, wie wenig gefestigt sich die Rechtsprechung darstellt. So scheint bei der Grenzziehung zwischen vertraglicher und deliktischer Haftung noch manches im Fluß. Es sei nur noch einmal an die jüngsten Veränderungen bei der Gardienhaftung, der "opposabilité" und der Judikatur zu Vertragsketten erinnert. Jedoch zeigt schon die Betrachtung des französischen Sachrechts, daß Deutschland mit seiner Erstreckung vertraglicher Schutzpflichten auf außerhalb dieses Vertrages stehende Dritte nicht allein steht. Sowohl die "opposabilité" als auch "action directe" und "stipulation pour autrui tacite" weisen funktionelle Äquivalenzen auf[272]. Zwar mögen rechtstechnisch gravierende Unterschiede bestehen - man denke nur an die "opposabilité" - doch decken sich in Teilen die Ergebnisse.

Einerseits ist das französiche Recht großzügiger, was den Kreis der geschützten Dritten anbelangt. Danach, ob der Dritte mit der vertraglichen Leistung bestimmungsgemäß in Kontakt kommt, ob der Gläubiger für das Wohl und Wehe des Dritten verantwortlich ist, wird nicht gefragt. Zudem kann es bei Haftungsbeschränkungen vorkommen, daß der Dritte besser gestellt wird als der Gläubiger des Vertrages. In Deutschland würde eine solche Entwicklung - von Ausnahmen wie im Fall der Nichtigkeit des Vertrages abgesehen - überwiegend abgelehnt. Andererseits ist man in Frankreich nicht so schnell geneigt, einem Vertrag Schutz- und Sorgfaltspflichten beizulegen; auch nicht jeder Vertragstyp wird als geeignet angesehen. Während in Deutschland beispielsweise Auskunfts- und Beratungsverträgen (gerade mit Rechtsanwälten in den "Testamentsfällen") oder

271 Vgl. Encycl. Dalloz, Responsabilité contractuelle, Nr. 50.

272 anders für die "stipulation pour autrui tacite" hingegen: Knetsch, S. 150 Fn. 271; Renner, S. 217.

Verträgen zwischen Banken nicht selten Drittwirkung mit dem Ziel einer Haftung für reine Vermögensschäden beigemessen wurde, sind solche Entscheidungen in Frankreich vereinzelte Ausnahmen geblieben. Gleiches gilt hinsichtlich von Mietverträgen, in Deutschland eines der wichtigsten Anwendungsfelder für den Vertrag mit Schutzwirkung. Grund dafür ist, daß sich häufig deliktsrechtlich ein effektiver Drittschutz erreichen läßt. Zudem hat durch die Etablierung der aus Art. 1384 Abs. CC entwickelten objektiven Gardienhaftung für die Verwirklichung von Personengefahren das Deliktsrecht jüngst wieder an Kraft gewonnen, so daß in der Tendenz eher eine Abkehr von den beschriebenen Wegen vertraglichen Drittschutzes, gerade bei der "stipulation pour autrui tacite", zu erwarten ist. Die unterschiedliche Behandlung der Blutbankfälle kann als erstes Beispiel gelten. Die Vertragshaftung enthält also nicht immer für den Geschädigten günstige Regeln, außer man qualifiziert vertragliche Pflichten als "de résultat".

Die Frage, wie weit die Vertragshaftung gehen soll, darf für Frankreich aber nicht nur nach dem deutschen Maßstab der Drittbegünstigung gestellt werden, sondern verschärft sich unter dem Gesichtspunkt des Schutzes des Vertragsschuldners. Was in Deutschland die Kriterien von Leistungsnähe, Gläubigernähe und Erkennbarkeit beim Vertrag mit Schutzwirkung leisten sollen, muß in Frankreich durch das non-cumul-Prinzip geregelt werden. Nur dieses kann in den Vertragsketten den Vertragsschuldner vor einer unabsehbaren Haftung aus Delikt schützen und damit Risiken kalkulierbar machen. Daher läßt sich die Ausdehnung der Vertragshaftung in Frankreich zumindest teilweise auch mit zu weitgehenden deliktischen Ansprüchen erklären.

ff. Kollisionsrecht

Im französischen Kollisionsrecht sind bei vertraglichen Ansprüchen grundsätzlich das Haager Kaufrechtsübereinkommen von 1955, das in Frankreich seit 1964 in Kraft ist, und das seit 1991 anwendbare EVÜ zu berücksichtigen. Desweiteren ist das Haager Produkthaftungsübereinkommen in Frankreich geltendes Recht[273]. Das gegenüber dem staatsvertraglichen Recht subsidiäre autonome französische internationale Privatrecht ist dagegen überwiegend nicht kodifiziert. Die Rechtsprechung hat Kollisionsnormen mit bestimmten Anknüpfungsmechanismen entwickelt und zieht beispielsweise im internationalen Deliktsrecht in erster Linie die lex loci delicti mit einer Anknüpfung an den Erfolgsort heran[274].

Ein zentraler Gesichtspunkt im französischen Kollisionsrecht ist die Praxis der Gerichte, die Qualifikation immer noch streng nach der lex fori vorzuneh-

---

273 in Frankreich in Kraft seit dem 1. Oktober 1977; Text in: RabelsZ 37 (1973),594 ff.
274 Vgl. Audit, Nr. 177 ff., Loussouarn/Bourel, Nr. 137.

men[275]. Dies geschieht ohne nähere Begründung und erklärt sich vor allem mit der Verhaftung in der Tradition und Praktikabilitätserwägungen der Gerichte[276]. Von besonderem Interesse ist hier die Qualifikation von Ansprüchen aus der action directe. So qualifizierte die Cour de Cassation Ansprüche eines französischen Endabnehmers gegen italienische Hersteller als vertraglich und unterstellte sie dem Schuldstatut[277]. Dieses bestimmte sich in den zitierten Fällen nach dem Haager Kaufrechtsübereinkommen vom 15. Juni 1955 und war mangels Rechtswahl nach Art. 3 Abs. 1 das Recht am Ort des gewöhnlichen Aufenthalts des Verkäufers. Dabei wurde auf den ersten Verkäufer abgestellt. Vor diesem Hintergrund blieb auch das Haager Produkthaftungsübereinkommen unangewendet. Dieses enthält in Art. 1 Abs. 2 eine Ausschlußklausel für Fälle, in denen "die in Anspruch genommene Person das Eigentum oder den Besitz an dem Produkt der geschädigten Person übertragen hat". Über den engen Wortlaut hinaus sollen generell vertragliche Ansprüche nicht dem Übereinkommen unterliegen.

Desweiteren überträgt die Rechtsprechung den Grundsatz des non-cumul in das internationale Privatrecht, wenn sie auf der Basis der lex fori als Qualifikationsstatut bei einer vertraglichen Qualifikation des Anspruchs aus der action directe jede Anwendung der deliktischen Kollisionsnorm - bspw. im Wege der Doppelqualifikation - ausschließen will. Allein das berufene Vertragsstatut bestimmt dann, ob die Ansprüche des Geschädigten dem vertraglichen oder dem deliktischen Haftungsregime unterliegen[278].

Gleichwohl ist der bisherige Ansatz der Rechtsprechung nicht unumstritten; gerade vor dem Hintergrund der Rechtsprechung des EuGH zur action directe im Rahmen von Art. 5 Nr. 1 EuGVÜ spricht sich ein Teil der Literatur für eine Abkehr von der lex-fori-Qualifikation und Hinwendung zu autonom-rechtsvergleichender Bestimmung der Rechtsnatur des Direktanspruchs aus[279]. Ob dies zu einem Kurswechsel in der Rechtsprechung führen wird, ist gegenwärtig noch nicht abzusehen. Im Bereich des EuGVÜ tendierte der Kassationshof jedenfalls dazu, den Begriff des Erfüllungsorts in Art. 5 Nr. 1 EuGVÜ autonom-rechtsvergleichend zu bestimmen, und legte die Frage dem EuGH zur Entschei-

275 Vgl. die Leitentscheidung Cass. civ. 29.6.1955, D. 1956,73,74; aus den letzten Jahren: Cass. civ. 10.10.1995, Bull. civ. 1995, I, Nr. 348; Cass. civ. 18.12.1990, Bull. civ. 1990, I, Nr. 297; zustimmend: Batiffol/Lagarde, Nr. 293 f.; Loussouarn/Bourel, Nr. 189 f.

276 Loussouarn/Bourel, Nr. 189.

277 Vgl. Cass. civ. 10.10.1995, Bull. civ. 1995, I, Nr. 348; Cass. civ. 18.12.1990, Bull. civ. 1990, I, Nr. 297.

278 Vgl. Cass. civ. 18.10.1989, Rev.crit.dr.int.pr. 1990,712,714.

279 Lagarde, Rev.crit.dr.int.pr. 1991,287,293.

dung vor[280], woraufhin dieser jedoch seine bisherige Rechtsprechung zur Maßgeblichkeit der lex causae bestätigte[281]. Jedenfalls kann die Argumentation des Kassationshofs im Vorlagebeschluß als ein Hinweis auf einen Wechsel der Qualifikationsmethode auch im IPR, zumindest im staatsvertraglichen Bereich, verstanden werden.

b. Österreich

Seit dem 1.12.1998 ist das EVÜ in Österreich in Kraft. Die deutschsprachige Version des Übereinkommens gilt damit in einem weiteren Mitgliedsstaat. Es soll nun untersucht werden, welche Bedeutung den "Folgen der Nichterfüllung" in Österreich zukommt.

aa. Begriff der "Nichterfüllung"

Ebenso wie das BGB kennt auch das ABGB keinen übergreifenden und einheitlichen Begriff der "Nichterfüllung" wie beispielsweise das französische Recht. Er wird in der Generalklausel für Schadensersatz des österreichischen Rechts, § 1295 Abs. 1 ABGB, nicht verwandt. Die Norm erfaßt nicht nur vertragliche, sondern auch deliktische Ansprüche[282]. Daneben ist der Tatbestand der Nichterfüllung der Haupt- oder Nebenleistungspflicht in § 918 Abs. 1 ABGB geregelt[283]. Diese Vorschrift gewährt Ansprüche bei Nichterfüllung eines entgeltlichen Vertrags oder eröffnet eine Rücktrittsmöglichkeit und steht unabhängig neben der Generalklausel des § 1295 Abs. 1 ABGB. Demgemäß ist sich auch die Lehre in begrifflicher Hinsicht nicht einig. So wird "Nichterfüllung" nur vereinzelt als Oberbegriff verstanden, der jedes Abweichen vom Geschuldeten umfasse, so daß auch die mangelhafte Leistung (Schlechtleistung) Nichterfüllung sei[284]. Danach

---

280 Vgl. Cass. civ. 9.12.1997, Rev.crit.dr.int.pr. 1998,117, 123 f..

281 Vgl. EuGH v. 28.9.1999 (Concorde), Slg. 1999, I-6342 ff.

282 § 1295 Abs. 1 ABGB lautet: Jedermann ist berechtigt, von dem Beschädiger den Ersatz des Schadens, welchen dieser ihm aus Verschulden zugefügt hat, zu fordern; der Schade mag durch Übertretung einer Vertragspflicht oder ohne Beziehung auf einen Vertrag verursacht worden sein.

283 § 918 Abs. 1 ABGB lautet: Wenn ein entgeltlicher Vertrag von einem Teil entweder nicht zur gehörigen Zeit, am gehörigen Ort oder auf die bedungene Weise erfüllt wird, kann der andere entweder Erfüllung und Schadenersatz wegen der Verspätung begehren oder unter Festsetzung einer angemessenen Frist zur Nachholung den Rücktritt vom Vertrag erklären.

284 Rummel-Reischauer, vor § 918/1 und § 1298/18; ähnlich: Schwimann-Binder, § 918 Rn. 46; nach Schlesinger, ZBl. 1926,401,414 entsprechen sich "Nichterfüllung" und "Vertragsverletzung".

wären auch Verzug und Unmöglichkeit nur Teilaspekte des umfassenderen Nichterfüllungsproblems. Hintergrund dieser Betrachtungsweise ist allerdings ein Mißfallen am geltenden Recht der Leistungsstörungen und eine Sympathie für einen Einheitstatbestand der Leistungsstörungen. Die Rechtsprechung ist demgegenüber einem engen Begriffsverständnis gefolgt und hat Schlechterfüllung und Nichterfüllung in Gegensatz gebracht[285].

bb. Spektrum der vertraglichen Pflichten

In welchen Fällen das österreichische Leistungsstörungsrecht eingreift hängt zunächst davon ab, was zu den vertraglichen Pflichten gerechnet wird. Zahlreiche Parallelen zur deutschen Rechtslage und Einflüsse der deutschen Rechtsentwicklung auf das österreichische Sachrecht lassen sich anhand der Betrachtung des vertraglichen Pflichtenspektrums aufzeigen. Zunächst enthält das Schuldverhältnis Haupt- und Nebenleistungspflichten[286]. Wie im deutschen Recht sind Hauptleistungspflichten solche Pflichten, die das Schuldverhältnis kennzeichnen und deretwegen es zur Entstehung gelangt. Die Nebenleistungspflichten haben in der Regel untergeordnete Funktion und dienen der besseren Erfüllung der Hauptpflichten und dem Schutz des Partners vor Nachteilen, begleiten daher den Leistungsvorgang. Sie sind im einzelnen sehr heterogen, abhängig vom jeweiligen Vertragstypus[287] und werden meist einer Auslegung des Vertrages nach § 914 ABGB[288] entnommen. Die Rechtsprechung hat so beispielsweise Pflichten zur Versicherung[289], Auskunft[290], Überwachung[291], Akteneinsicht[292], Verwahrung[293] und Aufklärung[294] angenommen. Teilweise wird noch weiter zwischen selbständigen und unselbständigen Nebenleistungspflichten differenziert, wobei für erste-

285 Vgl. OGH SZ 36/84.
286 Vgl. Bydlinski, JBl. 1960,359; Mayrhofer, S. 19; Koziol- Welser, S. 193 f.
287 Vgl. Übersicht bei Rummel-Rummel, § 914 Rn. 18.
288 § 914 ABGB entspricht weitgehend §§ 133, 157 BGB.
289 Vgl. OGH SZ 64/62 (werkvertragliche Versicherungspflicht nur bei besonderer Gefahrerhöhung; bei normalem Kfz- Reparaturvertrag abgelehnt).
290 Vgl. OGH SZ 46/112 (Anspruch auf Bekanntgabe des Umsatzes bei Dienstnehmererfindung).
291 Vgl. OGH SZ 26/16.
292 Vgl. OGH SZ 57/98 (Einsicht in Krankenakte bei Behandlungsvertrag).
293 Vgl. OGH, JBl. 1962,37; JBl. 1974,624 (Obsorge- und Verwahrungspflicht beim Werkvertrag).
294 Vgl. OGH, EvBl. 1966/217 (Gefährlichkeit eines Unkrautbekämpfungsmittels); OGH SZ 50/137 (Fehlen einer Haftpflichtversicherung).

re ein besonderes Interesse des Gläubigers und die Entgeltlichkeit charakteristisch sein soll[295].

Nach österreichischer Auffassung enthält das Schuldverhältnis zusätzlich umfassende Schutzpflichten gegenüber der Person und dem Vermögen des Vertragspartners. Diese können einer Parteivereinbarung oder einer ergänzenden Vertragsauslegung entnommen werden, bestehen jedoch meist unabhängig vom Willen der Parteien aufgrund einer gesetzlichen Ergänzung des Schuldverhältnisses[296] und rechtfertigen sich durch die mit dem rechtsgeschäftlichen Kontakt einhergehende Verstärkung der Einflußmöglichkeiten auf die Sphäre des anderen Teils. Mit der Teilnahme am Rechtsverkehr entsteht eine erhöhte Pflicht zur gegenseitigen Rücksichtnahme, obgleich diese Pflicht situationsbedingt verschieden intensiv ausgeprägt sein kann[297]. Konsequenterweise sind diese Pflichten dann ebenso unabhängig vom Vertragsschluß und von der Beendigung des Vertragsverhältnisses, wie sie in aller Regel nicht selbständig einklagbar sind. Ebenso wird der deliktische Ursprung der Schutzpflichten, die eigentlich allgemeine Verkehrssicherungspflichten seien, hervorgehoben[298]. Insofern übernimmt die österreichische Lehre die Argumente, die von der deutschen Lehre zur Begründung eines einheitlichen gesetzlichen Schutzpflichtverhältnisses vorgebracht werden[299].

Allerdings ist die Rechtsprechung erst seit jüngerer Zeit geneigt, Verkehrssicherungspflichten bei einer bestehenden Sonderverbindung immer auch als Vertragspflichten aufzufassen[300]. Noch 1974 lehnte der OGH ab, einen Geschäftsinhaber für die Sicherheit seines Lokals gegenüber dem Kunden vertraglich haften zu lassen[301]. Auch findet die Ausweitung der vertraglichen Haftung nicht nur Befürworter. Kritik entzündet sich an der Verwischung der Grenzen zwischen Vertrags- und Deliktsrecht durch die Umformung von gegenüber jedermann bestehenden deliktischen Verkehrssicherungspflichten in vertragliche Schutz- und Aufklärungspflichten[302]. Außerdem sei man ohne näheren Nachweis der konkre-

---

295 Koziol-Welser, S. 193 f.

296 Vgl. insbes. § 1157 ABGB (Fürsorgepflicht des Dienstgebers) und § 1169 ABGB (Fürsorgepflicht beim Werkvertrag); Koziol II, S. 79; Mayrhofer, S. 224 f; Bydlinski, JBl. 1960,359,360 spricht von "objektiver Vertragsergänzung".

297 Rummel-Krejci, § 1169 Rn. 3.

298 Rummel-Reischauer, vor § 918 Rn. 5.

299 Grundlegend: Canaris, JZ 1965,475,478 ff. (siehe oben § 2 I. 2. c.).

300 Vgl. OGH SZ 25/336; SZ 36/84; SZ 46/116 (ungenügend befestigter Kokosläufer in einer Anwaltskanzlei); SZ 48/100 (schadhafte Festzeltgarnitur); SZ 51/111 (bei Transport im Rahmen eines Werkvertrags herunterfallender Holzpfosten verletzt einen Arbeiter).

301 Vgl. OGH, EvBl. 1974/109.

302 Schwimann-Harrer, § 1295 Rn.47.

ten Verbindlichkeit und ihrer Verletzung zu schnell mit "Schutz- und Sorgfaltspflichten" bei der Hand, so daß die Rechtssicherheit gefährdet werde. So liege in zahlreichen Fällen angeblicher "Schutzpflichtverletzungen" in Wirklichkeit nur eine fehlerhafte Erbringung von Haupt- und Nebenleistung vor[303]. Nur wenn die Schadensursache nichts mit dem Leistungsinhalt zu tun habe, sei es gerechtfertigt, von Schutzpflichten zu sprechen.

Eine vergleichbare Entwicklung läßt sich auch bei den sonstigen vertraglichen Nebenpflichten, die die Rechtsprechung im Einzelfall angenommen hat, ausmachen. So haben auch Pflichten zu Sorgfalt, Obhut, Aufklärung und Mitteilung teilweise ihren Ursprung im deliktischen Bereich. Jedoch finden sich in Österreich kaum tiefergehende Analysen zu dieser Problematik. Das mag damit zusammenhängen, daß aufgrund der schadensrechtlichen Generalnorm des § 1295 Abs. 1 ABGB - sofern man sie nicht nach deutschem Vorbild einschränkt, worauf noch zurückzukommen sein wird[304] - keine so weitgehenden Schwächen des Deliktsrechts wie in Deutschland bestehen und die Diskussion über das Verhältnis von Vertrags- zu Deliktsrecht daher nicht eine solche Intensität erreicht hat.

cc. *Vorteile der vertraglichen gegenüber der deliktischen Haftung*

Als Vorteile der vertraglichen gegenüber der deliktischen Haftung sind zunächst die Regelung der Gehilfenhaftung und die der Beweislast zu nennen. Außerhalb eines bestehenden Schuldverhältnisses haftet der Geschäftsherr für den Besorgungsgehilfen gemäß § 1315 ABGB nur, wenn er sich einer untüchtigen oder wissentlich einer gefährlichen Person bedient. "Untüchtigkeit" bedeutet dabei eine generelle Leistungs- oder Charakterschwäche des Besorgungsgehilfen, die zudem vom Geschädigten zu beweisen ist[305]. Dagegen besteht nach § 1313 a ABGB eine unbedingte Einstandspflicht für das Verschulden des Erfüllungsgehilfen, sofern der Gehilfe nicht nur gelegentlich der Erfüllung einen Schaden anrichtet[306]. Für die Einstandspflicht nach § 1313 a ABGB ist ein sachlicher Zusammenhang mit der Interessenverfolgung des Geschäftsherrn und Schuldners erforderlich; Leistungshandlungen oder ihre Unterlassung müssen die Schädigung herbeigeführt haben, denn nur ein Verstoß gegen vertragstypische Pflichten rechtfertige die strenge Gehilfenhaftung[307]. Indes legt die Rechtsprechung bei

---

303 Vgl. Rummel-Reischauer, Rn. 1298 Rn. 14.

304 Siehe sogleich § 3 III. 4. b. cc.

305 Vgl. OGH, JBl. 1968,473,474; JBl. 1977,199; v. Bar, DeliktsR I, Rn. 183 f.

306 Vgl. Bydlinsky in Klang IV/2,171 f.; Schwimann-Harrer, § 1313 a Rn. 20; Gschnitzer BT, S. 531; Koziol-Welser, S. 486.

307 Rummel-Reischauer, § 1313 a Rn. 3.

den "vertragstypischen" Pflichten einen weiten Maßstab an, wenn auch Schutz- und Sorgfaltspflichten ohne weiteres dazu gezählt werden[308].

Desweiteren greift im Bereich der vertraglichen Haftung grundsätzlich die Verschuldensvermutung nach § 1298 ABGB anstelle der Beweispflicht des Verletzten nach § 1296 ABGB ein. Jedenfalls ist weithin anerkannt, daß die Beweislastumkehr für alle vertraglichen Pflichten gilt, also auch für Schutz- und Sorgfaltspflichten[309]. Hervorzuheben ist weiter, daß sich die Beweislastumkehr nach § 1298 ABGB nicht nur auf das Verschulden des Schuldners selbst, sondern auch auf das seiner Erfüllungsgehilfen bezieht.

Aber auch beim Rechtsgüterschutz können Differenzen bestehen. Nach neuerer Rechtsprechung wird für bloße Vermögensschäden nur dann gehaftet, wenn Schutzgesetze übertreten, absolute Rechte verletzt sind oder die Beeinträchtigung auf sittenwidriges Verhalten zurückzuführen ist[310]. Koziol äußert sich ähnlich, da fremde Vermögensinteressen nicht offenkundig und nur schwer abgrenzbar seien, so daß ein umfassender Vermögensschutz die Bewegungsfreiheit aller anderen in unerträglicher Weise einschränke[311]. Bei einem deliktischen Schutz des bloßen Vermögens käme es in jedem Schadensfall zu einer geradezu unabsehbaren Vergrößerung der Zahl der Ersatzberechtigten und damit zu einem unüberschaubaren Risiko bei der Handlung. Die schadensrechtliche Generalklausel des § 1295 Abs. 1 ABGB wird so allerdings entgegen ihrem Wortlaut nach dem Vorbild des deutschen Deliktsrechts eingeschränkt. Widerspruch ist zu dieser Entwicklung laut geworden[312]. Eine derart scharfe Formel wie sie der OGH verwende sei unzutreffend, da das ABGB keinen "differenzierenden Rechtsgüterschutz" kenne.

Anders als in Deutschland wird Schmerzensgeld nicht nur bei einer deliktischen Schädigung gewährt; im Rahmen des einschlägigen § 1325 ABGB spielt der Rechtsgrund der Haftung keine Rolle[313]. Ebenso sind Fragen der Verjährung wegen § 1489 ABGB, der eine vom Rechtgrund der Haftung unabhängige einheitliche dreijährige Frist ab Kenntnis von Schaden und Person des Schädigers statuiert, für das Verhältnis von vertraglicher zu deliktischer Haftung irrelevant.

---

308 Umfassende Nachweise bei Bydlinski in Klang IV/2,172.

309 Vgl. OGH, JBl. 1987,104,106; JBl. 1991,453,454; ZfRV 1991,42,44; JBl. 1993,396,397; Schwimann-Harrer, § 1298 Rn. 2; Koziol-Welser, S. 457; Mayrhofer, S. 343; anders dagegen: Rummel-Reischauer, § 1298 Rn. 14; Bydlinski in Klang IV/1,173 f.

310 Vgl. OGH, JBl. 1994,331,333; OGH, RdW 1992,340.

311 Koziol II, S. 20 f.; ders., JBl. 1994,209,210.

312 Karollus, JBl. 1994,333,334 f.

313 Vgl. Koziol, JBl. 1994,209,210; Rummel-Reischauer, § 1325 Rn. 9; Schwimann-Harrer, § 1325 Rn. 58.

dd. Leistungsstörungsrecht

Bei den Leistungsstörungen wird zwischen Unmöglichkeit (Leistungsverhinderung bzw. -vereitelung[314]), Verzug und Gewährleistung bzw. der Schlechtleistung unterschieden. Geteilte Ansichten gibt es zu der Frage, ob zusätzlich die Kategorie einer "positiven Forderungsverletzung" anzuerkennen ist. Teilweise wird dies mit Vehemenz bestritten. So spricht Reischauer davon, daß es "nicht angehe, in das ABGB nicht vorhandene Lücken zu projiezieren, um sie mit mißglückten Lösungsversuchen zum BGB zu füllen". Es handele sich bei der positiven Forderungsverletzung um eine Scheinkategorie als Sammelsurium von nicht oder nur bedingt Vergleichbarem, die der Struktur des Schuldverhältnisses nicht entspreche[315]. Hingegen billigt Koziol dem Begriff eine Existenzberechtigung zu, weil er jene besonderen Fälle von Vertragsverletzungen zusammenfasse, die weder vom Verzug, noch der schuldhaften Leistungsvereitelung erfaßt würden[316]. Schlechtleistung sei daher ein Teilaspekt der positiven Forderungsverletzung. Die Rechtsprechung hat nur vereinzelt auf die positive Forderungsverletzung Bezug genommen[317]. Jedoch wollen selbst die Anhänger der positiven Forderungsverletzung diese lediglich als deskriptiven Begriff, nicht aber als Anspruchsgrundlage verstanden wissen, da aufgrund der schadensersatzrechtlichen Generalnorm des § 1295 Abs. 1 ABGB keine entsprechende Notwendigkeit und Schutzlücke wie im deutschen Recht besteht. Zudem ergibt sich eine Ersatzpflicht für Mangelfolgeschäden - im deutschen Recht eines der wichtigsten Anwendungsfelder für Ansprüche aus positiver Forderungsverletzung - auch aus der ausdrücklichen gesetzlichen Regelung in § 932 Abs. 1 S. 2 ABGB[318].

Bei der vertraglichen Schadensersatzpflicht - gleich ob sie allein den gesetzlichen Vorschriften (§ 1295 Abs. 1 ABGB oder §§ 918 Abs. 1, 932 Abs. 1 S. 2 ABGB bei entgeltlichen Verträgen) entnommen und als "Schlechterfüllung" oder als "positive Forderungsverletzung" bezeichnet wird - können wie im deutschen Recht die Fälle von Schutzpflichtverletzungen separiert werden: Entweder erbringt der Schuldner die Leistung mangelhaft und schädigt dadurch sonstige Rechtsgüter des Gläubigers (Mangelfolgeschäden), oder er verletzt dessen Rechtsgüter bei ansonsten ordnungsgemäßer Erbringung der Leistung. Letzteres ist der typische Fall einer Schutzpflichtverletzung. Charakteristisch sind dabei

314 § 920 ABGB spricht von "Vereitelung"; nach der Vorstellung des Gesetzgebers sollte der Begriff "Unmöglichkeit" im bewußten Gegensatz zum BGB nicht verwendet werden: Rummel- Reischauer, § 920 Rn. 2.

315 Rummel-Reischauer, vor § 918 Rn. 4; ähnlich Gschnitzer in Klang IV/1,472.

316 Koziol II, S. 80; Koziol-Welser, S. 267 ff.

317 Vgl. OGH SZ 54/99.

318 Vgl. OGH, SZ 29/76; JBl. 1963,317,318; JBl. 1978,377; JBl. 1988,375,377.

Schäden, die gänzlich ohne Beziehung zu dem eigentlichen Leistungsinhalt stehen.

In der ersten Konstellation ist der Schaden des Gläubigers von dem eigentlichen Mangelschaden, dem Nichterfüllungschaden der lediglich im verringerten Wert der Leistung besteht, abzugrenzen. Es geht um den zusätzlichen Schaden[319]. Einige Beispiele aus der Rechtsprechung vermögen dies zu illustrieren: Die Lieferung verunreinigten Tierfutters, das zum Verenden der Tiere führt[320]; die Veräußerung ungeeigneter Dichtungen, so daß sich der Käufer andere beschaffen muß und Einbaukosten enstehen[321]; eine mangelhafte Motorreparatur führt bei dem Besteller nach späterem Liegenbleiben zu Abschleppkosten[322].

ee. Vergleich mit der deutschen Rechtslage

Bei einer Gesamtbetrachtung erscheint das österreichische Leistungsstörungsrecht strukturell unscharf und es überrascht nicht, wenn zu diesen Regelungen angemerkt wird, daß einiges überzählig und eine Vereinfachung daher wünschenswert sei[323]. Zwar bestehen von der gesetzlichen Regelung her keine Schutzlücken bei den Leistungsstörungen wie im BGB, doch sind der Anlage nach mehr Gemeinsamkeiten als Unterschiede in den Rechten der Leistungsstörungen zu entdecken. So existiert anders als im BGB mit § 1295 Abs. 1 ABGB eine schadensrechtliche Generalnorm, die einen dem Wortlaut nach umfassenden Rechtsgüterschutz gewährleistet. Jedoch ist vor dem Hintergrund der Gehilfenhaftung und der Beweislastregelung sowie der Unklarheiten in der Rechtsprechung beim deliktischen Rechtsgüterschutz auch in Österreich eine Ausweitung des Bereichs der vertraglichen Haftung auf genuin deliktische Felder zu beobachten. Ebenso sind diejenigen Vertragspflichten, die durch Auslegung ermittelt oder auf gesetzlicher Grundlage ergänzt werden, in Deutschland und Österreich im wesentlichen kongruent. So werden daher auch die Ansprüche, die in Deutschland auf die positive Forderungsverletzung gestützt werden, in Österreich ebenfalls als vertragliche Ansprüche behandelt. Die Entwicklung der Erweiterung der Vertragspflichten hat sich allerdings in Österreich erst später vollzogen, so daß von einer Rezeption der deutschen Tendenzen ausgegangen werden kann[324]. Sprachliche Übereinstimmungen mögen dabei gesetzestechnisch-strukturelle

319 Mißverständlich: Koziol II, S. 81.
320 OGH, EvBl. 1955/22.
321 OGH SZ 29/76.
322 OGH, JBl. 1963,317 ff.
323 Mayrhofer, S. 353.
324 Vgl. v. Bar, DeliktsR I, Rn. 405.

Unterschiede der Rechtsordnungen überdeckt und in den Hintergrund gedrängt haben.

ff. Vertrag mit Schutzwirkung zugunsten Dritter

Auch in Österreich ist der Bereich der vertraglichen Haftung durch die Anerkennung eines Vertrages mit Schutzwirkung zugunsten Dritter beträchtlich ausgeweitet worden. Einheitlich weist man darauf hin, daß Schutz- und Sorgfaltspflichten aus Schuldverhältnissen nicht nur zwischen den Vertragsparteien, sondern auch gegenüber bestimmten dritten Personen bestehen[325]. Zwar wird die Rechtsgrundlage der Erstreckung dieser Pflichten auf Dritte voneinander abweichend beurteilt, doch zeichnet sich in der Tendenz eine Abkehr von der ergänzenden Vertragsauslegung hin zur Annahme einer gesetzlichen Ergänzung des Schuldverhältnisses, einer objektiven Ableitung aus dem Gesetz, ab[326]. Insbesondere ermögliche dies einen Verzicht auf Fiktionen hinsichtlich des Parteiwillens und verhindere ein Abgleiten in bloße Billigkeitsrechtsprechung, wie sie mit einem Abstellen auf ein angebliches "Haftungsbedürfnis" verbunden sei. Zudem wird der Zusammenhang mit der Herausbildung der Schutz- und Sorgfaltspflichten zwischen den Parteien eines rechtsgeschäftlichen Kontakts oder eines Schuldverhältnisses betont[327]. Wenn Schutzpflichten hinsichtlich der Person und des Vermögens des Partners bestehen sollen, müsse dies auch für Personen gelten, die seiner Sphäre angehören.

aaa. Bereich der geschützten Dritten

Die österreichische Rechtsprechung hat indes in der Vergangenheit den Bereich der geschützten Dritten sehr weit gefaßt. Als Beispiel möge ein Vertrag zwischen dem Besteller eines Kanals und dem Werkunternehmer dienen, in den die Post, deren Kabel beschädigt wurde, als geschützte Dritte einbezogen wurde[328]. Weiterhin soll ein solcher Vertrag Schutzwirkungen zugunsten der Eigentümer der Nachbargebäude entfalten[329].

---

325 Vgl. OGH SZ 53/169; SZ 54/65; SZ 64/15; OGH JBl. 1991,453,454; OGH JBl. 1997,315,316; Bydlinski, JBl. 1960,359,361 ff; Koziol II, S. 85; Mayrhofer, S. 190; Gschnitzer in Klang IV/1,236; Schwimann-Harrer, § 1295 Rn. 77; Koziol-Welser, S. 309.

326 Vgl. Koziol II, S. 85 f.; Posch, JBl. 1980,281,285; Karollus, JBl. 1994,333,334; offengelassen in: OGH, JBl. 1997,315,316.

327 Koziol II, S. 85 f.

328 Vgl. OGH SZ 50/102.

329 Vgl. OGH SZ 56/185.

Bei dem Bemühen der Lehre um mehr dogmatische Stringenz in der Herleitung eines Vertrages mit Schutzwirkung für Dritte wird auch für eine Eingrenzung des geschützten Personenkreises geworben. Nur solche Personen sollten einbezogen werden, die durch die verstärkte Einwirkungsmöglichkeit in erhöhtem Maße gefährdet werden und die der Interessensphäre des Gläubigers zuzuordnen seien[330]. Es müsse zwischen dem Dritten und dem Gläubiger eine besondere Beziehung bestehen, bei der der Gläubiger ein sichtbares Eigeninteresse am Schutz des Dritten habe oder diesem rechtlich zur Fürsorge verpflichtet sei[331]. In neueren Entscheidungen betont denn auch der OGH, daß durch den Vertrag mit Schutzwirkung die unterschiedliche Ausgestaltung von Vertrags- und Deliktsrecht nicht aufgehoben und verwischt werden solle, so daß der Kreis der geschützten Dritten eng zu ziehen sei[332]. Insbesondere sei ein schutzwürdiges Interesse den Gläubigers am Drittschutz erforderlich. So entfaltete der Vertrag zwischen dem Geschäftsherrn und seinem Erfüllungsgehilfen keine Schutzwirkung zugunsten des Gläubigers des Geschäftsherrn. Der Vertrag mit Schutzwirkung sei überdies entwickelt worden, um dem Geschädigten, dem sonst nur deliktische Ansprüche zustünden, auch Ersatzansprüche wegen Verletzung einer rechtlichen Sonderverbindung zu verschaffen. Bei eigenen vertraglichen Ansprüchen des Geschädigten bedürfe es daher keiner solchen Konstruktion[333]. Desweiteren komme es auf objektive Schutz- und Sicherheitsanliegen in typischen Sozialbeziehungen an, denen bei deliktsrechtlicher Qualifikation nicht in sozial gebotenem Umfang genügt werden könnte. So ergaben sich in einem Fall aus der Tatsache, daß die Käuferin die Schwester der Geschädigten war, keine Schutz- und Sorgfaltspflichten des Verkäufers zugunsten der Geschädigten, da nur ein zufälliger Leistungskontakt vorlag[334].

bbb. Geschützte Rechtsgüter

Geschützte Rechtsgüter des Dritten sind in jedem Fall die absoluten Rechtsgüter[335], teilweise wird darüberhinaus eine Erweiterung auf einen allgemeinen Vermögensschutz, der gerade das Charakteristikum vertraglicher Haftung bedeute, befürwortet[336]. Eine im Blick auf den Rechtsgüterschutz abgeschwächte Haftung des schädigenden Vertragsteils rechtfertigt sich aber nach der überwie-

330 Koziol II, S. 86; Rummel-Reischauer, § 1295 Rn. 32.
331 So schon Bydlinski, JBl. 1960,359,363.
332 Vgl. OGH, JBl. 1994,331,332; OGH JBl. 1997,315,316 f.
333 OGH, JBl. 1994,331,332.
334 OGH, JBl. 1997,315,317.
335 Vgl. OGH SZ 59/94; OGH JBl. 1990,801,802; Koziol, JBl. 1994,209,211.
336 Rummel-Reischauer, § 1295 Rn. 34.

genden Auffassung damit, daß dieser nicht seine Interessen gegenüber dem Dritten verfolgt und eine Abstufung der Haftung gegenüber dem Vertragspartner zu der gegenüber dem Dritten daher geboten ist[337].

ccc. Vergleich mit der deutschen Rechtslage

Die Voraussetzungen, unter denen ein Vertrag mit Schutzwirkung angenommen wird, ähneln zwar denen in Deutschland, wurden indes von der Rechtsprechung häufig noch weiter gefaßt. Vor allem die Frage, wem der Drittschutz zukommen soll, wurde von der Rechtsprechung nur für den Einzelfall ohne nähere Auseinandersetzung mit den dogmatischen Grundlagen beantwortet. Die deutsche Entwicklung einer Beschränkung des Kreises der geschützten Dritten auf Personen, zu denen der Vertragsgläubiger in einem "Fürsorgeverhältnis" steht, für deren "Wohl und Wehe" er verantwortlich ist, ist in Österreich lange Zeit nicht rezipiert worden[338]. Der OGH teilte Bedenken wie die des BGH, der bei zu weiter Auslegung "unkalkulierbare Risiken" für den Schuldner[339] befürchtet, nicht. Gleichwohl hat das Unbehagen der Lehre, die mangelnde objektive Kriterien, Orientierung am gewünschten Ergebnis - "Billigkeitsrechtsprechung" - und daraus resultierende Grenzenlosigkeit dieses Rechtsinstituts kritisiert hat[340], zu einem Wandel in der Rechtsprechung geführt. Zentrale Bedeutung für die Beschränkung der Anwendung des Vertrags mit Schutzwirkung hat vor allem die Entscheidung vom 16. 12. 1996, in der sich der OGH auf die deutsche Lehre und Rechtsprechung gestützt hat[341].

ddd. Erweiterter Anwendungsbereich in der Produzentenhaftung

Die ursprünglich sehr weitreichende Annahme eines Vertrages mit Schutzwirkung für Dritte hat im Bereich der Produzentenhaftung zu einer Rechtslage geführt, die von derjenigen in Deutschland gänzlich abweicht. In der Hühnerpest-Entscheidung aus dem Jahre 1968 hatte der BGH ausdrücklich die Annahme eines Vertrages mit Schutzwirkung für Dritte für Produkthaftungsfälle abgelehnt[342]. Das Gesetz unterscheide zwischen mittelbar und unmittelbar Geschädigtem und die Haftung aus einem Vertrag sei grundsätzlich an das Band zwischen dem Schuldner und seinem Partner geknüpft.

---

337 Vgl. Koziol, JBl. 1994,209,219.
338 Dazu Posch, JBl. 1980,281,284.
339 Vgl. BGHZ 51,91,96.
340 Rummel-Reischauer, § 1295 Rn. 31 ff.; Schwimann-Harrer, § 1295 Rn. 87.
341 Vgl. OGH, JBl. 1997,315 ff.
342 Vgl. BGHZ 51,91,96.

Die Leitentscheidung des OGH zu dieser Frage stammt aus dem Jahre 1976. In dieser kam das Gericht zu dem Schluß, daß das Problem der Produzentenhaftung mit dem Mittel des Vertrags mit Schutzwirkung für Dritte gelöst werden könne[343]. Der Kaufvertrag zwischen dem Produzent und dem Händler sei nach redlicher Verkehrsübung mit Schutzwirkung zugunsten des Endverbrauchers ausgestattet. Der Produzent strebe den Absatz der von ihm erzeugten Produkte an und ihm sei klar, daß diese Produkte durch eine Kette von Kauf- oder Werkverträgen zu einem Endabnehmer gelangten. Dieser eröffne im Vertrauen auf die einwandfreie Beschaffenheit dieser Produkte seine Rechtsgüter der Einwirkung. Umgekehrt erhalte auch der Hersteller vermittels der Kette von Verträgen vom Letztkäufer ein Entgelt für seine Ware. Überdies mache es insoweit keinen Unterschied, ob das Produkt Mängel aufweise oder ein fehlerfreies Produkt nur in Teilbereichen seiner Verwendung zu Schädigungen führe. Die deliktsrechtliche Begründung der Produzentenhaftung biete dagegen oftmals keine taugliche Anspruchsgrundlage, da der Anspruch des Geschädigten vielfach an der beschränkten Gehilfenhaftung nach § 1315 ABGB und an der Beweislastfrage scheitere.

Der Erwerber wird daher - ohne primäre Leistungspflichten - im wesentlichen so gestellt, als sei er selbst Vertragspartner des Herstellers[344]. Dies ist allerdings insoweit einzuschränken, als primäre Vermögensschäden des Dritten nicht in den Schutzbereich des Vertrages einbezogen werden[345], seine Position also doch für schwächer gehalten wird. Desweiteren ist umstritten, ob Freizeichnungsklauseln zwischen Produzent und Händler sich auch auf den Anspruch des Dritten erstrekken sollen[346]. Läßt man dies zu, kann die "vertragliche" Produkthaftungskonzeption der Judikatur konterkariert werden. An dieser Stelle erlangt aber die Frage nach der dogmatischen Grundlage des Vertrags mit Schutzwirkung praktische Bedeutung. Hier zeigt sich eine Schwäche der Konstruktion über eine ergänzende Vertragsauslegung. Eine kritische Würdigung erfährt die Lösung der Rechtsprechung auch dahingehend, daß nicht an der Absatzkette beteiligte Dritte, die zufällig durch das Produkt geschädigt werden, nicht in den Genuß der vertraglichen Schutzwirkung gelangen können[347]. Außerdem komme als tatsächliches Problem die hohe Importabhängigkeit der österreichischen Wirtschaft hinzu. Die Kon-

343 Vgl. OGH, JBl. 1977,146,148 f.

344 Zuletzt: OGH SZ 65/96; grundlegend: Bydlinski, JBl. 1960,359,364; umfassende Kritik an der Judikatur bei Rummel- Reischauer, § 1295 Rn. 37.

345 Vgl. OGH SZ 51/169; OGH IPRax 1988,363.

346 Bejahend: OGH SZ 51/39; Rummel-Reischauer, § 1295 Rn. 39; dagegen: Bydlinski in Klang IV/2,188; Posch, JBl. 1980,281,286; Koziol II, S. 93: Schutz- und Sorgfaltspflichten sind gesetzlicher Natur und bestehen unabhängig vom Willen der Vertragspartner.

347 Vgl. Nachweise bei Posch, JBl. 1980,281,287.

struktion einer Produzentenhaftung über den Vertrag mit Schutzwirkung für Dritte versage, wenn der zwischen dem ausländischen Hersteller und dem Importeur geschlossene Veräußerungsvertrag ausländischem Recht unterliegt[348].

Bei einer Gesamtbetrachtung erscheint die Einschätzung von Lorenz überzeugend, daß es sich bei der österreichischen Produzentenhaftung um eine gegenüber der Vertragshaftung eigenständige Haftung handelt, die sich trotz der "Lippenbekenntnisse" vom Vertrag mit Schutzwirkung für Dritte gelöst hat[349]. Anders läßt sich der Verzicht auf das Erfordernis eines wirksamen Vertrags und die vielfach vertretene Nichtbeachtung von Haftungsfreizeichnungen kaum erklären. Auch lassen sich die Widersprüche zu der "neuen Linie" des OGH, den Kreis der geschützten Dritten eng zu ziehen, nicht auflösen. Die Unsicherheiten bei diesen Fragen offenbaren die Fragwürdigkeit dieses Konstrukts der Erstrekkung "vertraglicher" Schutzwirkungen auf Dritte bei der Produzentenhaftung. Indes sind weitreichende Parallelen zwischen der österreichischen und der französischen Lösung bei der Produzentenhaftung zu erkennen, da sowohl das Erfordernis einer Absatzkette als auch die Unklarheiten hinsichtlich von Freizeichnungsklauseln in beiden Rechtsordnungen bestehen. Auch dies ist ein Indiz für äquivalente Rechtsstrukturen zwischen einem Vertrag mit Schutzwirkung für Dritte nach österreichischem Verständnis und der "action directe".

Nur am Rande sei bemerkt, daß seit 1988 auch in Österreich ein Produkthaftungsgesetz in Kraft ist, das in Anlehnung an die entsprechende EG-Richtlinie[350] entstanden ist und eine verschuldensunabhängige Produkthaftung vorsieht[351]. Jedoch enthält das Produkthaftungsgesetz gemäß seinem § 15 Abs. 1 keine abschließende oder einschränkende Regelung. Wie in Deutschland kommen daneben auch die bisherigen Lösungen zur Produzentenhaftung zur Anwendung.

gg. *Kollisionsrecht*

Schließlich ist ein Blick ein Blick auf das österreichische internationale Privatrecht lohnenswert, da sich die österreichische Rechtsprechung und Teile der Lehre mit der Qualifikation von Schutzpflichtverletzungen und von vertraglichen Drittwirkungen befaßt haben. Dabei ist allerdings zu berücksichtigen, daß im Zuge des Beitritts Österreichs zum EVÜ im Jahre 1998 auch das IPRG novelliert wurde. § 53 Abs. 2 und § 50 Abs. 2 IPRG n.F. bestimmen seither, daß die Be-

---

348 Rummel-Reischauer, § 1295 Rn. 38.

349 Lorenz, IPRax 1988,373,374.

350 Richtlinie 85/374/EWG des Rates zur Angleichung der Rechts- und Verwaltungsvorschriften der Mitgliedsstaaten über die Haftung für fehlerhafte Produkte, ABl.EG Nr. L 210/29 vom 7. 8. 1985.

351 Dazu: Wandt, PHI 1989,2,3.

stimmungen des EVÜ für nach dem 30. November 1998 geschlossene Schuldverhältnisse unmittelbar anzuwenden sind. Gemäß § 35 IPRG n.F. sind Schuldverhältnisse, die nicht in den Anwendungsbereich des EVÜ fallen, nach dem Recht zu beurteilen, das die Parteien ausdrücklich oder schlüssig bestimmen. Die subsidiären Anknüpfungen folgen einem anderen Mechanismus als das EVÜ.

aaa. Anwendungsbereich des Schuldstatuts

Bei der Frage, wie weit der Anwendungsbereich des Schuldstatuts zu ziehen ist, wurden bislang im östereichischen Kollisionsrecht unisono die gesamte Abwicklung des Schuldverhältnisses einschließlich der Leistungsstörungen[352] und Schadensersatz wegen Verletzung rechtsgeschäftlicher Pflichten[353] dem Schuldstatut unterstellt. Es beherrsche alle sich aus dem Vertrag ergebenden Beziehungen zwischen den Vertragspartnern. Die erläuternden Bemerkungen zum IPRG erwähnen sogar eigens die positive Vertragsverletzung als zugehörigen Bereich[354]. Erste Stellungnahmen aus der Literatur zu Art. 10 EVÜ neigen dazu, diese Betrachtungsweise auch auf die neue Rechtslage zu übertragen[355]. Ein einheitliches Bild ergibt sich auch bei der Betrachtung der Rechtsprechung des OGH. Es wird ausdrücklich darauf hingewiesen daß, wenn auf einen Vertrag österreichisches Recht anzuwenden ist, dies auch für die aus einer Verletzung des Vertrages abgeleiteten Ansprüche gilt[356]. Dabei sollen dem Schuldstatut sämtliche Ansprüche auf Schadensersatz wegen Verletzung einer rechtsgeschäftlichen Haupt- oder Nebenpflicht unterstehen.

In der Rechtsprechung des OGH wurden dazu auch die Fälle von "Schutzpflichtverletzungen" gezählt. Vor dem Inkrafttreten des IPRG ereignete sich der Fall, daß sich bei einem Gastaufnahmevertrag der Gast durch die schadhafte Tür eines Freibades, das im Winter zum Sonnenbad benutzt wurde, verletzte[357]. Der Schadensersatzanspruch unterfiel dem Schuldstatut. Gleiches galt bei einem Beherbergungsvertrag für den Sturz eines Gastes gegen ein Nachtkästchen[358]. Dem IPRG aus dem Jahre 1978 unterfiel ein Fall, in dem der OGH sich mit dem Sturz eines Gastes über eine Stufe bei Stromausfall in einem Hotel zu beschäftigen

352 Vgl. OGH SZ 42/103; SZ 46/109; Rummel-Schwimann, vor § 35 IPRG Rn. 4b; Schwind, Rn. 440 f; Koziol, ZVR 1980,1,2.

353 Vgl. OGH SZ 41/27; SZ 46/109; SZ 47/117; OGH JBl. 1988,375,377; OGH ZfRV 1991,42; OGH JBl. 1991,48,49; OGH ZfRV 1996,194; Schwind, Rn. 440.

354 Zitiert nach: Koziol, ZVR 1980,1,2.

355 Vgl. Czernich/Heiss, Art. 10 Rn. 18.

356 Vgl. OGH SZ 46/109.

357 Vgl. OGH SZ 41/27.

358 Vgl. OGH, ZfRV 1977,301 f.

hatte. Das Gericht bestätigte darin seine bisherige Rechtsprechung[359]. In der Lehre hat sich Koziol mit der Problematik von Schutz- und Sorgfaltspflichten im internationalen Schadensersatzrecht näher befaßt[360]. Er kommt bei deren Verletzung im vorvertraglichen Bereich, also bei einem Anspruch aus culpa in contrahendo, zu einer Unterstellung unter die Rechtsordnung, der das vorvertragliche Verhältnis unterliegt. Welche das sei, lasse sich nicht einheitlich bestimmen; Tatortrecht sei ebenso denkbar wie eine Anknüpfung an den Ort der Kontaktaufnahme oder den gewöhnlichen Aufenthalt der Parteien. Jedenfalls könne diese Rechtsordnung - mißlicherweise - aber von dem Vertragsstatut verschieden sein, das bei der Verletzung ebendieser Schutz- und Sorgfaltspflichten nach Vertragsschluß einschlägig sei. Eine Auflösung dieser Diskrepanz läßt Koziol gleichwohl dahinstehen.

bbb. Verträge mit Schutzwirkung in internationalen Sachverhalten

Fragen der Qualifikation eines Vertrages mit Schutzwirkung zugunsten Dritter im internationalen Privatrecht werden in Österreich vorwiegend im Bereich der internationalen Produkthaftung diskutiert. Grund dafür ist der aufgezeigte rechtskonstruktive Weg über den Vertrag mit Schutzwirkung im materiellen Recht, den die österreichische Rechtsprechung bei der Produkthaftung gewählt hat. Von besonderem Interesse ist nun der Anschauungswandel in der Lehre, die zunächst zum großen Teil der Ansicht war, die Haftung des Produzenten aufgrund eines Vertrages mit Schutzwirkung zugunsten des Abnehmers unterstehe dem gemäß §§ 35, 36 IPRG (a.F). zu ermittelnden Vertragsstatut[361]. Mittlerweile ist aber in Österreich eine Rezeption der deutschen kollisionsrechtlichen Lösung zu beobachten. Beispielhaft ist die Kommentierung von Schwimann, der zahlreiche Nachweise aus dem deutschen Schrifttum anführt und die Qualifikation der Produkthaftung als außervertragliche Haftung bereits als "einhellig" bezeichnet[362].

Als nicht eindeutig muß hingegen die Rechtsprechung des OGH eingestuft werden. Zwar ist von einer "Primärqualifikation der Produkthaftung als außervertragliche Haftung" die Rede[363], doch bezog sich dies nur auf die Ansicht der Vorinstanzen. Der OGH macht vielmehr die Konkurrenz von Vertrags- und Deliktshaftung zum Ausgangspunkt seiner Lösung, indem er sich für eine einheitliche kollisionsrechtliche Einordnung der konkurrierenden Haftungen ausspricht.

---

359 Vgl. OGH, ZfRV 1991,42 ff.
360 Koziol, ZVR 1980,1,2 f.
361 Vgl. Pfister, RIW/AWD 1978,153,155; neuere Übersicht bei Wandt, PHI, 1989,2,4 (Fn. 21).
362 Rummel-Schwimann, § 48 IPRG Rn. 4a mwN.
363 Vgl. OGH, IPRax 1988,363.

Mit dem Hinweis auf § 48 Abs. 1 S. 2 IPRG tendiert das Gericht daher zu einer akzessorischen Deliktsanknüpfung an das Vertragsstatut[364]. Maßgeblich sei, welche Haftungsart den Schwerpunkt bilde; bei unmittelbaren Vertragsbeziehungen sei dies die Vertragshaftung, bei mittelbaren die deliktische Haftung.

c. *England*

Nur kurz soll hier auf einige Charakteristika des englischen Rechts eingegangen werden, soweit sich Anknüpfungspunkte für die rechtsvergleichende Auslegung des Übereinkommens ergeben. Das Common Law faßt den Vertrag im Unterschied zu den kontinentalen Rechtsordnungen als Garantieversprechen auf. Dabei muß insbesondere der Versprechensempfänger eine Gegenleistung erbringen: "Consideration must move from the promisee"[365]. Sofern der Schuldner nicht das Versprochene leistet, hat er verschuldensunabhängig wegen "breach of contract" Schadensersatz zu leisten[366].

aa. *Vertragspflichten*

Desweiteren gibt es kein System typisierter allgemeiner vertraglicher Nebenpflichten; diese müssen grundsätzlich von den Parteien im Vertrag genau bestimmt werden. Allenfalls können "implied terms" durch eine streng am Wortlaut des Vertrages orientierte Auslegung durch den Richter angenommen werden, wobei die "implied terms" ihre Grundlage in Gesetz, Gewohnheitsrecht oder stillschweigender Parteivereinbarung finden sollen[367]. Dabei sind zwei Ansatzpunkte zu unterscheiden: Terms implied in fact or in law. Die Vertragsergänzung auf tatsächlicher Grundlage erfolgt nur, wenn ohne sie die Abwicklung des Vertrages nicht möglich ist und die Klausel von den Parteien, hätten sie die Frage erkannt, in den Vertragstext aufgenommen worden wäre[368]. Die terms implied in law weisen eine größere Nähe zum dispositiven Gesetzesrecht auf, da sie in gleichartigen Fällen ebenfalls zur Anwendung gelangen sollen.

---

364 Wandt, PHI 1989,2,5 f.; Rummel-Schwimann, § 48 IPRG Rn. 4a; anders die Analyse von Lorenz, IPRax 1988,373,374 f., der ohnehin wegen der Nähe der Schutzpflicht des Produzenten zu den deliktischen Verkehrspflichten eine deliktische Anknüpfung befürwortet.

365 Triebel/Hodgson/Kellenter/Müller, Rn. 76.

366 Zweigert/Kötz, § 36 IV.

367 Vgl. Lohse, S. 186 f; umfassend zu "implied terms": Schmidt- Kessel, ZVglRWiss. 96 (1997),101 ff.

368 Triebel/Hodgson/Kellenter/Müller, Rn. 103.

Schutzpflichten weist das Common Law dagegen grundsätzlich dem Deliktsrecht zu. Die von der Rechtsprechung ohnehin überaus zurückhaltend konstruierten "implied terms" umfassen Schutzpflichten nur dann, wenn sie in der Natur des Vertrages liegen[369]. Diese restriktive Sichtweise geht soweit, daß der Arbeitnehmer Ansprüche aus Verletzungen von Schutzpflichten gegen den Arbeitgeber nur aufgrund des Deliktsrechts geltend machen kann. Eine Verletzung der körperlichen Integrität am Arbeitsplatz habe mehr mit einem Straßenverkehrsunfall als mit der Nichterfüllung einer Vertragspflicht gemein[370].

Lediglich in der Konstellation, daß der Käufer oder ein Familienmitglied aufgrund des Mangels der Kaufsache persönliche Verletzungen oder der Käufer Eigentumsverletzungen erleidet, werden in einigen Fällen Schutzpflichten angenommen[371]. Erforderlich ist eine "reasonable contemplation" der Parteien beim Vertragsschluß hinsichtlich entsprechender Gefahren, die beispielsweise bei Mangelfolgeschäden in aller Regel gegeben ist[372]. Der vertragliche Schadensanspruch gewährt dem Käufer gegenüber dem Anspruch aus Delikt den Vorteil, nicht die "negligence" des Verkäufers beweisen zu müssen. Im Umfang des Ersatzes besteht gegenüber deliktischen Ansprüchen kein Unterschied; insbesondere ist bei Personenschäden auch Schmerzensgeld zu zahlen.

In diesem Zusammenhang muß auch darauf hingewiesen werden, daß vertragliches und deliktisches Haftungsregime nicht so stark differieren wie zum Beispiel im deutschen oder französischen Recht. Das englische Recht erscheint insofern kohärenter[373]. Dies mag auch ein Grund für die große Zurückhaltung bei der Konstruktion von implied terms sein. Die Frage nach dem Charakter einer Pflicht als vertraglich oder außervertraglich hat eher akzidentielle Bedeutung.

bb. Privity of contract

Ausnahmen von der Relativität der vertraglichen Rechte und Pflichten läßt das Common Law nicht zu. Dies beruht auf der "doctrine of privity of contract", die besagt, daß ein Vertrag generell nur Rechte und Pflichten zwischen den Vertragsparteien begründen kann[374]. Erklärt wird dies damit, daß niemand einer vertraglichen Verpflichtung unterliegen solle, ohne daß er darin eingewilligt habe. Es müsse berücksichtigt werden, daß ein Vertrag eine persönliche Angelegenheit sei. Außerdem sei es ungerecht, jemandem eine Möglichkeit einzuräumen, aus

369 Vgl. Treitel, S. 185 ff. mwN.
370 Vgl. Pellegrino, ZEuP 1997,41,55.
371 Benjamin's, Sale of Goods, 17-068.
372 Benjamin's, Sale of Goods, 17-070.
373 Vgl. v. Bar, DeliktsR I, Rn. 463.
374 Vgl. Treitel, S. 534 ff.

Vertrag zu klagen, der nicht selber aus diesem verklagt werden könne. Schließlich müsse es den Vertragsparteien unbenommen bleiben, den Vertrag jederzeit zu ändern, was bei etwaigen Rechten Dritter erschwert werde. Der Grundsatz der privity of contract ist seit Mitte des 19. Jahrhunderts in England fest etabliert[375]. Ausnahmen gibt es hauptsächlich im Handelsrecht und bei Versicherungen.

Aus der privity-rule ergeben sich bei der Rechtsanwendung im wesentlichen zwei Fragen: Wer sind die Parteien des Vertrages, und hat der jeweilige Anspruchsteller eine Gegenleistung für das Versprechen, das er einfordert, gegeben? Gerade die Bestimmung der Vertragsparteien kann recht schwierig werden, da im englischen Recht Nebenverträge, sog. "collateral contracts" neben dem Hauptvertrag geschlossen werden können. Diese können zwischen den Parteien des Hauptvertrages selbst, oder nur zwischen einer Vertragspartei und einem Dritten bestehen. Die Gegenleistung für den Nebenvertrag ist dann oft der Abschluß des Hauptvertrages. Beispielsweise kann bei einem Kaufvertrag über Güter zwischen Händler und Letzterwerber als Hauptvertrag ein Garantie-Nebenvertrag zwischen Hersteller und Letzterwerber zugeschaltet sein.

Aufweichungen erfährt die privity-rule durch das Deliktsrecht, da bei dem Deliktstatbestand der "negligence" eine Vertragspartei auch einem Dritten zur Sorgfalt - "duty of care" - verpflichtet sein kann, sei es als Hersteller im Bereich der Produzentenhaftung oder bei falschen Auskünften[376]. Der Dritte kann aber immer nur aus Delikt gegen die eine Vertragspartei vorgehen.

Jedenfalls ist aufgrund der beschriebenen Regeln von "consideration" und "privity of contract" weder ein Vertrag zugunsten Dritter denkbar, noch können einem Dritten vertragliche Ansprüche aufgrund einer Sorgfaltspflichtverletzung gegen eine Vertragspartei zustehen.

cc. Kollisionsrecht

Bis zum Jahre 1990 hatten englische Gerichte das auf Schuldverträge anwendbare Recht - "proper law of the contract" - primär anhand einer Rechtswahl der Parteien und sekundär aufgrund überkommener objektiver Anknüpfungsregeln zu ermitteln. Der Umfang der vertraglichen Rechte und Pflichten und ihre Bedeutung sollte dem Schuldstatut zu entnehmen sein[377]. Seit Inkrafttreten des Contracts (Applicable Law) Act 1990 sind diese Regeln - von Altverträgen und Fällen außerhalb des Anwendungsbereichs des EVÜ abgesehen - durch die Bestimmungen des EVÜ ersetzt. Die britischen Kommentierungen zu Art. 10 EVÜ be-

---

375 Vgl. Lord Goff in: House of Lords [1995] 1 All ER 691,708; Treitel, S. 540 f.

376 Triebel/Hodgson/Kellenter/Müller, Rn. 77.

377 Vgl. Dicey and Morris, Rule 186 (Effect) mit Nachweisen aus der Rspr.

ziehen sich nun allgemein auf die "effects of a contract" bzw. "substance" and "essential validity"[378] als Gegenstand der Regelung, wobei - wie bereits zuvor erwähnt - Section 3 (1) des Contracts (Applicable Law) Act 1990 zur Überführung des EVÜ in britisches Recht eine Auslegung in Übereinstimmung mit der Rechtsprechung des EuGH zum EuGVÜ verlangt[379].

d. *Italien*

Im Bereich der vertraglichen Haftung kommt im italienischen Recht der Grundnorm des Art. 1218 CC eine zentrale Rolle zu. Der Gläubiger hat einen Schadensersatzanspruch, wenn eine "Nichterfüllung" ("inadempimento") der geschuldeten Leistung vorliegt, wobei "Nichterfüllung" weit zu verstehen ist und insbesondere die Schlechterfüllung erfaßt[380]. Im Kaufrecht ordnet zudem Art. 1494 CC den Ersatz von Mangelfolgeschäden durch den Verkäufer an.

Auch im italienischen Recht bestehen Vertragspflichten, die in erster Linie einen Schutz des Bestandsinteresses des Vertragspartners erreichen sollen. Aus dem in Art. 1175, 1337, 1366, 1375 CC festgelegten Grundsatz von Treu und Glauben ergibt sich eine "obbligazione di protezione"[381]. Wird diese verletzt, muß der Schuldner entsprechend Art. 1218 CC beweisen, daß er die Verletzung nicht zu vertreten hat. Jedoch hat die Rechtsprechung nur ausnahmsweise darauf zurückgegriffen und bei Schäden an den Bestandsinteressen eines Vertragspartners die Ersatzpflicht meist auf das Deliktsrecht gestützt, da der Schutz der physischen Integrität des Vertragspartners gerade nicht Gegenstand der Leistungspflicht geworden sei[382]. Insgesamt zeigt sich, daß die Rechtsprechung mit der Annahme vertraglicher Nebenpflichten sehr zurückhaltend ist. Der Grund dafür liegt klar zutage: Auch mit den deliktsrechtlichen Vorschriften der Art. 2043 CC und insbesondere Art. 2050, 2052 CC läßt sich ein zureichender Schutz des Vertragspartners erreichen; das schadensersatzrechtliche Anliegen der vertragsrechtlichen Schutzpflichten wird schon durch das Deliktsrecht befriedigt. In diesem Rahmen besteht weiterhin eine umfassende Gehilfenhaftung nach Art. 2049 CC. Fragen der Verjährung haben für das Verhältnis von Vertrags- und Deliktsrecht kaum Bedeutung; die Verjährungsfrist beim Delikt beträgt nach Art. 2947 CC fünf Jahre - gegenüber zehn Jahren nach Art. 2946 CC im vertraglichen Bereich.

Wenn schon eine große Zurückhaltung bei der Annahme vertraglicher Schutzpflichten besteht, werden erst recht keine außerhalb des Vertrages stehen-

---

378 Kaye, S. 297; Plender, 11.02.

379 Siehe oben § 3 II. 1. b. bb.

380 Lohse, S. 116.

381 Pellegrino, ZEuP 1997,41,54.

382 Übersicht bei v. Bar, DeliktsR I, Rn. 461.

de Dritte in die Schutzwirkungen eines Vertrages einbezogen. Die Ausbildung der Drittschutzwirkung von Verträgen steht und fällt mit der Ausbildung vertraglicher Nebenpflichten, die wiederum vom komplementären Deliktsrecht abhängig ist. In Italien hält man denn auch einen Drittschutz von Verträgen nur in einem vergleichsweise geringen Umfang für nötig. So wurde der Drittschutz von Verträgen bislang wohl nur bei einem Behandlungsvertrag zwischen Eltern und einem Krankenhaus zugunsten des Kindes angenommen[383].

Im internationalen Privatrecht bestimmt Art. 57 IPRG in der 1995 reformierten Fassung, daß bei Schuldverträgen das anwendbare Recht in jedem Fall anhand der Regelungen des EVÜ zu ermitteln ist. Dabei sind erhebliche Zweifel aufgetreten, wie die Worte "in ogni caso" (in jedem Fall) zu verstehen sind[384]. Insoweit scheint der Regelungsgegenstand von Art. 57 IPRG über den Anwendungsbereich des EVÜ hinauszureichen, so daß bspw. Versicherungsverträge über innerhalb der EU belegene Risiken aufgrund des autonomen italienischen Kollisionsrechts anhand der Anknüpfungsregeln des EVÜ zu qualifizieren wären. Hingegen ist keine Auseinandersetzung mit Fragen von vertraglichen Schutzpflichten oder der Einbeziehung von Dritten in vertragliche Schutzwirkungen ersichtlich.

e. Niederlande

aa. Neukodifikation des Zivilrechts

Das niederländische Zivilrecht hat in den letzten Jahren eine umfassende Neukodifikation erfahren. So ist das Buch 6 des Nieuw Burgerlijk Wetboek, das die Regelungen zum allgemeinen Schuldvertragsrecht, dem Recht der unerlaubten Handlung und zum Schadensersatzrecht enthält, erst seit dem 1. Januar 1992 in Kraft[385]. Bei der Beratung und Abfassung des EVÜ galt daher noch das alte BW. "Vorfrage" ist somit, ob altes oder neues Sachrecht der rechtsvergleichenden Auslegung eines völkerrechtlichen Übereinkommens zugrundezulegen ist. Kropholler meint, daß zur Auslegung diejenigen Rechtsordnungen heranzuziehen sind, die bei der Formulierung der auslegungsbedürftigen Vorschrift Pate gestanden haben[386]. Dagegen läßt sich einwenden, daß eine "Patenfunktion" einer Rechtsordnung oft nicht zu ermitteln sein wird, und auch - wie Kropholler selbst erwähnt - "zunächst vernachlässigte Rechtsordnungen später Beachtung verlan-

383 Vgl. Nachweise bei v. Bar, DeliktsR I, Rn. 479.
384 Broggini, SchwJBIntR 1996,1,29.
385 Hondius, AcP 191 (1991),378.
386 Kropholler, Internat. Einheitsrecht, S. 278; ihm folgend: Zweigert/Kötz, § 2 V.

gen können, so wenn eine Gemeinschaft erweitert wird"[387]. Überdies wird der internationale Entscheidungseinklang - hohes Ziel des internationalen Privatrechts - nur dann gefördert, wenn der gegenwärtige Stand der Rechtsentwicklung eines Vertragsstaats eines Übereinkommens betrachtet wird. So kann ein Anschauungswandel ein Hinweis auf die Tragfähigkeit und Praktikabilität von Lösungen einer Rechtsordnung sein und damit der Auslegung der einheitsrechtlichen Norm dienlich werden. Mit Blick auf die niederländische Neukodifikation ist auch zu berücksichtigen, daß die Reformarbeiten bereits 1947 begannen und in die Neukodifikation ohnehin die Rechtsprechung und Lehre zum bisherigen Recht eingeflossen sind[388]. Schließlich stellt das neue Gesetzeswerk nach umfassenden rechtsvergleichenden Vorarbeiten eine eklektische Synthese verschiedener Rechtsordnungen dar[389].

bb. Bereich der vertraglichen Haftung

Das NBW lehnt sich im Schuldvertragsrecht in systematischer Hinsicht an das BGB mit seiner Trennung in allgemeine und besondere Regeln an. Von vorrangigem Interesse ist hier die vertragliche Generalklausel für Schadensersatz in Art. 6:74 NBW. Darin wird jede Pflichtverletzung des Schuldners bei der Erfüllung der Verbindlichkeit erfaßt. Somit sind die Folgen einer Vertragsverletzung einheitlich geregelt, einerlei, ob es sich um Spätlieferung, Schlechtlieferung, Unmöglichkeit oder die Verletzung von Nebenpflichten handelt[390]. Es finden sich auch Aussagen wie die, daß die Verpflichtung zum Schadensersatz unmittelbar bei einer "positiven Vertragsverletzung" entstehe, die Schaden an der Person oder dem Vermögen des Gläubigers verursacht hat[391].

Der Inhalt einer Verbindlichkeit und damit die Pflichten des Schuldners ergeben sich aus der Parteivereinbarung und Treu und Glauben (Art. 6:2 und 248 NBW)[392]. Als Verpflichtungen aus einer solchen gesetzlichen Ergänzung des Schuldverhältnisses aus Treu und Glauben können sich beispielsweise ein Konkurrenzverbot, Mitteilungs-, Informations- und Beratungspflichten ergeben[393]. Auch seien über die Generalklausel des Art. 6:74 NBW generell Mangelfolgeschäden, also solche Schäden, die der Gläubiger durch die Nichterfüllung in sei-

387 Kropholler, Internat. Einheitsrecht, S. 279.
388 Vgl. Hartkamp, RabelsZ 57 (1993),664,667 f.
389 Zur Bedeutung für die rechtsvergleichende Arbeit: v. Bar, DeliktsR I, Rn. 369.
390 Vgl. Nieuwenhuis-Olthof, Art. 6:74, Anm. 2. a.; Hartkamp, AcP 191 (1991),396.407.
391 Hartkamp, AcP 191 (1991),396,408.
392 Hartkamp, AcP 191 (1991),396,405.
393 Niewenhuis-Valk, Art. 6:248, Anm. 3. d.

nem übrigen Vermögen erleidet, zu ersetzen[394]. Dazu wird als Beispiel der Fall genannt, daß eine untaugliche Maschine geliefert wird und daraus Produktions- und Verzögerungsschäden erwachsen. Verletzungen des Integritätsinteresses des Vertragspartners ohne Beziehung zum eigentlichen Leistungsvorgang werden nicht im Rahmen der vertraglichen Haftung diskutiert, so daß insoweit von einer Anwendung deliktischer Normen ausgegangen werden kann.

Welche Art von Schäden zu ersetzen sind, bemißt sich nach Art. 6:95 ff. NBW, in denen ein umfassender Rechtsgüterschutz angeordnet ist. Bei gegenseitigen Verträgen besteht zudem bei einer Vertragsverletzung - unabhängig von der Frage der Zurechenbarkeit - das Recht des Gläubigers zum Rücktritt gemäß Art. 6:265 ff. NBW. Dieser kann sich auf den ganzen Vertrag oder einen Teil desselben beziehen[395].

Sofern der Schuldner Dritte bei der Erfüllung seiner vertraglichen Verpflichtung einsetzt, haftet er für sie gemäß Art. 6:76 NBW.

cc. *Deliktsrecht*

Die allgemeine deliktische Haftung ist in Art. 6:162 NBW[396] geregelt; der Rechtsgüterschutz bemißt sich ebenso wie im vertraglichen Bereich nach Art. 6:95 ff. NBW. Desweiteren gilt für die Zurechnung im Deliktsrecht nach Art. 6:162 Abs. 3 NBW und für die Zurechenbarkeit von Leistungsstörungen nach Art. 6:75 NBW derselbe Maßstab. Alle Fragen hinsichtlich des Schadensersatzes können deshalb im deliktischen und vertraglichen Bereich in gleicher Weise beantwortet werden. Die Haftung für das Verhalten Dritter (Art. 6:170 ff. NBW[397])

---

394 Nieuwenhuis-Olthof, Art. 6:74, Anm. 2. a., 3.

395 Hartkamp, AcP 191 (1991),396,408.

396 Art. 6:163 NBW lautet in der deutschen Übersetzung: "(1) Derjenige, der gegen einen anderen eine unerlaubte Handlung begeht, die ihm zugerechnet werden kann, ist verpflichtet, den Schaden, den der andere dadurch erleidet, zu ersetzen. (2) Als unerlaubte Handlung werden ein Eingriff in ein Recht und ein Tun oder Unterlassen, das gesetzlichen Pflichten oder Verhaltensregeln des gesellschaftlichen Verkehrs aufgrund ungeschriebenen Rechts widerspricht, angesehen, jeweils vorbehaltlich eines Rechtfertigungsgrundes. (3) Eine unerlaubte Handlung kann dem Täter zugerechnet werden, wenn er sie schuldhaft verursacht hat oder wenn die Ursache nach dem Gesetz oder nach der Verkehrsauffassung seiner Risikosphäre zuzuordnen ist.

397 Art. 6:170 NBW: "(1) Für den Schaden, den ein Dritter durch ein Fehlverhalten eines Untergebenen erleidet, haftet derjenige, in dessen Dienst der Untergebene seine Aufgabe erfüllt, wenn das Risiko dieses Fehlverhaltens durch den Auftrag, diese Aufgabe zu verrichten, erhöht worden ist und derjenige, in dessen Dienst er stand, aufgrund seines diesbezüglichen Rechtsverhältnisses Weisungsbefugnis hinsichtlich des Verhaltens hatte, in dem das Fehlverhalten lag."

ist zwar nicht so streng wie die Erfüllungsgehilfenhaftung des deutschen Rechts, bietet aber keine Exkulpationsmöglichkeit wie § 831 BGB.

dd. Drittschutz durch Verträge?

Mit dem zureichenden Schutz des Geschädigten durch das Deliktsrecht entfällt auch die Notwendigkeit, den Bereich der vertraglichen Haftung auf Dritte außerhalb des Vertrages auszudehnen. Zwar hat das NBW die ausdrückliche Anordnung der Relativität der vertraglichen Pflichten aus Art. 1376 Abs. 1 BW (alt) nicht übernommen, doch soll dieses Prinzip auch dem NBW zugrunde liegen[398]. Das niederländische Recht kennt daher weder das Institut eines "Vertrages mit Schutzwirkung für Dritte"[399], noch bedarf es einer funktionell entsprechenden Regelung. Die Haftung für den Verrichtungsgehilfen in Art. 6:170 NBW ohne Entlastungsbeweis und die deliktische Generalklausel mit einen umfassenden Rechtsgüterschutz gewährleisten ausreichenden Schutz.

ee. Zusammenfassung

Insgesamt zeigt sich, daß die Kongruenzen im Bereich der vertraglichen und außervertraglichen Haftung in den Niederlanden wesentlich größer sind als in Deutschland, Frankreich oder Österreich. Die Neukodifikation läßt die Tendenz zu einer Angleichung der beiden Haftungsbereiche erkennen[400]. Eine solche kohärente Lösung erklärt dann auch, daß nicht diskutiert wird, wie Fragen der Verletzung von gegenüber jedermann bestehenden Pflichten - Verkehrssicherungspflichten bzw. Schutzpflichten - im Rahmen einer vertraglichen Beziehung einzuordnen sind. Insofern besteht keine Notwendigkeit das vertragliche Pflichtenspektrum auszuweiten; dieses kann auf mit dem Leistungsgegenstand und dem Leistungsvorgang zusammenhängende Fragen beschränkt bleiben. Ebenso benötigt ein außerhalb der Vertragsbeziehung stehender Dritter keine vertraglichen Schutzmechanismen. Denn immer wenn in einer Rechtsordnung eine Generalklausel besteht, die dem Richter freie Hand läßt, die Haftung für Gehilfen strikt ist und die deliktsrechtliche Verjährungsfrist angemessen erscheint, ist man

---

Art. 6:171 NBW: " Wenn ein Nichtuntergebener, der im Auftrag eines anderen Tätigkeiten in Ausübung dessen Gewerbes ausführt, einem Dritten gegenüber für ein bei diesen Tätigkeiten begangenes Fehlverhalten haftet, so haftet auch dieser andere dem Dritten gegenüber."

398 v. Bar, DeliktsR I, Rn. 479.

399 Vgl. Hoge Raad 7. 5. 1976, NedJur 1977 Nr. 63 S. 255; Hartkamp, AcP 191 (1991),396,406.

400 Vranken in: Hartkamp, AcP 191 (1991),411,416 f; v. Bar, DeliktsR I, Rn. 454.

mit der Ausbildung gesetzlicher Schutzpflichten aus Vertrag besonders zurückhaltend[401]. Das Recht der Schutzpflichtverletzungen trägt daher im wesentlichen ein deliktsrechtlichtes Gepräge[402].

ff. *Kollisionsrecht*

Auch das niederländische Kollisionsrecht ist von den sachrechtlichen Wertungen geprägt. Dabei war das niederländische internationale Schuldvertragsrecht bis zum Inkrafttreten des EVÜ am 1. September 1991 nicht gesetzlich geregelt; der Hoge Raad entwickelte stattdessen detaillierte Anknüpfungsregeln für die verschiedenen Vertragstypen[403]. Die niederländische kollisionsrechtliche Literatur faßte den Anwendungsbereich des Vertragsstatuts dahingehend, daß der Inhalt der Rechte und Pflichten der Parteien ebenso dem Vertragsstatut unterfällt wie die Probleme, die die Nichterfüllung betreffen[404]. Hingegen sollen Ansprüche bei der Verletzung von Verkehrssicherungspflichten dem Deliktsstatut unterfallen[405]. Mit dem Inkrafttreten des EVÜ in den Niederlanden am 1. September 1991 ist das internationale Schuldvertragsrecht weitgehend kodifiziert. In der - bislang spärlichen - Literatur zu dem Übereinkommen werden zu den "Folgen der vollständigen oder teilweisen Nichterfüllung" in Art. 10 Abs. 1 lit. c. EVÜ die Haftung des Schuldners und alle zugehörigen Fragen gezählt, so beispielsweise auch das Vorliegen von Ausschlußtatbeständen wie höherer Gewalt oder unvorhergesehenen Umständen, ebenso die Schadensermittlung[406].

IV. Einordnung der verschiedenen Fallgruppen der positiven Forderungsverletzung

1. *Bestandsaufnahme*

Der vielfältige Anwendungsbereich der positiven Forderungsverletzung hat bislang kaum dazu geführt, ihrer Anknüpfung im internationalen Privatrecht besondere Aufmerksamkeit zu widmen. Die deutsche Rechtsprechung und die Mehrzahl der - spärlichen - Stellungnahmen in der Literatur ordnet die Voraussetzun-

401 v. Bar, DeliktsR I, Rn. 461.
402 v. Bar, DeliktsR I, Rn. 462 mit Nachweisen aus der Rspr.
403 Vgl. Nachweise bei: Polak, Netherlands internat. law rev. 1991,313,329.
404 van Hecke/Lenaerts, Nr. 683.
405 van Hecke/Lenaerts, Nr. 682.
406 Bertrams/van der Velden, S. 54.

gen und Folgen der Leistungsstörungen und damit auch Ansprüche aus positiver Forderungsverletzung einheitlich dem Vertragsstatut zu[407].

a. Rechtsprechung

Die Rechtsprechung hatte sich überwiegend mit Ansprüchen aus positiver Forderungsverletzung bei internationalen Transportverträgen zu befassen, die neben den im Genfer Übereinkommen über den Beförderungsvertrag im internationalen Straßengüterverkehr (CMR)[408] vorgesehenen Ansprüchen geltend gemacht werden können. So entstand in einem Fall dem Besteller ein Verspätungsschaden[409], in einem anderen Fall führte die Beladung des Transportfahrzeuges mit zu feuchtem Transportgut durch den Besteller zu Reinigungs- und Entleerungskosten beim Transportunternehmer[410]. Daneben war Standgeld über die positive Forderungsverletzung zu ersetzen. Ein weiterer Fall hatte die fehlerhafte Auslieferung des Transportguts an den Empfänger zum Gegenstand. Dies führte zu einem Schaden beim Besteller infolge des Abbruchs der Geschäftsbeziehung durch den Empfänger. Diesen hatte der Transportunternehmer zu ersetzen[411]. Ein anderer Sachverhalt betraf einen Schaden des Bestellers infolge der Ablieferung des Transportguts an den Empfänger vor Erreichen des Zielortes[412]. Die folgende Entscheidung betraf das Kaufrecht: Die Käuferin hatte die - ihr als vertragliche Hauptpflicht obliegende - Bestimmung von Form und Maße der gekauften Bekleidung verweigert. Das Gericht sprach der Verkäuferin einen Schadensersatzanspruch aus positiver Forderungsverletzung zu[413].

Welchen Fallgruppen der positiven Forderungsverletzung diese Entscheidungen zuzuordnen sind, muß hier nicht weiter untersucht werden. Es geht nur darum zu zeigen, daß sich die Rechtsprechung nicht näher mit der Problematik der Qualifikation dieser Ansprüche auseinandergesetzt hat, sondern ohne weiteres auf das Vertragsstatut Bezug nimmt.

---

407 Vgl. Erman-Hohloch, Art. 32 EGBGB Rn. 9; MüKo-Martiny, 2. Auflage, Art. 32 EGBGB Rn. 25; MüKo-Spellenberg, 3. Auflage, Art. 32 EGBGB Rn. 19, 26; Palandt-Heldrich, Art. 32 EGBGB Rn. 5; Soergel-v. Hoffmann, Art. 32 EGBGB Rn. 32; Reithmann/Martiny, Rn. 245; Lorenz, Vorschläge, S. 121; Reder, S. 127.

408 Vom 19.5.1956, BGBl. 1961 II, 1120.

409 Vgl. BGHZ 123,200 ff.

410 Vgl. OLG Düsseldorf, RIW 1984,234 ff.

411 Vgl. BGH, VersR 1979,276 ff.

412 Vgl. OLG Hamm, NJW 1976,2077 ff.

413 Vgl. OLG Hamburg, AWD 1963,87 f.

b. Schrifttum

Auch in der Lehre finden sich nur selten differenzierende Ansichten. So will v. Bar bei der Qualifikation der positiven Forderungsverletzung danach unterscheiden, ob die Ansprüche sich auf ein Verhalten des Schuldners stützen, das der Mehrung des Gläubigervermögens dient (Vertragsstatut), oder ob es um eine Minderung des schon vorhandenen Gläubigervermögens geht (Deliktsstatut)[414]. Die Fälle der Schlechtleistung ordnet er also nur insoweit dem Vertragsstatut zu, als der Gläubiger durch die Schlechtleistung in seinem Leistungsinteresse betroffen wird. Dagegen soll hinsichtlich Mangelfolgeschäden an Sachen, die mit dem mangelhaften Leistungsgegenstand in Berührung gekommen sind - auch solche Fälle werden weithin der Fallgruppe Schlechtleistung zugeordnet[415] - , das Deliktsstatut einschlägig sein. Damit übernimmt v. Bar für die Qualifikationsfrage im internationalen Privatrecht ein Differenzierungskriterium, das seit der Arbeit von Heinrich Stoll aus dem Jahre 1932[416] in der deutschen Zivilrechtsdogmatik bei der Problematik des Verhältnisses von Vertrags- zu Deliktsrecht diskutiert wird.

Auch U. Huber knüpft an diese Unterscheidung an und kommt bei Ansprüchen aus internationalen Sachverhalten, die im deutschen materiellen Recht als Haftung aus der Verletzung allgemeiner Verkehrspflichten innerhalb der schuldrechtlichen Sonderverbindung verstanden werden, zur Unterstellung unter das Deliktsstatut[417]. Die Regeln des deutschen materiellen Rechts über die Haftung wegen Verletzung einer Schutzpflicht seien nur Ergänzungen und Modifikationen des allgemeinen Deliktsrechts und sollten nur eingreifen, wo deutsches Deliktsrecht gelte.

Im Übrigen scheint jedoch niemand daran Anstoß zu nehmen, daß so weit voneinander entfernte Fragen wie Lieferung eines mängelbehafteten Leistungsgegenstandes und ein Körperschaden des Gläubigers durch einen schadhaften Fußboden in den Räumen des Schuldners bei der Qualifikation undifferenziert dem Vertragsstatut zugeordnet werden.

---

414 v. Bar, IPR II, Rn. 556.

415 Siehe § 2 I. 2. a.

416 Heinrich Stoll, AcP 136 (1932),257,288 ff.

417 U. Huber, Festschrift für v. Caemmerer, S. 837, 865.

2. *Doppelqualifikation?*

Sofern ein Lebenssachverhalt die Rechtsfrage nach vertraglicher und zugleich außervertraglicher Haftung aufwirft, besteht die Möglichkeit einer Doppelqualifikation[418], wenngleich über den genauen begrifflichen Bedeutungsgehalt und die Konsequenzen wenig Klarheit besteht. So soll in Fällen, in denen der zu qualifizierende Rechtssatz eine mehrdeutige Rechtsnatur aufweist - die positive Forderungsverletzung läßt sich dazu zählen -, ebenso eine Doppelqualifikation in Betracht kommen wie bei der Überschneidung von Rechtssatzgruppen, der Anspruchskonkurrenz[419]. Im Zusammenhang mit der Diskussion um eine Doppelqualifikation finden sich insbesondere die Fallkonstellationen, in denen eine bestimmte ausländische Sachnorm im Vordergrund steht und sich nicht ohne weiteres mit der inländischen Verweisung zur Deckung bringen läßt. Klassisches Beispiel hierfür ist die "Morgengabe" im islamischen Recht, bei der der Bräutigam vor der Eheschließung der Braut die Zahlung eines bestimmten Heiratsgeldes zu versprechen hat. Damit soll gleichzeitig die Scheidung erschwert, der Unterhalt der Ehefrau und die Versorgung nach dem Tode des Mannes gesichert werden. Während sich dabei noch über eine Differenzierung nach den einzelnen Funktionen der Morgengabe die Zuordnung zum Systembegriff einer inländischen Kollisionsnorm vornehmen läßt, bleibt in anderen Fällen bei Systemunterschieden mit ausländischen Sachnormen allein eine Lösung über die Anpassung. Diese muß dann die Spannungen ausgleichen, die durch die gleichzeitige Anwendung verschiedener Rechtsordnungen auf einen Aspekt eines internationalen Sachverhalts enstehen können[420]. Die Rechtsprechung hat bislang eine Doppelqualifikation nur bei der Einordnung des Ehenamens bzw. bei dem Namen des ehelichen Kindes durchgeführt und mußte im Ergebnis eine Anpassung vornehmen[421].

Ebenfalls mit der Doppelqualifikation arbeitet der Lösungsvorschlag von Bröcker für Ansprüche im Grenzbereich von vertraglicher und deliktischer Haftung. Es solle zunächst das Vertragsstatut auf das vertragliche Pflichtenspektrum hin befragt werden[422]. Falls daneben die Ansprüche des Geschädigten auch nach Deliktsrecht beurteilt werden können, sei das Deliktsstatut zu bestimmen. Bei einer Übereinstimmung von Delikts- und Vertragsstatut seien keine sachwidrigen Ergebnisse zu befürchten. So sei z. B. die deliktische und vertragliche Haftung eines deutschen Agenten einer Schweizer Firma für eine Unterschlagung in Frankreich dem schweizerischen Recht zu unterwerfen. Auf der anderen Seite

418 Vgl. MüKo-Sonnenberger, Einl. EGBGB Rn. 481.
419 Vgl. Heyn, S. 35.
420 Kropholler, IPR, § 4 III 2.
421 Vgl. BGHZ 56,193,198 ff.; 73,370,376 ff.
422 Bröcker, S. 211 ff.

könne es Fälle geben, in denen bspw. ein französischer Lieferant aufgrund eines französischem Recht unterliegenden Vertrages Waren nach Deutschland liefere, die Folgeschäden im Lagerhaus des Käufers anrichten. Hier müsse dem Lieferanten die Anwendung deutschen Deliktsrechts zugemutet werden. Eine im Recht des Vertragsstatuts vorgesehene Verdrängung deliktischer Normen (non-cumul) sei unbeachtlich, wenn das Rechtssystem, dem die deliktische Haftung zu entnehmen ist, Anspruchskonkurrenz vorsehe. Schwieriger sei die Entscheidung jedoch, wenn bspw. die deliktische Beziehung französischem Recht und die vertragliche deutschem Recht unterliege. Dann müsse sehr sorgfältig danach gefragt werden, ob das Zurücktreten des französischen Deliktsrechts auf einem sachrechtlich unabdingbaren vertraglichen Rechtsschutz beruhe, der grundsätzlich auch einem ausländischen Recht entspringen könne[423].

Jedoch zeigt schon der letztgenannte Fall nur eine erhebliche Schwierigkeit bei der Doppelqualifikation auf. Die Ermittlung der sachrechtlichen Qualität des das Deliktsrecht verdrängenden vertraglichen Rechtsschutzes ist mit erheblichen Schwierigkeiten und Unwägbarkeiten behaftet. Es wird sich kaum immer zweifelsfrei feststellen lassen, wann ausreichend starker vertraglicher Rechtsschutz innerhalb der fremden Rechtsordnung besteht und warum dieser ausgebildet wurde. Auch Bröcker selbst hält eine reine autonome Qualifikation gegenüber der Doppelqualifikation für vorzugswürdig, wenn sich die Rechtsnatur eines Anspruchs bestimmen läßt[424].

Desweiteren kann ein Mechanismus, der in einer Reihe von Fällen die überaus schwierige und mangels fester Regeln in den Ergebnissen kaum vorhersehbare Anpassung nötig macht, kaum eine überzeugende und angemessene Lösung für die Qualifikationsfrage sein. Wenn das Qualifikationsobjekt eine mehrdeutige Rechtsnatur aufweist, ist vielmehr vorrangig über eine Auslegung der Systembegriffe der Verweisungsnormen und funktionelle Fallgruppendifferenzierung des zu subsumierenden Anspruchs eine eindeutige Zuordnung zu suchen. So sind auch die Verweisungsbegriffe der Kollisionsnormen bis zu einem gewissen Grade mehrdeutig, so daß man von einer relativen Anknüpfungstoleranz sprechen kann[425]. Allenfalls ausnahmsweise, wenn alle in Betracht kommenden Kollisionsnormen zur Anwendung desselben Rechts führen, kann die Qualifikation auch einmal offenbleiben[426].

---

423 Bröcker, S. 214 f.

424 Bröcker, S. 199.

425 Heyn, S. 46.

426 MüKo-Sonnenberger, Einl. EGBGB Rn. 481.

3. *Qualifikation der Fallgruppe "Schlechterfüllung"*

a. *Zusammenfassung und Auswertung der Rechtsvergleichung*

Die mikrovergleichende Betrachtung der verschiedenen Sachrechte und einzelner autonomer Kollisionsrechte in ausgewählten europäischen Staaten zeigt, daß allen Rechtsordnungen ein Kernbereich von vertraglichen Pflichten gemein ist. Es handelt sich dabei um die eigentlichen Leistungspflichten und solche Pflichten, die in engem Zusammenhang mit ihnen stehen. Auf eine weitere Differenzierung nach Haupt- und Nebenleistungspflichten wird in den europäischen Rechten eine unterschiedlich große Anstrengung verwandt[427]. Die Rechtsordnungen, die mit einem Einheitstatbestand für Vertragsverletzungen arbeiten, können in der Regel darauf verzichten. "Inexécution", "inadempimento", "tekortkoming", "breach of contract" und die "Schlechterfüllung" sind insoweit kongruente Begriffe für Verletzungen dieser Pflichten, die demnach einheitlich vertragsrechtliche Folgen nach sich ziehen. Immer soll dabei die Erfüllung dieser Pflichten der Verwirklichung des Leistungserfolgs dienen. Besondere Betonung verdient die enge Beziehung dieses Pflichtenkanons zum Leistungsinhalt, wie vor allem das französische Kriterium eines "lien juridique" zwischen Vertrag und Schädigung verdeutlicht. Einheitlich über das Vertragsrecht werden Schäden einer Partei reguliert, die unvermittelt auf die Verletzung einer vertraglichen Verpflichtung zurückgehen. Der Kernbereichsgedanke findet auch Bestätigung in den Vorschlägen der Lando-Kommission zu einem einheitlichen europäischen Vertragsrecht, die auf dem Kanon dessen basieren, was in allen europäischen Staaten als Bereich der vertraglichen Haftung angesehen werden kann[428].

An dem Unmittelbarkeitszusammenhang zwischen Pflichtverletzung und Schaden kann bei Mangelfolgeschäden - diese gehen kausal auf einen Mangel zurück - und den Weiterfresserschäden gezweifelt werden. Immer geht es dabei um Haftungslagen innerhalb einer Vertragsbeziehung, die nicht nur aus enttäuschten Leistungserwartungen, sondern auch daraus erwachsen, daß der eine Vertragspartner durch die Leistung oder aus Anlaß der Leistung dem anderen Schäden an seinen Bestandsinteressen zufügt[429]. In den meisten Fällen wird es sich um eine Eigentums- oder Körperverletzung handeln, bei der es dann zu einer Berührung mit dem jeweiligen Deliktsrecht kommt. Um Mangelfolgeschäden handelt es sich beispielsweise bei dem Tod von Tieren des Käufers nach der Lieferung vergifte-

427 Vgl. Flessner, ZEuP 1997,255,286 Fn. 128.
428 Siehe oben § 3 III. 3. d.
429 v. Bar, DeliktsR I, Rn. 441.

ten Viehfutters[430], dem Verderb von Wein infolge Lieferung mangelhafter Korken[431], Brandschäden wegen fehlerhafter Isolierung eines Rauchgasrohres[432], Schäden bei der Notlandung eines Flugzeugs infolge des fehlerhaften Einbaus eines Tankanzeigegeräts[433]. Daß in derartigen Fällen das Vertragsrecht für den Schadensausgleich sorgen soll, wird jedenfalls in Deutschland, Österreich, Frankreich und den Niederlanden wegen der Beziehung zum eigentlichen Leistungsvorgang als selbstverständlich angesehen. In Italien ordnet Art. 1494 CC ausdrücklich eine Ersatzpflicht des Verkäufers für Mangelfolgeschäden an.

Hingegen geht es bei den in Deutschland sog. "Weiterfresserschäden" um eine zusammengesetzte Ware, bei der der Mangel eines isolierbar erscheinenden Einzelteils dazu führt, daß nach Eigentumsübergang eine Gesamtsache zerstört wird. Während der BGH in Fällen wie dem berühmten "Schwimmschalterfall"[434] oder dem "Gaszugfall"[435] eine aufwendige Abgrenzung zwischen Delikts- und Vertragsrecht über das Kriterium der "Stoffgleichheit" von Integritätsinteresse und Äquivalenzinteresse, zu bestimmen nach der Deckungsgleichheit von Schaden und Mangelunwert bei Gefahrübergang, vornimmt, erfassen die meisten anderen europäischen Rechtsordnungen - sogar Österreich[436] - die fraglichen Fälle in ihrer Gesamtheit über das Vertragsrecht[437]. Es gehe nicht um einen Vertrag über diverse Einzelteile sondern um eine Gesamtleistung, so daß daher eine Schlechterfüllung der Hauptleistungspflicht vorliege[438]. Damit tritt der Unterschied zu der Ausweitung des vertraglichen Pflichtenspektrums im Interesse eines allgemeinen Bestandsschutzes deutlich zutage.

b. *Subsumtion unter Art. 32 Abs. 1 Nr. 3 EGBGB*

aa. *Internationaler Entscheidungseinklang und materiellrechtliche Harmonie*

Die autonom-rechtsvergleichende Auslegung führt hinsichtlich der Fallgruppe der Schlechterfüllung von Haupt- oder Nebenleistungspflichten bei der positiven Forderungsverletzung zu einem eindeutigen, fast selbstverständlich erscheinenden Ergebnis: Sie sind als von den "Folgen der Nichterfüllung" iSd Art. 32 Abs.

---

430 Vgl. RGZ 66, 289,290 ff.
431 Vgl. BGH NJW 1990,908 f.
432 Vgl. BGH NJW 1982,2244 ff.
433 Vgl. BGH NJW 1993,923 ff.
434 Vgl. BGHZ 67,359,361 ff.
435 Vgl. BGHZ 86,256 ff.
436 Vgl. OGH JBl. 1994,477,478.
437 Übersicht bei v. Bar, DeliktsR I, Rn. 443.
438 OGH JBl. 1994,477,478.

1 Nr. 3 EGBGB (Art. 10 Abs. 1 lit. c EVÜ) umfaßt anzusehen. In einer solchen einheitlichen Auslegung zeigt sich die Einbettung des EVÜ in das materielle Recht der Mitgliedsstaaten, das sich in einem Kernbereich nur in Detailregelungen unterscheidet. Schon das Ziel eines äußeren Entscheidungseinklangs legt eine Zuordnung der aus der Schlechterfüllung resultierenden Ansprüche zum Vertragsstatut nahe, wobei allerdings die Anwendung eines Drittstaatenrechts aufgrund des EVÜ einmal außer Betracht bleiben muß. Wenn die mitgliedsstaatlichen Sachrechte die hier in Rede stehenden Ansprüche als zum Bereich der vertraglichen Haftung gehörend auffassen, werden die Gerichte aller Vertragsstaaten bei der Qualifikation dieser Ansprüche das Vertragsstatut für einschlägig halten. Sie sind die "durch den Vertrag begründeten Verpflichtungen", die die Auslegungsregel des Art. 32 EGBGB als Geltungsbereich des Vertragsstatuts nennt. Damit kommt die Funktion der Norm, im Dienste einer materiellrechtlichen Harmonie zu stehen, zum Ausdruck. In diesem Bereich fallen keine rechtstechnischen Besonderheiten oder Zufälligkeiten nationaler Rechte auf, die eine "neutrale" Anknüpfung im internationalen Privatrecht erschweren können. Die Dekkungsgleichheit der nationalen Rechtsordnungen ermöglicht eine kohärente internationalprivatrechtliche Lösung.

bb. Typisierte Parteiinteressen, innere Beziehung zur privatautonomen Selbstbindung und Systematik der Norm

Wenn schon der internationale Entscheidungseinklang als formales Ideal mit überragender Ordnungsfunktion im internationalen Privatrecht[439] für eine bestimmte Qualifikation spricht, treten naturgemäß sonstige kollisionsrechtliche Erwägungen zunächst in den Hintergrund. Jedoch ist der äußere Entscheidungseinklang kein inhaltlich eindeutiger Gesichtspunkt. Eine innere Beziehung zum hier fraglichen Bereich vertraglicher Haftung entsteht erst durch ein dem internationalen Entscheidungseinklang zuzuordnendes Interesse der Parteien, daß die sie angehenden Rechtsfragen nicht in jedem Staat anders entschieden werden[440].

Ein weiterer Konnex zum Akt der privatautonomen Selbstbindung entsteht dann, wenn weitere berechtigte Erwartungen und Interessen der Vertragsparteien betrachtet werden. Mit dem Kriterium des "berechtigten Vertrauens" fließen die objektivierten bzw. typisierten Erwartungen beider Parteien in die Qualifikationsfrage ein[441], während ein subjektives Parteiinteresse meist nur auf die Anwen-

439 Kropholler, IPR, § 6.
440 Vgl. MüKo-Sonnenberger, Einl. EGBGB Rn. 79.
441 Vgl. Gonzenbach, S. 11.

dung des Heimatrechts gerichtet ist[442]. Geradezu selbstverständlich erscheint vor diesem Hintergrund, daß das berechtigte Interesse aller Vertragsparteien bei Ansprüchen aus einer Schlechterfüllung von Haupt- oder Nebenleistungspflichten auf die Anwendung derjenigen Rechtsordnung geht, der der Vertrag untersteht. Die Ansprüche aus der Schlechterfüllung haben einen engen rechtsgeschäftlichen Bezug, weil sie einen Ausgleich für die fehlgeschlagene Leistungserwartung darstellen. Zudem hat - sofern es um den Ersatz von Schäden geht[443] - die Leistungshandlung oder der Leistungsgegenstand zu dem Schaden geführt. Lagarde stellt für Art. 10 Abs. 1 lit. c EVÜ auf einen "causal link between the breach of contract and the damage" ab[444]. Insbesondere wenn eine Rechtswahl vorliegt, wird sie häufig auch mit Blick auf die Regelungen und Rechtsbehelfe einer Rechtsordnung für den Fall der Schlechterfüllung erfolgt sein.

Die vertraglichen Haupt- und Nebenleistungspflichten entstehen zum größten Teil aufgrund des Vertragsschlusses und werden damit von den Parteien ausdrücklich oder stillschweigend begründet. Sie lassen sich in jedem Fall durch Auslegung des Vertrages ermitteln. Nun unterfallen Fragen der Auslegung gemäß Art. 32 Abs. 1 Nr. 1 EGBGB ausdrücklich dem Vertragsstatut, doch wird damit nur auf Auslegungsregeln, also den eigentlichen Vorgang der Auslegung Bezug genommen[445]. Anderes wäre auch kaum vorstellbar, so daß sich die Regel von selbst versteht[446]. Für die Frage, wie vorzugehen ist, wenn bestimmte Vertragspflichten ausnahmsweise dem Gesetz entnommen werden sollen, ergibt die Norm keinen Anhalt.

Schließlich verlangen auch Zielsetzung und Systematik des EVÜ eine Zuordnung von Ansprüchen aus der Verletzung von Haupt- oder Nebenleistungspflichten zum Vertragsstatut. Wenn in Art. 10 Abs. 1 lit. c EVÜ der lex fori für die Schadensbemessung[447] und in Art. 10 Abs. 2 EVÜ dem Recht des Staates, in dem die Erfüllung erfolgt, eine begrenzte Bedeutung zugemessen wird, müssen im Umkehrschluß die Ansprüche bei Schlechterfüllung der lex contractus unterstehen.

---

442 MüKo-Sonnenberger, Einl. EGBGB Rn. 74.

443 Vgl. Lagarde, Contract Conflicts, S. 49, 55, der sogar nur auf diesen Fall eingeht.

444 Lagarde, Contract Conflicts, S. 49, 55.

445 Vgl. Lagarde, Contract Conflicts, S. 49,54; MüKo-Spellenberg, Art. 32 EGBGB Rn. 7 ff.; v. Bar, IPR II, Rn. 539.

446 Vgl. Kassis, Nr. 389; Plender, 11.05.

447 Nach dem Bericht von Giuliano/Lagarde, ABl.EG 31.10.1980 Nr. C 282/33, bestanden Vorbehalte gegen die Einbeziehung der Schadensbemessung in das EVÜ, da es sich um eine Sachfrage handele. Die gewählte Formulierung stellt einen Kompromiß dar.

cc. *Unterscheidung nach der Natur des Schadens?*

Nach alledem scheint die Qualifikation von Ansprüchen aus der Verletzung von Haupt- oder Nebenleistungspflichten als zum Vertragsstatut gehörig kaum anzweifelbar. Jedoch kann man zu einem von der vorstehenden Lösung abweichenden Ergebnis gelangen, wenn man wie v. Bar nicht mehr gleichsam "von oben" die Natur der verletzten Pflichten über die Zuordnung zu Vertrags- oder Deliktsstatut entscheiden lassen will, sondern "von unten" auf die Art des verletzten Interesses abstellt: Bei Verletzung des Leistungsinteresses gilt das Vertragsstatut, Verletzungen des Erhaltungs- bzw. Integritätsinteresses unterfallen dem Deliktsstatut. Der Schnitt ginge somit quer durch alle bisherigen Fallgruppen der positiven Forderungsverletzung[448].

Auf den ersten Blick scheint diese Möglichkeit aufgrund ihrer Prägnanz bestechend, doch werden nach der rechtsvergleichenden Umschau ihre Nachteile sinnfällig. V. Bar übernimmt nämlich nur die seit Heinrich Stoll in der deutschen Zivilrechtsdogmatik diskutierten Kriterien von Leistungsinteresse und Erhaltungsinteresse zur Abgrenzung der Bereiche vertraglicher und deliktischer Haftung für das internationale Privatrecht, ohne daß diese auf eine Anwendung im internationalen Privatrecht zugeschnitten sind. Einer kritischen Überprüfung hält dies nicht stand. Im Grunde wird damit wieder eine lex-fori-Qualifikation propagiert, wenngleich unter gewandelten Vorzeichen. Sofern nun die Schlechtleistung von Haupt- oder Nebenleistungspflichten zu Mangelfolgeschäden an Sachen führt, die mit dem mangelhaften Leistungsgegenstand in Berührung gekommen sind, suchen alle Rechtsordnungen einen vertraglichen Schadensausgleich, während von Bar zu einer Unterstellung unter das Deliktsstatut käme[449]. Eine Differenzierung nach den geschützten Interessen im internationalen Privatrecht ist indes nur dann möglich, wenn durch sie der internationale Entscheidungseinklang gewahrt wird.

Gegenwärtig gehen - soweit ersichtlich - Rechtsprechung und Lehre in den untersuchten ausländischen Rechten aber immer noch von einem mehr oder weniger umfangreichen Kanon vertraglicher Pflichten aus, ohne der Frage nach verletzten Interessen übermäßige Bedeutung zuzumessen. Im Mittelpunkt steht die Frage, ob eine die vertragliche Haftung begründende Verhaltensweise vorliegt oder nicht. Diese ist auf der Pflichtenebene zu lokalisieren. Außerdem ist auch nicht zu erwarten, daß die Schwierigkeiten, die das deutsche materielle Recht mit der Abgrenzung des vertraglichen vom deliktischen Haftungsbereich hat und die Heinrich Stoll zu seiner Konzeption bewogen haben, Vorbildfunktion

---

448 Vgl. schon Heinrich Stoll, AcP 136 (1932),257,301.

449 Vgl. v. Bar, IPR II, Rn. 556.

für die Abgrenzungsentscheidung einer anderen Rechtsordnung gewinnen werden. Allenfalls könnte bei einem zu schaffenden einheitlichen materiellen europäischen Zivilrecht die beschriebene Unterscheidung als neutrales Kriterium zur Abgrenzung der Haftungsbereiche fungieren. Die Lando-Kommission ist gleichwohl dem überkommenen Modell gefolgt. Gegenwärtig muß Art. 32 EGBGB als einheitliches europäisches Kollisionsrecht so ausgelegt werden, daß die erstrebte Rechtseinheit mit den anderen europäischen Vertragsstaaten gewahrt bleibt[450].

Desweiteren ergäben sich nach v. Bars Lösungsweg erhebliche Schwierigkeiten im internationalen Privatrecht bei der Abgrenzung nach den geschützten Interessen. Teil der spezifischen Vertragsleistung kann sehr wohl auch der Erhalt von Rechtsgütern sein. Kaum zu entscheiden ist beispielsweise, ob die Vertragspflicht des Verkäufers, Waren zu liefern, die keine Schäden beim Käufer verursachen, nur auf das Leistungs- oder auch auf das Bestandsinteresse bezogen ist, oder ob ein Mangelfolgeschaden wirklich nur das Bestandsinteresse verletzt. Heinrich Stoll hat dazu vage angeführt, daß das Leistungsinteresse aus dem gesamten Vertragsinhalt ermittelt werden müsse. Gleichzeitig räumt er ein, es sei nicht immer leicht festzustellen, ob es sich um Verletzung bloß des Schutzinteresses (im Sinne des Bestandsinteresses) oder auch des Leistungsinteresses handele[451]. Damit liegt eine weitere Schwäche des beschriebenen Modells zutage.

dd. Mangelfolgeschäden und "Weiterfresserschäden"

Die rechtsvergleichende Betrachtung hinsichtlich Mangelfolgeschäden und der in Deutschland so bezeichneten "Weiterfresserschäden" hat ergeben, daß man bei diesen in anderen Rechtsordnungen einheitlich ohne weiteres die Regeln über die vertragliche Schadenshaftung anwenden will. Schon der Gesichtspunkt des äußeren Entscheidungseinklangs empfiehlt daher eine einheitliche Qualifikation als vertraglicher Anspruch. Auf kollisionsrechtlicher Ebene wäre es auch kaum handhabbar, bei den fraglichen Ansprüchen umfassende Erwägungen zu "Stoffgleichheit" von geltend gemachtem Schaden und Mangelunwert bei Gefahrübergang[452] oder ähnlichen diffizilen Kriterien vorzunehmen, die schon im deutschen Sachrecht nicht zweifelsfrei sind. Desweiteren können die zuvor angestellten Erwägungen zu den berechtigten Parteiinteressen und dem Ursachenzusammenhang von Schaden mit Leistungshandlung und -gegenstand für Mangelfolge- und Weiterfresserschäden in gleicher Weise Geltung beanspruchen.

---

450 Junker, RabelsZ 55 (1991),675,676; Kropholler, IPR, § 52 I 2.
451 Heinrich Stoll, AcP 136 (1932),257,298.
452 Vgl. BGH NJW 1985,2420 ff.

4. *Qualifikation der Fallgruppe "Verletzung leistungsbegleitender Nebenpflichten"*

a. *Zusammenfassung und Auswertung der Rechtsvergleichung*

Hinsichtlich der deutschen Kategorie der "leistungsbegleitenden Nebenpflichten" ergibt die Rechtsvergleichung ein ambivalentes Bild: Von einer sehr umfänglichen Annahme solcher Pflichten in Deutschland und Österreich über eine im Fluß befindliche Entwicklung in Frankreich bis hin zu einer weitaus restriktiveren Handhabung in Italien, den Niederlanden und England. Bei aller Vorsicht gegenüber generalisierenden Einschätzungen ist jedoch eine gemeinsame Tendenz zu erkennen, im Einzelfall Vertragspflichten beispielsweise zu Mitwirkung, Auskunft, Aufklärung, Anzeige oder Unterlassung anzunehmen. Dies gilt jedenfalls dann, wenn - ähnlich wie bei den Nebenleistungspflichten - ein enger Bezug zum eigentlichen Vertragsinhalt besteht und dem Schutz des Leistungsinteresses gegenüber dem reinen Bestandsschutz ein größeres Gewicht zukommt; nur insoweit läßt sich der Unterscheidung nach geschützten Interessen Bedeutung auf europäischer Ebene zumessen. Gleichwohl sind Überschneidungslagen beim Interessenschutz möglich und eine Zuordnung der Pflichten daher mit Schwierigkeiten verbunden.

Eine Ausweitung des vertraglichen Pflichtenspektrums durch richterliche Wertungen im Einzelfall, meist im Wege der Auslegung des Vertrags, ist nicht allein im deutschen Rechtskreis zu beobachten. So können einen professionellen Verkäufer in Frankreich umfassende Pflichten zu Anleitung und Beratung treffen, in England werden "implied terms" konstruiert, und auch in den Niederlanden würde ein Richter kaum anders entscheiden. Jedoch kann auch der Unsicherheitsfaktor nicht verleugnet werden, der mit der Konstruktion dieser Pflichten einhergeht und sich für v. Bar auf einem europäischen Horizont ins Unkontrollierbare potenziert[453].

Weitere Schwierigkeit bei der Zusammenführung der Befunde aus den verschiedenen Rechtsordnungen ist der schon im Einzelfall kaum und abstrakt erst recht nicht zu bestimmende Übergang zwischen Nebenleistungspflichten und leistungsbegleitenden Nebenpflichten. Schon zum deutschen materiellen Recht ist in dieser Frage bislang keine einheitliche Abgrenzung gelungen[454]. So kann man auf europäischer Ebene in Zweifel ziehen, ob sich leistungsbegleitende Neben-

---

453 Vgl. v. Bar, DeliktsR I, Rn. 418.

454 Vgl. nur Larenz I, § 10 II e.; Soergel-Wiedemann, vor § 275 Rn. 466; MüKo-Roth § 242 Rn. 140 f, 147.

pflichten noch allgemein zum Kernbereich der vertraglichen Pflichten zählen lassen.

b. Subsumtion unter Art. 32 Abs. 1 Nr. 3 EGBGB

Im Interesse des äußeren Entscheidungseinklangs soll die kollisionsrechtliche Einordnung bestimmter Sachverhalte möglichst in Übereinstimmung mit der Zuordnung dieser Sachverhalte zu sachrechtlichen Haftungskategorien stehen. In unterschiedlicher Intensität kennen alle untersuchten Rechtsordnungen leistungsbegleitende Nebenpflichten, bei deren Verletzung die vertragliche Haftung greift. Schon dies spricht für eine Qualifikation als vertraglicher Anspruch. Zudem gilt, daß wenn die Schlechterfüllung von Haupt- oder Nebenleistungspflichten dem Vertragsstatut unterfällt, auch die damit eng verwandten und nur im Einzelfall abgrenzbaren sonstigen leistungsbegleitenden Nebenpflichten ebenfalls vom Vertragsstatut umfaßt sein müssen. In Art. 10 EVÜ ist zum Ausdruck gekommen, daß nach dem Übereinkommen grundsätzlich alle Fragen, die mit dem Vertrag im Zusammenhang stehen, einheitlich der auf den Vertrag anwendbaren Rechtsordnung unterstehen sollen. Bestimmte Sonderanknüpfungen sind eigens geregelt; für die Geschäftsfähigkeit gilt Art. 11 EVÜ, Zustandekommen und Wirksamkeit des Vertrages werden von Art. 8 EVÜ erfaßt und Formfragen unterliegen Art. 9 EVÜ. Umgekehrt werden so implizit Nebenpflichten, zumindest wenn sie einen Bezug zur Hauptleistungspflicht aufweisen, der lex contractus zugeordnet.

Neben diesen systematischen Erwägungen ist in teleologischer Hinsicht der Umstand von Bedeutung, daß beispielsweise Aufklärungs-, Beratungs-, Warn- und Hinweispflichten vor allem in ihrem Umfang immer durch den Vertragszweck bestimmt und vom Vertragsgegenstand abhängig sind[455]. Sie bestehen in aller Regel auch ausschließlich gegenüber dem Vertragspartner und resultieren aus dem Akt der privatautonomen Selbstbindung des in Anspruch genommenen Subjekts[456]. Dem materiellrechtlichen Unterscheidungskriterium nach allgemeinen und besonderen Verhaltenspflichten kommt hier die entscheidende Bedeutung zu. Der rechtsgeschäftliche Bezug der besonderen Pflichten spricht für eine einheitliche vertragsrechtliche Behandlung im internationalen Privatrecht. Auch wird die vertragliche Auskunftshaftung einhellig nach dem Vertragsstatut beurteilt; so soll für die Haftung einer Bank für eine falsche Kreditauskunft bei fehlender Rechtswahl das nach objektiver Anknüpfung berufene Recht der Niederlassung des Auskunftgebers gelten[457].

---

455 Vgl. Hans Stoll, Festschrift für Ferid, S.495,505.

456 Vgl. Schlosser, IPRax 1984,65,66.

457 Vgl. MüKo-Martiny, Art. 28 Rn. 248; Gonzenbach, S. 179; Reder, S. 96.

Sinnvoll ist im übrigen, eine einheitliche Entscheidung über Informations- und Aufklärungspflichten bei culpa in contrahendo und positiver Forderungsverletzung anzustreben. Inhaltlich besteht meist kein wesentlicher Unterschied zwischen diesen Pflichten vor und nach Vertragsschluß. Zwar haben solche Pflichten im vorvertraglichen Bereich vorrangig den Zweck, die andere Seite auf Umstände hinzuweisen, die für diese bei der Entscheidung über den Vertragsschluß von Bedeutung sind, doch bestehen in einer Reihe von Fällen Parallelen der Pflichtenstruktur. Beispielsweise werden bei einer Informationspflicht in Bezug auf den Umgang mit dem Vertragsgegenstand in aller Regel keine Divergenzen zwischen derjenigen im vorvertraglichem oder derjenigen im vertraglichem Bereich bestehen. Allenfalls kann der Schuldner nach Vertragsschluß zu ausführlicherer Information gehalten sein. Eine unterschiedliche Anknüpfung inhaltlich gleicher Pflichten im internationalen Privatrecht wäre jedenfalls ein mißlicher Umstand[458]. Während die Rechtsprechung ohnehin für die alle Ansprüche aus culpa in contrahendo einheitlich das tatsächliche oder präsumptive Vertragsstatut heranzieht[459], wird im Schrifttum zunehmend nach Fallgruppen differenziert[460]. Verletzungen von Informations- und Aufklärungspflichten sollen dann aber auch dem Vertragsstatut unterfallen. Ebenso ist dies nach Vertragsschluß sachgerecht.

5. *Qualifikation der Fallgruppe "Schutzpflichtverletzung"*

a. *Gesamtergebnis aus der Rechtsvergleichung*

Sofern es um Verletzungen von Rechtsgütern des Gläubigers geht, die ohne Beziehung zum eigentlichen Leistungsgegenstand und Vertragsinhalt geschehen, greifen nur die deutsche und die österreichische Rechtsordnung ohne weiteres zur vertraglichen Haftung. Die überaus großzügige Annahme entsprechender Schutzpflichten in einem Vertragsverhältnis erklärt sich allerdings weniger aus einem geschlossenen dogmatischen Konzept, als den bereits mehrfach beschriebenen Unzulänglichkeiten der deliktischen Haftung. In Deutschland treten sie noch um einiges schärfer zutage als in Österreich, wo hauptsächlich Fragen der Gehilfen-

---

458 Vgl. Koziol, ZVR 1980,1,3.

459 Vgl. BGH JR 1987,198,200; BGH IPRspr. 1978 Nr. 11; BGH IPRspr. 1976 Nr. 16.

460 Vgl. Bernstein, RabelsZ 41 (1977), 281 ff.; Dörner, JR 1987, 201 f.; Hans Stoll, Festschrift für Ferid, S. 495,505; Gerfried Fischer, JZ 1991,168,169; Nickl, S. 122 ff.; Frick, S. 170 ff.; Reder, S. 129 ff.; MüKo-Martiny, 2. Auflage, Art. 32 EGBGB Rn. 32 f.; MüKo-Spellenberg, 3. Auflage, Art. 32 EGBGB Rn. 44 ff; in der Tendenz auch: Looschelders, IPRax 1998,296,297 f.

haftung und der Beweislast die Ausdehnung der vertraglichen Haftung bewirkt haben[461]. Die Ergebnisse unterscheiden sich in beiden Rechten aber nicht.

Erweiterungen des vertraglichen Pflichtenspektrums zum Zwecke des Schutzes von Bestandsinteressen des Vertragspartners finden sich ebenso in Frankreich, doch mit strengeren Voraussetzungen wie dem engen Verhältnis zur vertraglichen Hauptpflicht bei der "obligation de sécurité", dem "lien juridique" zwischen Schädigung und Vertrag. Mithin stellen die aus ihr resultierenden vertraglichen Ansprüche eher ein funktionelles Äquivalent zu den deutschen Fällen von Schlechterfüllung und der Verletzung leistungsbegleitender Nebenpflichten bei der positiven Forderungsverletzung dar. Gleichwohl ist der Befund ambivalent, da sich auch Fälle finden, in denen ein enges Verhältnis zur vertraglichen Hauptpflicht kaum nachvollziehbar ist und eher die Verletzung einer allgemeinen Verkehrssicherungspflicht oder die Schädigung vertragsfremder Rechtsgüter zur vertraglichen Haftung führte[462]. Insoweit besteht in Frankreich einige Rechtsunsicherheit, da die richterliche Interpretationsbefugnis sehr weit geht und der Kassationshof den Untergerichten freie Hand läßt. So läßt sich für die rechtsvergleichende Auslegung dem französischen Recht nur die Tendenz entnehmen, grundsätzlich alle Vertragspflichten auch in einen engen Bezug zum eigentlichen Vertragsinhalt und der vertraglichen Hauptpflicht zu stellen. Zudem weist die vertragliche Haftung nicht so deutliche Vorteile wie in Deutschland oder Österreich auf, sondern kann vor allem wegen möglicher Haftungsklauseln und der Beschränkung des Schadensersatzes auf vorhersehbare Schäden unter der Herrschaft der non-cumul-Regel den Geschädigten schlechter stellen.

Wenig problematisch ist die Rechtslage in den anderen untersuchten Rechtsordnungen: Im Common Law werden Schutzpflichten in aller Regel dem Deliktsrecht zugewiesen, in Italien ist die Rechtsprechung schon mit der Annahme leistungsbegleitender Nebenpflichten sehr zurückhaltend und ordnet Schäden an Bestandsinteressen des Vertragspartners ohne Bezug zur Leistungspflicht dem Deliktsrecht zu. Gleiches gilt für die Niederlande, wo wie in Italien das komplementäre Deliktsrecht das schadensersatzrechtliche Anliegen der vertraglichen Schutzpflichten in Deutschland und Österreich zureichend befriedigen kann.

---

461 Siehe § 3 III. 4. b. cc.

462 Vgl. § 3 III. 4. a. cc. bbb.

b. *Kollisionsrechtliche Einordnung der Schutzpflichtverletzungen*

aa. *Äußerer Entscheidungseinklang*

Die Frage des äußeren Entscheidungseinklangs führt für die Fallgruppe der Verletzung von Schutzpflichten zu keinem eindeutigen Befund, doch besteht in der Mehrzahl der Rechtsordnungen eine restriktive Tendenz dahingehend, diese dem Bereich deliktischer Haftung zu überantworten. Wenn die Rechtsvergleichung nur Tendenzen aufzeigen kann, vergrößert sich das Gewicht von internationalprivatrechtlichen Wertungen bei der Suche nach einer sachgerechten Qualifikation. Mit besonderer Sorgfalt müssen dabei die Interessen, die für die Anwendung eines bestimmten Rechts sprechen, analysiert werden[463]. Jedenfalls läßt sich schon an dieser Stelle festhalten, daß die generelle Anwendung des Vertragsstatuts auf Schutzpflichtverletzungen nicht dem Erfordernis eines äußeren Entscheidungseinklangs entspricht, da eine Reihe von Rechtsordnungen solche Fälle deliktisch löst.

In diesem Zusammenhang sind auch die parallelen Schwierigkeiten, die in Frankreich bei der Qualifikation der "obligation de sécurité" auftreten, von Interesse. So kann es leicht zu einem Normenmangel kommen, wenn es zum Beispiel um die Verletzung einer "obligation de sécurité" bei einem Beförderungsvertrag geht und bei einer Qualifikation nach der lex fori in Frankreich das Vertragsstatut (Rechtsordnung B) keine entsprechende Vertragspflicht kennt und das Deliktsstatut (französisches Recht) wegen des non-cumul-Prinzips keinen deliktischen Anspruch gewährt[464]. Diese Disharmonie widerspräche dem Ordnungsziel beider Kollisionsnormen und wäre nur über eine Anpassung aufzulösen, die jedoch auch als Zeichen einer nicht sachgerechten Qualifikation betrachtet werden kann[465]. Im Beispielsfall ist dies die lex-fori-Qualifikation der Sicherungspflicht. Eine funktionelle Qualifikation läßt dagegen zahlreiche Anpassungslagen entfallen, die ihren Grund in Systemunterschieden mehrerer von verschiedenen Kollisionsnormen berufenen Rechtsordnungen haben[466]. Die Schwierigkeiten bei einer Anpassung bestehen darin, daß eine Lösung durch modifizierte Anwendung des Kollisionsrechts oder des Sachrechts gesucht werden muß, indem eine Wertentscheidung über Bevorzugung, Einschränkung, Ergänzung oder Umbildung einer Regelung getroffen wird[467].

---

463 Vgl. MüKo-Sonnenberger, Einl. EGBGB Rn. 75.
464 Kassis, Nr. 396.
465 So Kropholler, RabelsZ 33 (1969),601,634.
466 MüKo-Sonnenberger, Einl. EGBGB Rn. 422.
467 Dazu Kropholler, IPR, § 34 IV 1, 2.

Keinen Aufschluß über die Qualifikationsfrage bietet auch die Wortlautinterpretation bei Art. 32 Abs. 1 Nr. 3 EGBGB. "Folgen der vollständigen oder teilweisen Nichterfüllung dieser Verpflichtungen" gibt aus sich heraus keinen Anhalt, sondern setzt vielmehr eine europäisch-einheitliche Bestimmung des vertraglichen Pflichtenspektrums voraus.

bb. Zusammenhang von Schutzpflichten, Vertragsinhalt und berechtigten Parteiinteressen

Schutzpflichtverletzungen sind dadurch gekennzeichnet, daß der eine Partner bestimmte ihm zurechenbare Rechtsgüter einer Gefährdung in der Sphäre des anderen Vertragspartners aussetzt, mag es sich dabei um seine Person, seine Sachen oder andere Vermögenswerte handeln[468]. Das Vertragsverhältnis erhöht die Einwirkungsmöglichkeiten auf die Sphäre des anderen Teils. Dies hat ein größeres schutzwürdiges Vertrauen der Gegenseite zur Folge[469], so daß damit auf kollisionsrechtlicher Ebene ein berechtigtes Parteiinteresse verbunden ist, im Sinne eines "Einheitsprinzips" ein einheitliches Recht auf alle Ansprüche im Verhältnis zum Vertragspartner angewandt zu wissen[470]. Wird von den Parteien beispielsweise deutsches Recht gewählt, werden sie davon ausgehen, daß auch bei einem Verstoß gegen allgemeine Verhaltenspflichten, der zu einem Personenschaden beim Gläubiger führt, diese Rechtswahl Wirksamkeit entfaltet. Möglicherweise sollen vertragliche Haftungsklauseln gerade einen solchen Fall erfassen[471]; auch kann ein Zusammenhang mit der Gegenleistungspflicht bestehen. Einer der Faktoren bei ihrer Bemessung ist häufig der Umfang der übernommenen Haftung. Desweiteren kann die Verletzung von Schutzpflichten einen Grund zur Aufhebung des Vertrages abgeben. Die möglichen Wechselwirkungen von Schutzpflichten und genuinem Vertragsinhalt können hier nur angerissen werden; jedenfalls würde die Anwendung verschiedener Rechte eine denkbare Abhängigkeit der Verpflichtungen zerreißen. Eine ausnahmslose Anwendung des Deliktsstatuts auf Schutzpflichtverletzungen erscheint folglich inadäquat. Hinzu kommt, daß - unabhängig von der Frage, wie das Deliktsstatut zu bestimmen ist - der zufällige

468 Bernstein, RabelsZ 41 (1977),281,285.
469 MüKo-Roth, § 242 Rn. 113.
470 Vgl. Gerfried Fischer, JZ 1991,168,170; W. Lorenz, Vorschläge, S. 158; Sandrock, RIW 1986,841,851.
471 Vgl. "Probefahrt-Entscheidungen" des BGH zu cic-Ansprüchen: BGH NJW 1972,1363 f.; 1979,643,644 f. (Kaufinteressent sollte für Eigentumsverletzung nur bei grober Fahrlässigkeit haften).

Deliktsort nach seiner inneren Berechtigung ohnehin nur ein subsidiäres Anknüpfungsmoment bildet[472].

Zuzugeben ist damit, daß das Vertragsstatut im Verhältnis der Vertragspartner untereinander eine starke Anziehungskraft entwickelt[473], doch sind bei der Qualifikationsfrage auch gegenläufige Interessen vorhanden. Ins Gewicht fällt so der fehlende enge innere Zusammenhang der Schutzpflichten mit dem Vertragsinhalt[474]. Bei ihrer Verletzung verwirklicht sich kein spezifisches Risiko des Vertrages, und sie charakterisieren in der Regel das Vertragsverhältnis nicht. Somit ist auch das zuvor beschriebene Parteiinteresse an einer einheitlichen Anwendung des Geschäftsstatuts schwächer zu bewerten[475]. Desweiteren entstehen die Schutzpflichten nach deutscher Dogmatik nicht infolge des Vertragsschlusses[476]; sie bestehen auch bei Unwirksamkeit des Vertrages. Die Haftung läßt sich so entweder auf die culpa in contrahendo oder die positive Forderungsverletzung stützen. In inhaltlicher Hinsicht sind die Schutzpflichten vor und nach Vertragsschluß gleichwohl nicht unterscheidbar. Zudem finden sie ihren Rechtsgrund meist nicht in der jeweiligen Parteivereinbarung, insbesondere nicht im vertraglichen Leistungsversprechen, sondern müssen nach den Grundsätzen von Treu und Glauben entwickelt werden. Zwischen vertraglichem und außervertraglichem Bereich bestehen bei diesem Vorgang keine strukturellen Differenzen. Infolgedessen wird im deutschen Sachrecht vielfach ein einheitliches gesetzliches Schutzpflichtverhältnis angenommen[477].

Zudem existieren die fraglichen Pflichten nicht nur dem Vertragspartner, sondern zunächst der Allgemeinheit gegenüber[478]. Sie sind identisch mit der allgemeinen Pflicht, andere nicht an ihrer Gesundheit, ihrem Eigentum und sonstigen eigentumsähnlichen Rechten zu schädigen[479] und werden nur den Regeln der Vertragshaftung unterworfen. Der Grund der Haftung bleibt gleichwohl nicht die Verletzung einer besonderen Schutzpflicht, sondern die einer allgemeinen Verkehrspflicht. Eine Verletzung von der Allgemeinheit gegenüber bestehenden Pflichten - vor allem Verkehrssicherungspflichten - wird aber in Europa - auch wenn sie sich innerhalb einer vertraglichen Sonderbeziehung ereignet - typischerweise deliktisch erfaßt. Schon vor diesem Hintergrund erscheint es angemessen, Verstöße gegen allgemeine Obhuts- und Erhaltungspflichten, die eine

---

472 v. Bar, IPR II, Rn. 656; Kropholler, RabelsZ 33 (1969),601,609.
473 Dörner, JR 1987,201,202.
474 Vgl. Bernstein, RabelsZ 41 (1977),281,288.
475 Vgl. Gerfried Fischer, JZ 1991,168,170.
476 MüKo-Roth, § 242 Rn. 117 und 124.
477 Grundlegend: Canaris, JZ 1965,475,478 ff.
478 Vgl. W. Lorenz, Vorschläge, S. 97,121.
479 Vgl. U. Huber, AcP 177 (1977),282,318 ff.

Lebens- oder Rechtsgutsverletzung zur Folge haben, nach der Grundregel über die außervertragliche Haftung anzuknüpfen[480]. Zudem dient das internationale Deliktsrecht tendenziell eher der Kanalisierung sozialer oder allgemeiner Risiken, während das internationale Vertragsrecht die Rechtsordnung bestimmen sollte, die am besten im konkreten Fall über die Verteilung individueller Risiken zwischen einem genau bestimmten Personenkreis zu entscheiden in der Lage ist[481].

cc. Rechtsgleichheit im internationalen Privatrecht

Zu klären ist weiter, welche Bedeutung dem Gesichtpunkt der Rechtsgleichheit im internationalen Privatrecht bei der Qualifikation zukommt. So sind bloße Behauptungen zu bezweifeln, nach denen es internationalprivatrechtlich keinen Unterschied machen dürfe, ob ein fest zum Kauf entschlossener Kunde, ein bloßer Kaufinteressent oder ein Landstreicher im Kaufhaus auf der berühmten Bananenschale ausrutscht und einen Schaden davonträgt[482]. Konsequenterweise müßte auch der Kunde, der bereits gekauft hat, in die Aufzählung eingeschlossen werden. Deliktsstatut und Vertragsstatut werden in diesem Fall zwar meist identisch sein, doch kommt dem Gedanken der Rechtsgütergefährdung in der Sphäre des anderen Teils eine nach der jeweiligen Vertragsnähe abgestufte Bedeutung zu. Zum Zwecke des Vertragsschlusses war die Anwesenheit des Kunden in den Räumlichkeiten des Verkäufers erforderlich. Dort wurden die Rechtsgüter der Gefährdung ausgesetzt, so daß graduelle Unterschiede zwischen den beschriebenen Vergleichspersonen bestehen, die sich auch in der kollisionsrechtlichen Anknüpfungsfrage nicht ohne weiteres ausblenden lassen. Das gleiche schädigende Verhalten kann also zu der Anwendung unterschiedlicher Rechtsordnungen je nach der Person des Geschädigten führen. Rechtsgleichheit im IPR darf nicht ausschließlich am äußeren Gepräge des Sachverhaltes festgemacht werden, sondern muß auch die charakteristischen Unterschiede zwischen Personen, die in einer Sonderrechtsbeziehung stehen und solchen, bei denen dies nicht der Fall ist, im Blick behalten.

---

480 So im Ergebnis auch Bröcker, S. 199; Canaris, Festschrift für Larenz, S. 27,109; Gerfried Fischer, JZ 1991,168,173; Hans Stoll, Festschrift für Ferid, S. 495,505.

481 Reder, S. 128.

482 So Reder, S. 145; Frick, S. 191; Nickl. S. 67.

dd. Räumliche Einbettung der Schädigung

Hingegen unterstreicht die Bedeutung der räumlichen Einbettung des fraglichen Pflichtenverstoßes dessen deliktsartigen Charakter. So ist das jeweilige Ortsrecht, das für eine Verhaltenssteuerung sorgen will, der Maßstab für Verkehrssicherungs- und Sorgfaltspflichten. Gerade die von den Schutzpflichten geschützten Rechtsgüter wie Person und Eigentum sind dabei - anders als beispielsweise das Vermögen - häufig körperlich lokalisierbar. Die am Deliktsort geltenden allgemeinen Sicherheits- und Verkehrsvorschriften sind dann als local data bei der Auslegung der Haftungsnorm des Deliktsstatuts zu berücksichtigen[483]. Das örtliche Recht kann über Inhalt und Umfang der Sorgfaltspflicht beim Schutz von vertragsfernen Rechtsgütern besser als das Vertragsstatut entscheiden[484]. Für den allgemeinen Rechtsgüterschutz ist das Vertragsstatut eher sachfern, da es örtliche Verhältnisse nicht flexibel genug berücksichtigen kann.

Parallelen finden sich im internationalen Vertragsrecht, wo in Art. 32 Abs. 2 EGBGB (Art. 10 Abs. 2 EVÜ) festgelegt ist, daß für Erfüllungsmodalitäten das Recht am tatsächlichen Erfüllungsort Berücksichtigung findet[485]. Zudem wird der Schädiger sein Verhalten zumeist an dem Recht des Staates ausrichten, in dem er eine bestimmte Handlung vornehmen oder unterlassen will, während der Verletzte regelmäßig darauf vertrauen wird, daß seine Rechtsgüter nach dem Recht des Staates geschützt werden, in dem sie sich zum Zeitpunkt des schädigenden Ereignisses befinden[486]. Gleichwohl bestehen in Bezug auf die Parteierwartungen Tendenzen zu einer flexibleren Betrachtungsweise, die im Einzelfall nach dem Kriterium des beidseitigen berechtigten Vertrauens die Anwendung einer Verhaltensnorm prüfen will[487].

Als "neutrale" Alternative wäre zwar auch die Entwicklung "autonomer" internationalprivatrechtlicher Sorgfaltspflichten theoretisch möglich, doch erscheint die damit verbundene "Überfrachtung" der Anknüpfung kaum sinnvoll[488]. Außerdem geht es dabei nicht mehr allein um allgemeine Sicherheits- und Verkehrsvorschriften, sondern auch um solche Verhaltensnormen, die sich aus der Sonderrechtsbeziehung ergeben. Schon die autonom-rechtsvergleichende Quali-

483 Vgl. BGHZ 57,265,267 f; BGHZ 87,95,97 f.; BGHZ 90,294,298; MüKo-Kreuzer, Art. 38 EGBGB Rn. 290; Gonzenbach, S. 153.

484 Reder, S. 145.

485 Nach dem Bericht Giuliano/Lagarde, ABl. EG 31.10.1980 Nr. C 282/34 soll die Anwendung des Ortsrechts im Ermessen des Gerichts stehen.

486 So zur Rechtfertigung der Tatortregel: BGH NJW 1977,496,497; BGHZ 87,95,97; BGHZ 90,294,298.

487 Gonzenbach, S. 155 f.; Hans Stoll, Vorschläge, S. 160, 168.

488 Looschelders, ZVglRWiss. 95 (1996),48,73.

fikation bestimmter Verhaltenspflichten birgt ausreichend Schwierigkeiten. Überdies ist es bei Geltung des Tatortrechts dem Schädiger verwehrt, sich hinter möglicherweise minder strengen Haftungsregeln des Vertragsstatuts zu verstekken[489].

ee. Parteiinteressen bei objektiver Anknüpfung

Insbesondere in dem Fall, in dem das Vertragsstatut bei fehlender Rechtswahl mittels objektiver Anknüpfung (Art. 28 EGBGB) bestimmt wird, nehmen die Anknüpfungsmerkmale, wie beispielsweise die charakteristische Vertragsleistung, auf den genuin deliktischen Charakter des Verstoßes keine Rücksicht. Die Bevorzugung desjenigen Vertragspartners, dessen Heimatrecht sich als Vertragsstatut durchgesetzt hat, würde bei einer vertraglichen Qualifikation von Schutzpflichtverletzungen automatisch übertragen. Der Sach- und Dienstleistungsschuldner hätte auch in diesem Fall die bessere Stellung gegenüber dem Geldschuldner[490], obgleich es um gegenüber der Allgemeinheit bestehende Pflichten geht. Es läßt sich daher nicht sagen, daß eine entsprechende Verpflichtung einer Seite das Schuldverhältnis insgesamt charakterisiere[491]. Bei einer Parteiwahl des Vertragsstatuts kann noch der Einheitsgedanke oder das Prinzip innerer Harmonie[492] angeführt werden, nach dem die Parteien alle Ansprüche untereinander einer Rechtsordnung unterstellt sehen wollen. Sofern es jedoch um eine objektive Anknüpfung geht, mögen Ansprüche ohne Zusammenhang mit dem Vertragsinhalt nach der Vorstellung des Geschädigten gerade nicht dem so bestimmten und ihm oft nicht vertrauten Recht unterstehen. Dem Parteiinteresse an der Anwendung einer bestimmten Rechtsordnung ist dann bei deliktischen Ansprüchen besser mit einer Rechtswahl gemäß Art. 42 EGBGB gedient.

Selbst wenn man dem Einheitsgedanken eine tragende Rolle zumessen wollte, käme man nicht umhin zu berücksichtigen, daß ohnehin Teile eines einheitlichen Vertrages unterschiedlichen Rechten unterstehen können[493]. Solch einen Fall der dépecage sieht Art. 27 Abs. 1 Satz 3 EGBGB (Art. 3 Abs. 1 Satz 3 EVÜ) bei der Teilrechtswahl oder Art. 28 Abs. 1 Satz 2 EGBGB (Art. 4 Abs. 1 Satz 2 EVÜ) bei der objektiven Anknüpfung vor. Voraussetzung für jede Rechtsspaltung ist die "Abspaltbarkeit"; die Rechtspaltung muß sachgerecht durchführbar sein und sich auf Elemente des Vertrages beziehen, die verschiedenen Rechten unterwor-

489 Dörner, JR 1987,202,203.
490 Zu dieser Problematik im allgemeinen: MüKo-Martiny, Art. 28 EGBGB Rn. 35.
491 Vgl. Dörner, JR 1987,201,202.
492 Vgl. Reder, S. 134 der dies unter den "inneren Entscheidungseinklang" faßt.
493 Vgl. Nickl, S. 60.

fen werden können, ohne daß dies zu widersprüchlichen Ergebnissen führt[494]. Würde man Ansprüche aus Schutzpflichtverletzung als zum vertraglichen Bereich gehörig ansehen, wäre gleichwohl eine Rechtsspaltung zwischen genuin vertraglichen Ansprüchen und solchen aus Schutzpflichtverletzung möglich. Überdies käme man dadurch - wie bereits gezeigt - dem internationalen Entscheidungseinklang näher. Die Vertragsstaaten des EVÜ und der deutsche Gesetzgeber haben durch die genannten Regelungen die beschränkte Wirkung des Einheitsprinzips verdeutlicht. Gleiches gilt für die Möglichkeit der Sonderanknüpfung zwingender Normen nach Art. 34 EGBGB (Art. 7 EVÜ) oder die gesonderte Anknüpfung von Geschäftsfähigkeit in Art. 7 EGBGB (Art. 11 EVÜ) und Formfragen in Art. 11 EGBGB (Art. 9 EVÜ). Das Einheitsprinzip kann daher nicht gegen eine deliktische Qualifikation der Schutzpflichtverletzungen angeführt werden.

c. *Zusammenfassung*

Trotz widerstreitender Anknüpfungsinteressen erscheint eine deliktische Qualifikation der Schutzpflichtverletzungen sachgerechter. Diese weicht zwar von der Systematik des deutschen Sachrechts ab, doch ist dies unschädlich. Das internationale Deliktsrecht ist im Gegensatz zum deutschen materiellen Deliktsrecht nicht defizitär, so daß in der Frage der Schutzpflichten kein Druck hin zum internationalen Vertragsrecht besteht. Außerdem sei noch einmal daran erinnert, daß in Österreich beispielsweise die Produkthaftung materiellrechtlich als Vertrag mit Schutzwirkung für Dritte aufgefaßt und auf kollisionsrechtlicher Ebene dem Deliktsstatut unterstellt wird[495]. Jedoch ist auch deutlich geworden, daß die Dichotomie von Vertragsstatut und Tatortrecht nur starre Lösungen bietet, die der Vielzahl von möglichen Fallgestaltungen kaum gerecht werden kann. Zu Recht kann das Tatortrecht nur mangels Vorliegens anderer Anknüpfungspunkte - dies sind allerdings die zahlreichsten Fälle - eingreifen. Die faktische Regelmäßigkeit der Anwendung von Tatortrecht sollte aber nicht dazu führen, eine Regel mit Anwendungsvorrang zu konstruieren. Insbesondere bedeutet die Tatsache, daß die Verletzung von Schutzpflichten dem Deliktsstatut untersteht, noch nicht, daß die Existenz eines Sonderrechtsverhältnisses zwischen Schädiger und Geschädigtem unberücksichtigt bleiben muß. Möglicherweise sind die Schutzpflichtverletzungen als deliktisch qualifizierte Ansprüche dem Statut des zwischen den Parteien bestehenden Vertrages zu unterstellen. Falls die Anwendung des Tatortrechts im Vergleich zu sonstigen Verknüpfungen des Sachverhalts eher zufällig

494 Bericht Giuliano/Lagarde, ABl. EG 31.10.1980 Nr. C 282/17.
495 Siehe oben § 3 III. 4. b. gg. bbb.

erscheint, kann dem durch eine Auflockerung der Tatortregel Rechnung getragen werden, die nunmehr in Artt. 40 Abs. 2, 41 EGBGB vom Gesetz vorgesehen ist. Der Gefahr des Schematismus bei der Rechtsanwendung sollte durch eine genauere Eingrenzung begegnet werden, die dem kollisionsrechtlichen Vertrauensprinzip Rechnung tragen kann[496]. Einzelfallgerechtere und differenziertere Lösungen mag insbesondere eine vertragsakzessorische Anknüpfung gemäß Art. 41 EGBGB bieten.

Vor diesem Hintergrund erscheint auch das Problem der kollisionsrechtlichen Anspruchskonkurrenz, in das man bei der deliktischen Qualifikation von Schutzpflichtverletzungen gerät, weniger scharf. Die schwierige Frage eines Rangverhältnisses von Delikts- und Vertragsrecht läßt sich möglicherweise durch die akzessorische Anknüpfung des Deliktsstatuts vermeiden. Für W. Lorenz ist die Schwierigkeit der kollisionsrechtlichen Anspruchskonkurrenz sogar der zentrale Punkt bei der akzessorischen Anknüpfung[497]. Daß die Doppelqualifikation insoweit keine überzeugende Lösung zu bieten vermag, wurde bereits näher dargelegt[498].

d. *Akzessorische Anknüpfung der Schutzpflichtverletzungen?*

aa. *Hintergrund und Sachstand zur akzessorischen Anknüpfung*

Die bereits seit langem diskutierte akzessorische Anknüpfung[499] ist seit dem 1. Juni 1999 in Art. 41 Abs. 2 Nr. 1 EGBGB Gesetz geworden. Mit dieser Vorschrift kann im internationalen Deliktsrecht nun das sachnächste Recht zur Anwendung kommen. Der Begriff der Akzessorietät meint im internationalen Privatrecht die Abhängigkeit eines Nebenstatuts von dem damit im Zusammenhang stehenden Hauptstatut[500]. Im Rahmen des Deliktsstatuts würde so die Tatortregel zugunsten derjenigen Rechtsordnung durchbrochen, der die zwischen den Parteien bereits bestehende Sonderbeziehung unterliegt. Diese bildet dann den kollisionsrechtlichen Anknüpfungspunkt, nachdem die Qualifikation des Anknüpfungs-

496 W. Lorenz, Vorschläge, S. 97,155.
497 W. Lorenz, Vorschläge, S. 97,155.
498 S. § 3 IV. 2.
499 Vgl. Gonzenbach, S. 3; Peter Fischer, S. 148; Frick, S. 194 ff.; v. Walter, S. 169 ff.; MüKo-Kreuzer, Art. 38 Rn. 65; Beitzke, SchwJbIntR 35 (1979),93,95 ff.; Mansel, ZVglRWiss. 86 (1987),1,15; Hans Stoll, IPRax 1989,89,90 ff.; W. Lorenz, Vorschläge, S. 97,154; Klaus Müller, JZ 1986,212,216.
500 Fischer, S. 135; Frick, S. 195.

gegenstandes als deliktisch bereits stattgefunden hat[501]. Insofern handelt es sich auch um keine "facon de parler" einer direkten Unterstellung der in Rede stehenden Ansprüche unter das Vertragsstatut oder gar ihre "Umqualifikation"[502].

Teilweise wird allerdings die akzessorische Anknüpfung neben einer funktionellen Qualifikation für entbehrlich gehalten[503]. Ob dies angesichts der neuen Rechtslage noch haltbar ist, darf bezweifelt werden. In jedem Fall bewegt sich die funktionelle Qualifikation auf einer vorgelagerten Ebene und muß notwendigerweise mit einem groberen Raster als die akzessorische Anknüpfung arbeiten, die nach einer auf funktioneller Grundlage getroffenen deliktischen Qualifikation die Anknüpfung auf die Bedürfnisse des Einzelfalls ausrichten kann. Nach der vorausgehenden Qualifikation geht es allein um eine Wertentscheidung im Rahmen des Deliktskollisionsrechts, ob man sich an das Statut eines anderen Rechtsverhältnisses anlehnen will[504]. So läßt sich auf der anderen Seite auch nicht die Vermeidung von Qualifikationsproblemen als Vorteil einer akzessorischen Anknüpfung anführen[505]. Allenfalls kann davon gesprochen werden, daß sie an Bedeutung verlieren[506].

aaa. Kollisionsrechtliche Anspruchskonkurrenz

Von besonderer Tragweite ist die akzessorische Anknüpfung aber für das Problem der kollisionsrechtlichen Anspruchskonkurrenz. Eine solche kann bei einer deliktischen Qualifikation der Schutzpflichtverletzungen dann vorkommen, wenn beispielsweise gleichzeitig eine Schlechterfüllung von Haupt- oder Nebenleistungspflichten vorliegt und Deliktsstatut und Vertragsstatut auf verschiedene Rechtsordnungen verweisen. Der akzessorischen Anknüpfung soll dann hauptsächlich die Funktion zukommen, die kollisionsrechtlichen Schwierigkeiten zu überwinden, die sich aus der unterschiedlichen Behandlung der Anspruchskonkurrenz in den einzelnen Rechtsordnungen ergeben[507]. Das gleichzeitige Bestehen von Ansprüchen nach verschiedenen Rechtsordnungen erfordert vor allem dann eine Entscheidung über ihr Verhältnis zueinander, wenn sie im Hinblick auf

501 Grundlegend: Kropholler, RabelsZ 33 (1969),601,629 ff.; jüngst: Mankowski, IPRax 1997,173,181.

502 So aber v. Bar, IPR II, Rn. 560 f; ähnlich kritisch: Looschelders, ZVglRWiss. 95 (1996),48,85; Hans Stoll, IPRax 1989,89,91.

503 So Looschelders, ZVglRWiss. 95 (1996),48,86; MüKo-Sonnenberger, Einl. EGBGB Rn. 361a.

504 Vgl. Mankowski, IPRax 1997,173,181.

505 So jedoch Kropholler, RabelsZ 33 (1969),601,633; Firsching, Festschrift für Zajtay, S. 143, 147; Patrzek, S. 43 f.; auch: OGH, IPRax 1988,363,363.

506 Staudinger-v. Hoffmann, Art. 38 EGBGB Rn. 137.

507 Vgl. Hans Stoll, IPRax 1989,89,91.

Umfang und Durchsetzbarkeit variieren oder eine Rechtsordnung, wäre sie für die Beurteilung des Sachverhalts insgesamt berufen, wegen Erstreckung einer Haftungserleichterung keinen Schadensersatzanspruch gewähren würde[508]. Wenig praktikabel wäre es, zu fragen, wie sich beide leges causae zum Konkurrenzproblem äußern[509]. Den Wechselbeziehungen zwischen vertraglichen und deliktischen Ansprüchen kann im allgemeinen nur innerhalb einer Rechtsordnung ausgewogen Rechnung getragen werden[510].

bbb. Parallele Entwicklung bei der culpa in contrahendo

In diesem Zusammenhang ist die parallele Entwicklung von Interesse, die sich zur Frage der Anknüpfung der culpa in contrahendo vollzogen hat. Während die Rechtsprechung immer noch eine direkte einheitliche Unterstellung aller Ansprüche aus culpa in contrahendo unter das Vertragsstatut vertritt[511], findet unter den Anhängern einer nach Fallgruppen differenzierenden Betrachtungsweise die Möglichkeit einer akzessorischen Anknüpfung von Obhuts- und Erhaltungspflichtverletzungen einigen Anklang[512]. Als maßgebliches Sonderrechtsverhältnis wäre dann an das tatsächliche oder intendierte Vertragsstatut anzuknüpfen. Somit liegt der Gedanke nahe, eine vertragsakzessorische Anknüpfung für die - inhaltlich kaum nach vorvertraglichem und vertraglichem Bereich zu unterscheidenden - Schutzpflichtverletzungen bei der positiven Forderungsverletzung zu befürworten. Dies gilt umso mehr, als hier tatsächlich ein Vertrag vorliegt und es nicht um die schwierigere Frage etwaiger "Vorwirkungen" von Vertragsverhältnissen geht.

ccc. Ablehnung der vertragsakzessorischen Anknüpfung durch die bisherige deutsche Rechtsprechung

Die deutsche Rechtsprechung stand einer akzessorischen Anknüpfung im allgemeinen bislang kritisch gegenüber[513]. Beispielsweise nahm der BGH bei einer

---

508 Schönberger, S. 192.

509 Dazu: v. Walter, S. 103 und 125 ff.; Reder, S. 165 f.

510 Vgl. Peter Fischer, S. 200.

511 Vgl. BGH JR 1987,198,200; BGH IPRspr. 1978 Nr. 11; BGH IPRspr. 1976 Nr. 16.

512 Vgl. Kropholler, RabelsZ 33 (1969),601,633; Gonzenbach, S. 178; Frick, S. 195 ff. Dörner, JR 1987,201,202; kritisch: v. d. Seipen, S. 202 f.; Nickl, S. 70; Reder, S. 144 ff.

513 Vgl. BGH NJW 1996,1411,1414 (Ablehnung der akzessorischen Anknüpfung des Deliktsstatuts an das Verlöbnisstatut); BGHZ 87,95,103 f.; BGH IPRspr. 1976 Nr. 16; BGH VersR 1961,518; offenlassend aber: BGHZ 119,137,145.

Taxifahrt von Wiesbaden nach Cannes eine getrennte Anknüpfung von Schadensersatzansprüchen vor und beurteilte die aus einem vom Fahrer in Frankreich verschuldeten Verkehrsunfall herrührenden vertraglichen Ansprüche - hier als Verletzung von leistungsbegleitenden Nebenpflichten des Beförderungsvertrages - nach deutschem Recht, deliktische Ansprüche nach französischem Tatortrecht[514]. Bei der Bestimmung des Statuts der culpa in contrahendo ordnete der BGH vorvertragliche Pflichten zu Beratung, Auskunft und Aufklärung direkt dem Statut des beabsichtigten oder geschlossenen Vertrages zu[515] und knüpfte nicht vertragsakzessorisch an[516]. In einer Entscheidung aus dem Jahre 1988 beschäftigte sich der BGH mit einem Fall, in dem der Kläger bei der beklagten Reiseveranstalterin eine Pauschalreise nach Gran Canaria gebucht hatte. Am Rückreisetag stürzte er von dem Balkon seines Zimmers im Vertragshotel der Beklagten, da sich das Geländer gelöst hatte[517]. Es ging also um den klassischen Fall der Verletzung einer Schutzpflicht, die zu einem Personenschaden beim Gläubiger geführt hat. Trotz der Auslandberührung des Sachverhalts enthält das Urteil keinerlei kollisionsrechtliche Würdigung und gewährt Schadensersatz und Schmerzensgeld nach deutschem Recht. Nur im Ergebnis ist dies zutreffend, denn jedenfalls war deutsches Recht Vertragsstatut und die deliktischen Ansprüche nach § 1 Abs. 1 Satz 1 der Rechtsanwendungsverordnung von 1942 ebenfalls nach deutschem Recht zu beurteilen. Ob der Fall Raum für eine akzessorische Anknüpfung geboten hätte, wird noch zu erörtern sein.

Gleichwohl läßt eine neuere Entscheidung Sympathie für eine vertragsakzessorische Anknüpfung des Deliktsstatuts erkennen, während eine solche für das Verlöbnis ausdrücklich abgelehnt wird. Es ging in dem Fall um die Rückgabe von Verlobungsgeschenken, die ein Deutscher einer in Spanien lebenden Brasilianerin gemacht hatte. Der BGH führte zur Frage der akzessorischen Anknüpfung aus, daß Verträge sich gegenüber einem Verlöbnis durch größere Stabilität und äußerlich erkennbare Merkmale auszeichneten[518]. Angesichts des neuen Art. 41 EGBGB wird die deutsche Rechtsprechung in Zukunft nicht umhin kommen, von der akzessorischen Anknüpfung Gebrauch zu machen. Schon vor längerem hat sich die österreichische Judikatur für die Anwendung der akzessorischen Anknüpfung entschieden[519]. In einem Produzentenhaftungsfall wurde diese unter Hinweis auf den Gesichtspunkt der stärksten Beziehung und Vermeidung von Angleichungsschwierigkeiten vorgenommen.

---

514 Vgl. BGH VersR 1961,518.
515 Vgl. BGH, JR 1987,198,200.
516 Gegensätzliche Interpretation bei Kreuzer, IPRax 1988,16,17.
517 Vgl. BGH, IPRax 1989,102.
518 BGH NJW 1996,1411,1414.
519 Vgl. OGH, IPRax 1988,363,364.

Auch inhaltlich kann die Argumentation, mit der der BGH die akzessorische Anknüpfung deliktischer Ansprüche an das Verlöbnisstatut verneinte, nicht überzeugen. Ein Vergleich der Stabilität von Verlöbnissen und Verträgen erscheint doch recht spekulativ; ebenso bleibt im Unklaren, inwiefern eine Vertragsbeziehung mehr äußerliche Merkmale als ein Verlöbnis aufweisen soll. Die Entscheidung ist Teil der über lange Zeit im Fluß befindlichen Entwicklung des internationalen Deliktsrechts, die nun in den neuen Artt. 40 ff. EGBGB ihren vorläufigen Abschluß gefunden hat. Die Tatortregel wurde immer nur schrittweise auf verschiedenen Wegen - zum Beispiel durch Anknüpfung an eine gemeinsame Staatsangehörigkeit[520] oder einen gemeinsamen gewöhnlichen Aufenthalt bei Verkehrsunfällen[521] - aufgelockert[522].

bb. Voraussetzungen für eine akzessorische Anknüpfung

Was nun für die Schutzpflichtverletzungen bei der positiven Forderungsverletzung gelten soll, hängt zunächst davon ab, wie die Voraussetzungen für eine akzessorische Anknüpfung zu fassen sind. Erst dann läßt sich festlegen, ob eine solche auch für die fragliche Fallgruppe der positiven Forderungsverletzung sachgerecht ist.

Ausgangspunkt für eine mögliche akzessorische Anknüpfung von Schutzpflichtverletzungen ist die Frage, ob die schon bestehende rechtliche Sonderbeziehung zwischer Schädiger und Geschädigtem oder der Begehungsort das stärkste Charakteristikum des Sachverhaltes bildet[523]. Dies ist beispielsweise zweifelhaft in einem Fall, in dem die Vertragspartner nach Abschluß eines Kaufvertrages, der französischem Recht untersteht, einen Ausflug in den Schwarzwald unternehmen und es dort infolge Verschuldens der einen Partei zu einem Unfall kommt. Oder man denke an einen deutschen Handwerker, der aufgrund eines deutschem Recht unterliegenden Werkvertrags auf einer niederländischen Baustelle tätig ist und nach Feierabend Werkzeug des Bauherrn stiehlt. Auch in dem oben beschriebenen Hotelunfall auf Gran Canaria sollte festgelegt werden, ob ein sachlicher Zusammenhang zwischen dem schädigenden Ereignis und dem Vertrag besteht.

Die Bestimmung dieses sachlichen Zusammenhangs ist mit einigen Schwierigkeiten verbunden, so daß sich unterschiedliche Ansätze finden.

520 So schon für deutsche Staatsangehörige § 1 Abs. 1 der Verordnung über die Rechtsanwendung bei Schädigungen deutscher Staatsangehöriger außerhalb des Reichsgebiets vom 7. 12. 1942.

521 Vgl. Rechtsprechungsübersicht bei MüKo-Kreuzer, Art. 38 EGBGB Rn. 89, 112.

522 Umfassend: Schönberger, S. 99 ff.

523 Kropholler, RabelsZ 33 (1969),601,630; ders., IPR, § 53 V.

aaa. Enger Ansatz

Ein Ansatz geht abstrakt davon aus, daß für einen sachlichen Zusammenhang zwischen schädigendem Ereignis und Vertrag in jedem Fall eine tatsächliche Anspruchskonkurrenz zwischen Delikt und Vertragsverletzung erforderlich ist[524].

So soll nach W. Lorenz ein sachlicher Zusammenhang nur dann vorliegen, wenn das schädigende Ereignis zugleich auf der Verletzung einer besonderen Pflicht beruht, deren Erfüllung das zwischen Schädiger und Geschädigtem bestehende Rechtsverhältnis zum Gegenstand hat[525]. Man könne auch fragen, ob die Parteien, wenn sie sich die Möglichkeit konkurrierender Deliktsansprüche vorgestellt hätten, die sich im Zusammenhang mit der Durchführung des Vertrages ergeben, diese Ansprüche vermutlich dem Vertragsstatut unterstellt hätten. Nur bei typischerweise mit der Durchführung des Vertrages verbundenen Risiken sei von auf Anwendung des Vertragstatuts gerichteten berechtigten kollisionsrechtlichen Erwartungen der Parteien auszugehen. Insbesondere dann, wenn gleichzeitig die für den Vertrag charakteristische Leistungspflicht verletzt werde, sei dies der Fall. Hingegen sei bei der Verletzung von gegenüber jedermann bestehenden Pflichten für eine akzessorische Anknüpfung meist kein Raum. Diese seien kein Spezifikum der Sonderrechtsbeziehung. Als Beispiel führt er den Verkehrsunfall von Gesellschaftern einer oHG auf einer Reise ins Ausland an, die mit dem Gesellschaftszweck im Zusammenhang steht und von einem Mitgesellschafter durch eine Verkehrswidrigkeit verschuldet wird. Eine akzessorische Anknüpfung der Deliktsansprüche sei hier unangemessen.

Die Anspruchskonkurrenz als Grundlage einer akzessorischen Anknüpfung liegt auch der gesetzlichen Regelung in der Schweiz in Art. 133 Abs. 3 IPRG zugrunde, nach der als Voraussetzung für die akzessorische Anknüpfung "durch die unerlaubte Handlung ein zwischen Schädiger und Geschädigtem bestehendes Rechtsverhältnis verletzt" sein muß.

bbb. Offene Konzeption

Die neue Vorschrift des Art. 41 Abs. 2 Nr. 1 EGBGB knüpft die Bestimmung des sachlichen Zusammenhangs für eine akzessorische Anknüpfung an weniger strikte Voraussetzungen. Dies deckt sich mit der überwiegenden Auffassung zur

---

524 Gonzenbach, S. 176 f. (auf der Basis der gesetzlichen Regelung in der Schweiz); Beitzke, Rec. des Cours 1965 II,63,107 ff.; W. Lorenz, Vorschläge, S. 97, 155 ff.; Firsching, Festschrift für Zajtay, S. 143, 145 ff.; ähnl. Schönberger, S. 200.

525 W. Lorenz, Vorschläge, S. 97,155 ff.

akzessorischen Anknüpfung vor der gesetzlichen Neuregelung[526]. Auszugehen ist von der Prämisse, daß die rechtliche Sonderverbindung zwischen Schädiger und Geschädigtem nur ein Lokalisationselement des Delikts darstellt, das geeignet ist, die Tatortregel zugunsten einer Sonderanknüpfung zu durchbrechen. Das Delikt sei danach in ein besonderes rechtstatsächliches Verhältnis zwischen den Parteien eingebettet, das seinen Schwerpunkt außerhalb des Tatortstaates habe. Auf der anderen Seite ließen insbesondere das internationalprivatrechtliche Vertrauensprinzip und die Parteiautonomie kaum zu, daß das von den Parteien unter dem Gesichtpunkt der für den Vertrag am besten geeigneten Ordnung gewählte Recht auch für ein damit nicht zusammenhängendes Delikt Geltung hätte. Folglich sei die akzessorische Anknüpfung auch nur ein Spezialfall der Auflockerung des Deliktsstatuts und Ausprägung des allgemeinen Grundsatzes, Sachverhalte mit Auslandsberührung nach dem Recht zu beurteilen, mit dem die engste Beziehung besteht. In einer solchen Weise ist auch Art. 48 Abs. 1 Satz 2 des österreichischen IPRG zu verstehen[527]. Wenn ein Delikt sich lediglich während des Bestehens des Vertrages, sich "bei Gelegenheit" ereignet, im übrigen aber Rechte und Pflichten des Vertrages nicht berührt, soll keine akzessorische Anknüpfung vorzunehmen sein[528]. Für die Abgrenzung sei es dabei möglich, auf parallele Wertungen des materiellen Rechts zurückzugreifen. Orientierungshilfe könne so die Rechtsprechung zu § 278 BGB bieten, wenn sie entscheidet, ob ein Gehilfe nach § 278 BGB "in Erfüllung" einer Verbindlichkeit gehandelt habe oder ein Schaden nur "bei Gelegenheit" entstanden sei.

ccc. Deliktsakzessorische Anknüpfung

Kreuzer hat darauf hingewiesen, daß die akzessorische Anknüpfung nicht als "Einbahnstraße" zu verstehen sei, sondern auch eine Bestimmung des Vertragsstatuts nach dem Deliktsstatut bedeuten könne[529]. Zwar sei ein einheitlicher Sachverhalt im Interesse des inneren Entscheidungseinklangs möglichst durch eine einheitliche Rechtsordnung zu regeln, doch sei das maßgebliche rechtliche

---

526 Peter Fischer, S. 187 ff.; Kropholler, RabelsZ 33 (1969),601,629 ff.; Patrzek, S. 48 ff.; Hans Stoll, IPRax 1989,89,91 f.; wohl auch Mansel, ZVglRWiss. 86 (1987),1,15 ff.

527 Art. 48 Abs. 1 IPRG: "Außervertragliche Schadenersatzansprüche sind nach dem Recht des Staates zu beurteilen, in dem das den Schaden verursachende Verhalten gesetzt worden ist. Besteht jedoch für die Beteiligten eine stärkere Beziehung zum Recht ein und desselben anderen Staates, so ist dieses Recht maßgebend."

528 Peter Fischer, S. 190; Staudinger-v. Hoffmann, Art. 38 EGBGB Rn. 138; Seetzen, VersR 1970,1,7.

529 MüKo-Kreuzer, Art. 38 EGBGB Rn. 66 ff.

Gepräge nicht notwendigerweise die Sonderverbindung. Vor allem wenn der Vertrag nicht (auch) auf den Schutz des Integritätsinteresses, sondern ausschließlich auf andere Ziele gerichtet sei, werde die Rechtsgüter-Integrität primär durch allgemeine Pflichten, also durch Deliktsrecht geschützt. Regelmäßig sei dies bei Miete oder Leihe von Mobilien, bei Kaufverträgen und bei der culpa in contrahendo bezüglich Obhuts- und Erhaltungspflichtverletzungen der Fall. Kreuzer plädiert daher bei den entsprechenden Fällen im Rahmen eines Anspruchs aus der positiven Forderungsverletzung für eine deliktsakzessorische Anknüpfung[530].

ddd. Stellungnahme

An der engen Konzeption fällt auf, daß ihre Bestimmung des sachlichen Zusammenhangs mit einer funktionellen Qualifikation einzelner Pflichten nur schwer harmoniert, da die Bestimmung des Deliktsstatuts vom Vorliegen einer materiellrechtlichen Anspruchkonkurrenz in der den Vertrag beherrschenden Rechtsordnung abhängig wird[531]. Außerdem geht man wohl stillschweigend davon aus, bereits die Konkurrenzsituation nach der lex fori zu bestimmen. In der Konsequenz entscheidet so das jeweilige materielle Vertragsrecht über das Schicksal des Deliktsstatuts. Zudem kann die Verletzung von allgemeinen Verkehrspflichten in Wechselwirkung mit dem genuinen Vertragsinhalt stehen[532]; es sei nur noch einmal auf die Bedeutung von Haftungsklauseln hingewiesen[533]. Eine gegenseitige Abhängigkeit der Verpflichtungen sollte nicht ohne weiteres bei der Frage nach dem sachlichen Zusammenhang außer Betracht gelassen werden. Darauf weist auch Kreuzer hin, wenn er nach dem maßgeblichen Gepräge des Gesamtsachverhalts fragt[534]. Jedenfalls berücksichtigt das Konkurrenzkonzept diese Zusammenhänge nur unzureichend.

Kreuzers Gedanke einer deliktsakzessorischen Anknüpfung erscheint auf den ersten Blick sinnvoll, doch ist bei näherer Betrachtung keine Vertragskonstellation vorstellbar, bei der das Integritätsinteresse des anderen Teils nicht (auch) mitgeschützt werden soll. Gerade in den von Kreuzer angeführten Beispielen wird sich kaum feststellen lassen, daß der Rechtsgüterschutz gänzlich außerhalb der vertraglichen Beziehung bleiben sollte. Ist bei der Vertragspflicht des Verkäufers, Waren zu liefern, nicht auch mittelbar das Integritätsinteresse berührt? Schließlich sollen die Waren keine Schäden beim Käufer verursachen. Jedenfalls wäre der Vorhersehbarkeit der Anknüpfung und damit der Rechtssicherheit kaum

530 Müko-Kreuzer, Art. 38 EGBGB Rn. 68.
531 Zu dieser Problematik, jedoch ohne klaren Lösungsvorschlag: Gonzenbach, S. 182 f.
532 Siehe oben § 3 IV. 5. b. bb.
533 Dazu auch: Staudinger-v. Hoffmann, Art. 38 EGBGB Rn. 138.
534 MüKo-Kreuzer, Art. 38 EGBGB Rn. 67.

gedient, wollte man dem Gericht eine Kreuzers Vorstellungen entsprechende Interpretation des Vertrages aufbürden. Ebenso richten sich die berechtigten Parteiinteressen kaum auf die Anwendung von Tatortrecht, wenn eine Rechtswahl für die vertragliche Beziehung vorliegt. Außerdem tritt bei Kreuzers Betrachtungsweise zu weit in den Hintergrund, daß es nicht auf eine Veränderung allgemeiner Pflichten im Rahmen der Sonderbeziehung ankommt, sondern eine Entscheidung über das Haftungssystem zu treffen ist. Insoweit ist das vertragliche Haftungssystem spezieller und daher geeignet, die Folgen der Verletzung allgemeiner Pflichten zu regeln. Dem Bestreben nach Differenzierung, das Kreuzers Auffassung offenbar zugrunde liegt, kann auch auf andere Weise Rechnung getragen werden.

Kreuzers Ansicht läßt sich jedoch insofern fruchtbar machen, als sie verdeutlicht, daß die akzessorische Anknüpfung nur eine besondere Ausprägung des allgemeinen Grundsatzes der engsten Beziehung zu einer Rechtsordnung darstellt.

Folglich erscheint es sachgerecht, im Einzelfall nach einem spezifischen Zusammenhang zwischen dem schädigenden Ereignis und dem Vertrag zu suchen. Dazu muß der Vertrag in erster Linie im Wege der Auslegung daraufhin befragt werden, ob die Parteien ausdrücklich oder konkludent Schutzpflichten vereinbart haben und ob Sinn und Zweck des Vertrages auf die Vermeidung des schädigenden Ereignisses zielen. Von einer akzessorischen Anknüpfung an das Statut der Sonderverbindung sind so insbesondere die Fälle ausgeschlossen, in denen die Schädigung nur gelegentlich der Abwicklung des Rechtsverhältnisses erfolgte[535].

cc. Anwendungstest

Das gefundene Ergebnis soll nun anhand des oben beschriebenen Hotelunfalls erläutert werden: Nach der hier vertretenen Auffassung wäre zunächst eine deliktische Qualifikation der Verkehrssicherungspflicht des Reiseveranstalters geboten. Ihm oblag es, das Vertragshotel daraufhin zu prüfen, ob von seinem baulichen Zustand keine Gefahren für den Reisenden ausgehen. Der Körperschaden des Gastes aufgrund des Sturzes vom Balkon beruhte auf einer Verletzung dieser Pflicht. Bei einem Pauschalreisevertrag geht das berechtigte Interesse des Kunden dahin, alle Ansprüche gegen den Reiseveranstalter unabhängig von ihrem Rechtsgrund einheitlich einer Rechtsordnung unterstellt zu sehen. Ob es dabei um eine mangelhafte Erfüllung der Hauptleistungspflicht oder unsichere bauliche Anlagen geht, ist ihm gleichgültig. Auch für den deutschen Reiseveranstalter vereinfacht sich mit einer solchen Einheitlichkeit die Regulierung von Schäden. Wenn die berechtigten Parteiinteressen derart übereinstimmen, kann an einem

535 Hans Stoll, IPRax 1989,89,92.

spezifischen Zusammenhang zwischen dem schädigenden Ereignis und dem Vertrag kaum gezweifelt werden. Der kollisionsrechtliche Vertrauensschutz läßt die vertragsakzessorische Anknüpfung der Ansprüche aus Schutzpflichtverletzung hier angemessen erscheinen.

dd. Zusammenfassung

Noch einmal festzuhalten ist sonach die Methode, bei Schutzpflichtverletzungen von einer deliktischen Qualifikation als Grundregel auszugehen. Anschließend ist eine vertragsakzessorische Anknüpfung vorzunehmen, wenn ein spezifischer Zusammenhang des schädigenden Ereignisses mit dem Vertrag ermittelt werden kann. Dieser kann sich insbesondere daraus ergeben, daß die Parteien Schutzpflichten ausdrücklich oder konkludent vereinbart haben, und daß Sinn und Zweck des Vertrages auf die Vermeidung des schädigenden Ereignisses zielen.

V. Qualifikation des Vertrages mit Schutzwirkung für Dritte

1. Gesamtbild nach der Rechtsvergleichung

Das Bild, das die untersuchten europäischen Rechtsordnungen bei der Frage nach einer Erstreckung von vertraglichen Schutzwirkungen auf außerhalb des Vertrages stehende Dritte bieten, ist - grob gefaßt - von einer scharfen Gegensätzlichkeit gekennzeichnet. Während in Deutschland, Frankreich und Österreich der vertragliche Drittschutz auch ohne gesetzliche Normierung seit langem als selbstverständlicher Bestandteil der Haftungssystematik angesehen wird, liegt eine solche Betrachtungsweise dem englischen, italienischen und niederländischen Recht fern. Der Figur des "Vertrages mit Schutzwirkung" oder funktioneller Äquivalente bedarf es dort schon deshalb nicht, weil das Deliktsrecht einen zureichenden Schutz des Geschädigten zu gewähren vermag. Im gleichen Zuge ist eine große Zurückhaltung bei der Annahme vertraglicher Nebenpflichten zu diagnostizieren. Auffallend ist indes, daß in den erstgenannten Rechtsordnungen die Fragwürdigkeit der zugrundeliegenden dogmatischen Konstruktionen, wie beispielsweise derjenigen über die ergänzende Vertragsauslegung, und die Unstimmigkeiten bei der Anbindung an den eigentlichen Vertrag - man denke nur an Haftungsklauseln oder unwirksame Verträge - zwar benannt werden, man sich dann aber meist mit dem Hinweis auf "richterliche Rechtsfortbildung" begnügt. Das dabei in der Rechtswissenschaft entstandene Unbehagen hat allerdings insofern seinen Niederschlag gefunden, als sich die Rechtsprechung in Frankreich und Österreich seit jüngster Zeit darum bemüht, den Rechtssicherheitsgedanken zu stärken, indem sie den Anwendungsbereich vertraglichen Drittschutzes stärker konturiert. So werden vor allem der Kreis der zu schützenden Dritten zunehmend eingeengt und vertragliche Sicherungspflichten (obligations de sécurité) beschränkt, wobei die Entwicklung noch nicht abgeschlossen erscheint. Gleichwohl bleibt infolge unzureichender gesetzlicher Regelungen vielfach ein "hinreichender Leidensdruck"[536] auf dem Deliktsrecht bestehen, den man nur im Vertragsrecht glaubt abbauen zu können, und der erst nach - wünschenswerten - Veränderungen der Gesetzeslage abnehmen dürfte. Nur dann werden vertragliches und deliktisches Haftungsregime synchron laufen können.

Nach diesem ambivalenten Ergebnis der Rechtsvergleichung ist es nur sehr schwer möglich, einen europäisch-einheitlichen Charakter des Anspruchs des Dritten zu bestimmen. Zu weit geht jedenfalls die Gesamteinschätzung von Kötz, der der deutschen und österreichischen Rechtsprechung auf europäischer Ebene nur als Kuriosität Beachtung schenken möchte[537]. Gerade die französische Entwicklung wird an dieser Stelle von ihm ausgeblendet.

Ansatzpunkt einer Gesamteinschätzung im Hinblick auf den internationalen Entscheidungseinklang vor dem Hintergrund der internationalprivatrechtlichen Qualifikationsfrage sollte stattdessen der Grenzbereich von vertraglicher und deliktischer Haftung sein. Hier fallen die unterschiedlichen Breiten der "Grauzone" ebenso ins Auge, wie die Bemühungen, diesen Bereich einzuschränken und die Haftungsdogmatik wieder zu schärfen. Gerade bei einer harmonisierungsorientierten Betrachtungsweise auf europäischer Ebene lassen sich nationale Sonderwege aufbrechen.

So tritt durch die jüngsten Veränderungen in der französischen und österreichischen Rechtsprechung zutage, daß man sich zu weit in den genuinen Bereich deliktischer Haftung vorgewagt hatte. Die Grenze zwischen Delikts- und Vertragsrecht - sofern diese denn exakt bestimmbar ist[538] - war damit kaum noch erkennbar, die "Grauzone" sehr breit geworden. Der eigentliche Charakter der Schutz- und Sorgfaltspflichten des einen Vertragsteils für den geschützten Dritten liegt aber - wie gezeigt - eher im Bereich der allgemeinen Verkehrssicherungspflichten.

---

536 So anschaulich v. Bar, DeliktsR I, Rn. 480.

537 Kötz, Europ. Vertragsrecht I, S. 383.

538 Beispielsweise spricht sich Canaris, Festschrift für Larenz, S. 27 ff. für eine "dritte Spur" der Haftung aus.

2. *Weitere Gesichtspunkte der Qualifikation*

Schon für die stipulation pour autrui hält Kassis die Anwendung des Vertragsstatuts nicht für zwingend und sieht insofern eine Regelungslücke bei Art. 10 EVÜ[539]. So sei die Aussage, daß Art. 10 EVÜ im Grundsatz alle vertragsrechtlichen Folgen erfassen solle, wenig präzise, da über die Ausnahmen keine Klarheit bestehe und daher die Gefahr von Divergenzen in den Rechtsprechungen der Vertragsstaaten gegeben sei. Desweiteren steht in den Rechtsordnungen, die vertragliche Drittschutzkonzepte kennen, deren Ursprung im und die Nähe zum Deliktsrecht außer Frage. Insofern erscheint die Akzeptanz einer deliktischen Qualifikation der Ansprüche des Geschädigten nicht fernliegend, so daß sich ein internationaler Entscheidungseinklang in dieser Frage herstellen ließe.

Häufig wird im Zusammenhang mit der Qualifikationsfrage beim Vertrag mit Schutzwirkung für Dritte der Beispielsfall von W. Lorenz zitiert, der auch hier zur Verdeutlichung dienen kann:

Ein deutsches Unternehmen hat von einem amerikanischen Produzenten eine Maschine erworben, bei deren Bedienung ein Arbeiter (in Deutschland) infolge eines ihr anhaftenden Defekts zu Schaden kommt. Der Kaufvertrag untersteht kraft Parteivereinbarung dem Recht von New Jersey[540].

a. *Kein selbständiger vertraglicher Haftungsgrund*

Auf den deliktischen Anspruch des Arbeiters wäre bei Anknüpfung an den Erfolgsort gemäß Art. 40 Abs. 1 EGBGB deutsches Recht anwendbar. Ein vertraglicher Anspruch hängt daneben von der Existenz einer anknüpfungsfähigen Struktur zwischen Schädiger und Geschädigtem ab. Durch den zwischen Parteien geschlossenen Vertrag wird - vom Vertrag zugunsten Dritter abgesehen - nur zwischen diesen das Sonderrechtsverhältnis begründet. Bei sachrechtlicher Betrachtung bestimmt der herausgehobene Rechts- und Güterkreis des Vertrages, welche Positionen dem einen Teil inter partes als Vermögenswert zugeordnet werden und demgemäß vom anderen Teil als fremder Rechtskreis zu respektieren und im Verletzungsfall zu ersetzen sind[541]. Dritte stehen aber im allgemeinen außerhalb dieses spezifischen Rechts- und Güterkreises; sie zählen insbesondere nicht zu dem des Käufers.

Weiterhin kann keine Rede von einem schützenswerten kollisionsrechtlichen Vertrauen auf das Recht von New Jersey sein, da der Geschädigte regelmäßig

539 Kassis, S. 409.
540 W. Lorenz, Vorschläge, S. 157.
541 Vgl. Picker, JZ 1987,1041,1044.

keinen Einblick in diese schuldrechtliche Beziehung hat[542]. Die legitimen kollisionsrechtlichen Erwartungen der Parteien gehen vor allem dann auf die Anwendung der den Vertrag beherrschenden Rechtsordnung, wenn die für den Vertrag charakteristische Leistungspflicht verletzt wird. Wenn aber schon nach der hier vertretenen Auffassung Verletzungen von Schutzpflichten innerhalb einer vertraglichen Beziehung dem Deliktsstatut unterfallen sollen, muß dies erst recht gelten, wenn die Verletzung der fraglichen Pflichten einen außerhalb der Sonderrechtsbeziehung stehenden Dritten schädigt. So lassen sich auch eine Reihe der dort maßgeblichen Erwägungen übertragen. Um Wiederholungen zu vermeiden, seien sie an dieser Stelle nur stichwortartig erwähnt: Der fehlende rechtsgeschäftliche Bezug der Pflichtverletzung; der Umstand, daß die Schädigung in aller Regel keinen Zusammenhang mit dem spezifischen Risiko des Vertrages aufweist; die Orientierung des Verhaltens an den Sorgfaltsmaßstäben des Sitzrechts. Auch wird die Höhe der Gegenleistung kaum davon abhängen, ob die auf den Vertrag anwendbare Rechtsordnung einen vertraglichen Drittschutz vorsieht oder nicht.

Nach Art. 8 EVÜ entscheidet das Vertragsstatut darüber, wer Vertragspartei wird. Dies stellt eine zentrale Frage im Rahmen des Zustandekommen des Vertrages dar. Dazu gehört auch die Abgrenzung zwischen Vertragspartei und bloßem Drittbegünstigten[543]. Schwierigkeiten treten dann auf, wenn dasjenige Recht, das den als Quelle der Begünstigung allein in Betracht kommenden Vertrag beherrscht, wie z. B. das englische Recht, die Möglichkeit einer vertraglichen Drittbegünstigung nicht kennt. Eine andere Frage ist jedoch, wer - ohne Vertragspartei zu sein - Ansprüche aus einem Vertrag geltend machen kann. Dies kann nur die autonome Auslegung des Anspruchs beantworten. Im folgenden soll kurz überprüft werden, welche Anknüpfungsmechanismen in anderen Mehrpersonenverhältnissen verwandt werden.

b. Anknüpfung in anderen Mehrpersonenverhältnissen

Bei Mehrpersonenverhältnissen unterliegt im allgemeinen jede Rechtsbeziehung einer gesonderten Anknüpfung[544]. Zu nennen sind hier sowohl das internationale Bereicherungsrecht, wo beispielsweise Deckungs- und Valutaverhältnis eigenen Regeln folgen[545], als auch selbständige vertragliche Verpflichtungen eines Drit-

---

542 W. Lorenz, Vorschläge, S. 157.

543 Mankowski, IPRax 1996,427,428 f.

544 Reder, S. 156 f.

545 Vgl. MüKo-Kreuzer, I vor Art. 38 EGBGB Rn. 9, 13 ff; eingehend: Busse, S. 179 ff.; Plaßmeier, S. 340 ff; die Neufassung von Art. 38 EGBGB hat insoweit keine Änderung herbeigeführt.

ten in Bezug auf ein anderes Rechtsgeschäft wie Bürgschaft, Schuldübernahme oder Garantie. In diesen Fällen eines Dreipersonenverhältnisses soll immer das sachnächste Recht zur Anwendung gebracht werden. Unbeachtlich ist dagegen, daß die Anwendung mehrerer Rechtsordnungen Schwierigkeiten beim Regreß mit sich bringen kann.

Nach alldem ist für den Anspruch des geschädigten Dritten eine deliktische Qualifikation sachgerecht.

3. *Akzessorische Anknüpfung beim Vertrag mit Schutzwirkung?*

Teilweise wird eine akzessorische Anknüpfung der Ansprüche des Geschädigten an die Rechtsordnung der zwischen Schädiger und Anschlußgläubiger bestehenden Sonderverbindung befürwortet[546]. Beitzke äußert sich in diesem Zusammenhang dahingehend, daß sich so ein einheitliches Recht für die Fälle ermitteln lasse, in denen ein und dasselbe Delikt zu Schäden bei mehreren Beteiligten geführt hat. Unterschiedliche anwendbare Rechte seien zwar zuzugestehen, doch dann unangemessen, wenn ein Drittgeschädigter unter die Schutzwirkungen eines Vertrages falle. Gerade im Rahmen der Produzentenhaftung könne bei deliktischen Ansprüchen gegen den Verkäufer nicht sinnvoll zwischen dem Käufer und mitgeschützten Benutzern des Produkts, z. B. Familienangehörigen unterschieden werden. Beitzke selber relativiert dies, wenn er einen inneren Zusammenhang des Delikts mit dem schon bestehenden Rechtsverhältnis für erforderlich hält[547]. Außerdem geht er nicht von einer einheitlichen Anknüpfung aller Ansprüche aus dem Lebenssachverhalt "Vertrag mit Schutzwirkung" an das Deliktsstatut aus, sondern qualifiziert noch nach der lex fori. Schon aus diesem Grunde lassen sich die Erwägungen nicht mehr übertragen.

Für die Entscheidung, ob eine akzessorische Anknüpfung der deliktischen Ansprüche an das Vertragsstatut angemessen sein kann, ist wieder nach dem stärksten Charakteristikum des Sachverhalts, der engsten Beziehung zu einer Rechtsordnung zu fragen. Dabei ist nun von besonderem Gewicht, daß zwischen Schädiger und Geschädigtem niemals ein rechtsgeschäftlicher Kontakt, geschweige denn eine vertragliche Beziehung bestand. Es kann so kaum davon gesprochen werden, daß der Gesamtsachverhalt sein Gepräge durch die Sonderbeziehung erhält, oder gar allgemeine Pflichten im Verhältnis zum Geschädigten durch aus der Sonderbeziehung fließende Pflichten beeinflußt werden. Desweite-

546 Staudinger-v. Hoffmann, Art. 38 EGBGB Rn. 141; Beitzke, SchwJbIntR 35 (1979),93,97; Möllenhoff, S. 72; Peter Fischer, S. 218; Schönberger, S. 206.
547 Beitzke, SchwJbIntR 35 (1979),93,98.

ren erfolgt die Rechtsgutsverletzung nicht typischerweise innerhalb von Vertragsbeziehungen.

Außerdem weist Wandt zutreffend darauf hin, daß dem im obigen Beispielsfall verletzten Arbeitnehmer der bei einer Regelanknüpfung gegebene Schutz durch das Recht des Erfolgsorts nicht durch Anknüpfung an den von seinem Arbeitgeber geschlossenen Kaufvertrag entzogen werden darf[548]. Unzutreffend ist es hingegen, diesen Gesichtspunkt mit der Begründung zurückzustellen, dem Arbeitnehmer seien aus Gründen der Chancengleichheit auch Nachteile aus dem Vertrag zuzumuten[549]. Zwar darf die Anknüpfung nicht nur der Schadloshaltung des Geschädigten dienen, doch werden entgegen Fischers Ansicht keine spezifischen Vertragspflichten auf den Dritten ausgedehnt. Vielmehr verletzt der Schädiger allgemeine Sorgfaltspflichten, für die er sonst nach Deliktsrecht einzustehen hat. Kaum überzeugend wirkt auch die in diesem Zusammenhang von Fischer vorgetragene Erwägung, man könne keine Fallgruppen für die akzessorische Anknüpfung ausschließen, da diese dann insgesamt gefährdet sei. Gleiches gilt für die vorgeschlagene Lösung, dem Geschädigten analog § 333 BGB die Befugnis zu geben, auf die "vertraglichen" Ansprüche und das Vertragsstatut zu verzichten[550]. Eine analoge Anwendung von Ausnahmevorschriften aus dem Sachrecht für die Anknüpfung im internationalen Privatrecht verbietet sich. Auch kann ohne weiteres hingenommen werden, daß die Ansprüche des Vertragspartners und des Dritten gegen den Schädiger möglicherweise verschiedenen Rechtsordnungen unterfallen. Friktionen sind dabei nicht zu erwarten[551].

Nicht anders entscheidet sich in Österreich die überwiegende Ansicht bei der Frage nach der internationalprivatrechtlichen Qualifikation der - materiellrechtlich als Vertrag mit Schutzwirkung für Dritte verstandenen - Produkthaftung[552].

Schließlich harmoniert dieser Weg mit der Rechtsprechung des EuGH zur action directe im Rahmen der Bestimmung des Gerichtsstands im EuGVÜ, nach der der Geschädigte Ansprüche gegen den Lieferanten seines Verkäufers nur im Tatortgerichtsstand nach Art. 5 Nr. 3 EuGVÜ geltend machen kann[553]. Auf diese Entscheidung wird im folgenden Teil der Arbeit noch näher einzugehen sein.

---

548 Wandt, Internationale Produkthaftung, Rn. 1208.

549 Peter Fischer, S. 220.

550 Peter Fischer, S. 221; ähnlich wohl Gonzenbach, S. 135 f.

551 Im Ergebnis ebenfalls gegen eine akzessorische Anknüpfung der Ansprüche des Dritten: v. Bar, IPR II, Rn. 557; Bröcker, S. 211 Fn. 45; Gonzenbach, S. 139; W. Lorenz, Vorschläge, S. 157; MüKo-Kreuzer, Art. 38 EGBGB Rn. 68; Wandt, Internationale Produkthaftung, Rn. 1209.

552 Siehe oben § 3 III. 4. b. gg. bbb.

553 EuGH v. 17.6.1992, (Handte) Slg. 1992,I-3967,3990 ff.

§ 4 Einordnung von Ansprüchen aus positiver Forderungsverletzung und Vertrag mit Schutzwirkung im internationalen Zivilprozeßrecht

I. Einleitung

1. Gerichtsstandsbegründende Normen

Es liegt nahe, im Anschluß an die Qualifikationsentscheidung im internationalen Privatrecht die Frage zu stellen, ob die dort beschriebenen Wertungen auch Einfluß auf das internationale Zivilprozeßrecht haben. Dort setzt sich die Dichotomie des Haftungsrechts fort, wenn als Sondergerichtsstand für vertragliche Ansprüche der Gerichtsstand des Erfüllungsorts in § 29 ZPO bzw. Art. 5 Nr. 1 EuGVÜ besteht und in § 32 ZPO bzw. Art. 5 Nr. 3 EuGVÜ für deliktische Ansprüche ein Gerichtsstand der unerlaubten Handlung vorgesehen ist. Diese kommen als Fora für Klagen aus positiver Forderungsverletzung und Vertrag mit Schutzwirkung für Dritte in Frage. Daneben ist allerdings auch immer die internationale Zuständigkeit am Wohnsitz des Beklagten, im autonomen internationalen Zivilrozeßrecht aus §§ 12, 13 ZPO[554], im EuGVÜ aus Art. 2 Abs. 1 EuGVÜ gegeben, die dem Beklagten die Verteidigung erleichtern soll.

2. Revision des EuGVÜ

Schon an dieser Stelle sei allerdings darauf hingewiesen, daß das EuGVÜ einer grundlegenden Revision unterzogen werden soll. Die Idee kam bereits im Jahre 1996 auf, als die österreichische und die finnische Delegation im Rahmen der Beitrittsverhandlungen zum EuGVÜ konkrete Änderungsvorschläge unterbreiteten. Ebenso soll das parallele Luganer Übereinkommen revidiert werden[555]. Die Kommission hat im Jahre 1998 dem Europäischen Rat einen entsprechenden Vorschlag unterbreitet[556]. Darin sind auch Änderungen bei Art. 5 Nr. 1 und Nr. 3 EuGVÜ vorgesehen.

---

554 Allgemein sieht man im autonomen deutschen internationalen Zivilprozeßrecht die internationale Zuständigkeit als durch die örtliche Zuständigkeit mitgeregelt: st. Rspr., zuletzt BGH NJW 1997,1411,1412; vgl. aus der Lit. nur Zöller-Geimer, IZPR, Rn. 37 mwN.

555 Wagner, IPRax 1998,241.

556 Abgedruckt in ABl.EG 1998 Nr. C 33/20 ff.

Als zukünftiger Wortlaut von Art. 5 Nr. 1 EuGVÜ war danach vorgesehen:

"Eine Person, die ihren gewöhnlichen Aufenthalt in dem Hoheitsgebiet eines Vertragsstaates hat, kann in einem anderen Vertragsstaat verklagt werden:

1. bezüglich eines Kaufvertrages von Waren, vor dem Gericht des Ortes, wo die Lieferung ausgeführt wurde oder hätte ausgeführt werden sollen, außer wenn die Waren an verschiedene Orte geliefert wurden oder hätten geliefert werden sollen."

Der deliktische Gerichtsstand des Art. 5 Nr. 3 EuGVÜ n. F. sollte zukünftig am Ort des schadensursächlichen Geschehens oder an dem Ort, an dem der Schaden oder ein Teil des Schadens eingetreten ist, eröffnet sein.

Dieser Vorschlag scheint sich jedoch schon überholt zu haben, da auf der Basis des neuen Art. 65 EGV das EuGVÜ in eine Verordnung überführt werden kann. Die Kommission hat denn auch binnen kürzester Zeit einen entsprechenden Vorschlag vorgelegt[557]. Nach dessen Art. 5 Nr. 1 soll der Vertragsgerichtsstand für sämtliche Vertragstypen erhalten bleiben, jedoch werden für Warenkauf- und Dienstleistungsverträge Regelungen zur Ermittlung des Erfüllungsorts getroffen. Art. 5 Nr. 3 EuGVÜ soll im wesentlichen unverändert bleiben.

Unterstellt, einer der Vorschläge wird verwirklicht und ersetzt das Brüsseler Übereinkommen vom 27. September 1968 in der Fassung der Beitrittsübereinkommen von 1978, 1982, 1989 und 1996, verändert sich die Fragestellung dieser Arbeit nicht wesentlich. Wenn bei Warenkaufverträgen der Erfüllungsort lediglich durch den Lieferungsort ersetzt wird oder der Erfüllungsort als der Lieferort definiert wird, ist ebenso zu erörtern, ob etwa Ansprüche aus einer Schutzwirkung dieses Vertrages oder aus Mangelfolgeschäden gemäß Art. 5 Nr. 1 EuGVÜ n. F. am Lieferungsort oder am Schadensort des Art. 5 Nr. 3 EuGVÜ n. F. geltend zu machen sind.

3. *Auslegungsmethoden und Wechselwirkungen zwischen Kollisionsrecht und internationalem Zivilprozeßrecht*

Inwieweit Wechselwirkungen zwischen internationalem Privatrecht und internationaler Zuständigkeit bestehen, wird - zugeschnitten auf die Themenstellung dieser Arbeit - im folgenden zu untersuchen sein. Dazu zählt insbesondere die Übernahme von Wertungen aus dem EVÜ bei der Auslegung des EuGVÜ. Möglicherweise geht die Europäisierung aber noch weiter und erfaßt auch das autonome deutsche IZPR, das sich bislang vor dem Hintergrund der lex-fori-Qualifikation seiner Begriffe allein am deutschen materiellen Recht orientiert hat.

557 Abgedruckt in IPRax 2000,41 ff.

Der Wandel der sich dabei abzeichnet, hat bereits seinen Niederschlag in ersten höchstrichterlichen Entscheidungen gefunden[558] und kann zu einer Veränderung der überkommenen Betrachtungsweise im Grenzbereich von Vertrag und Delikt führen. Nur international konsensfähige Lösungen gewinnen noch an Raum[559].

a. *Qualifikation nach der lex causae?*

Auf welchem Wege sich international einheitliche Entscheidungen bei der Anwendung des EuGVÜ fördern lassen, wird allerdings unterschiedlich beurteilt. Da eine Qualifikation von in Staatsverträgen verwendeten Begriffen nach der lex fori ausscheidet, bewegt sich die Diskussion für das EuGVÜ zwischen einem lex-causae-Ansatz und der autonom-rechtsvergleichenden Lösung. So plädiert ein Teil der Literatur dafür, bei der Abgrenzung zwischen vertraglichen und nichtvertraglichen Ansprüchen im EuGVÜ auf die lex causae abzustellen[560]. Zwar sei eine autonome Qualifikation wünschenswert, jedoch lasse sie sich wegen der damit verbundenen praktischen Schwierigkeiten meist nicht überzeugend durchführen. Außerdem werde dem EuGVÜ eine Aufgabe zugewiesen, die es nicht übernehmen solle. Die Zuständigkeitsregeln stellten auf das materielle, den Klageanspruch begründende Recht ab. Daher sei es nicht zweckgerecht und systemkonform, wenn für die Zuständigkeitsbestimmung die materiellrechtliche Einordnung eines Anspruchs geändert werde. Es stehe einer Qualifikation nach nationalem Sachrecht auch nicht entgegen, daß häufig in einer Rechtsordnung das Deliktsrecht Funktionen wahrnimmt, die eine andere Rechtsordnung dem Vertragsrecht zuweist. Dieser Umstand begründe allenfalls Zweifel an der Weisheit einer Zuständigkeitsordnung, die eine solche Unterscheidung verlangt[561].

b. *Stellungnahme*

Die vorgenannte Auffassung begegnet Bedenken, weil sie kaum geeignet ist, eine Zuständigkeitsvereinheitlichung herbeizuführen. Sie kompliziert die Zuständigkeitsprüfung und führt zu abweichenden Lösungen je danach, wo der Anspruch eingeklagt wird. Dies liegt daran, daß die kollisionsrechtliche Einordnung von Ansprüchen aus vergleichbaren Lebenssachverhalten in den Vertragsstaaten unterschiedlich ausfallen kann. So ist bislang nur das Vertragskollisionsrecht vereinheitlicht und selbst dort ist - wie im ersten Teil der Arbeit gezeigt - die Quali-

---

558 Vgl. BGH NJW 1996,1411,1413.

559 Vgl. Schack, ZZP 107 (1994),279,280.

560 Geimer/Schütze, EuGVÜ, Art. 5 Rn. 10; Geimer, IZPR, Rn. 1481; Lohse, S. 194 ff; Schlosser, RIW 1988,987,989; Spellenberg, ZZP 91 (1978),38,41 ff.

561 Spellenberg, ZZP 91 (1978),38,45.

fikation von Ansprüchen aus einzelnen nationalen Rechtsinstituten problematisch. Kompetenzkonflikte infolge einer Qualifikation nach der lex causae werden sogar von ihren Anhängern eingeräumt[562]. Außerdem ist nicht ersichtlich, warum es von Nachteil sein soll, eine überkommene materiellrechtliche Einordnung auf einer vorgelagerten, europäisch-einheitlichen Zuständigkeitsebene zu überprüfen. Im Gegenteil entsteht so ein "Wettbewerb" der nationalen Regelungsmechanismen für einen Lebenssachverhalt, bei dem nationale Sonderwege gegenüber international konsensfähigen Lösungen in den Hintergrund treten. Gleichzeitig wird die Notwendigkeit offenbar, über die Wertungsgrundlagen des internationalen Prozeßrechts Klarheit zu gewinnen[563]. Im übrigen wird mit fortschreitender materieller Rechtsvereinheitlichung die Grundlage für die autonom-rechtsvergleichende Qualifikation verbreitert[564].

Gerade für das EuGVÜ sind die Voraussetzungen vorhanden, eine autonom-rechtsvergleichende Qualifikation nicht nur als Maxime zu formulieren, sondern diese zu praktizieren. Der EuGH besitzt die Auslegungskompetenz aus dem Luxemburger Protokoll vom 3. Juni 1971 in der Fassung des 4. Beitrittsübereinkommens vom 15. Januar 1997[565]. Anders als gegenwärtig beim EVÜ ist der EuGH also in der Lage, die einheitliche Anwendung des Übereinkommens in den Mitgliedsstaaten sicherzustellen. Das Vorlageverfahren führt dabei - trotz unterschiedlicher Vorlagefreudigkeit in den Mitgliedsstaaten - nicht zur Desintegration, sondern zu einer fallweisen Ausformung der autonom-rechtsvergleichenden Auslegung[566]. Der Grundsatz der Rechtssicherheit und die Ziele des Übereinkommens erforderten "eine in allen Mitgliedsstaaten einheitliche Anwendung der Rechtsbegriffe und rechtlichen Qualifizierungen, die der Gerichtshof im Rahmen des Übereinkommens entwickele"[567].

Desweiteren hat der EuGH in beinahe stereotyper Weise zur Auslegung der Begriffe des EuGVÜ wiederholt, daß zur Sicherstellung der vollen Wirksamkeit des Übereinkommens nicht das Recht eines einzelnen Staates maßgebend sei. Vielmehr seien die Zielsetzungen und die Systematik des Übereinkommens sowie die allgemeinen Rechtsgrundsätze, die sich aus der Gesamtheit der innerstaatlichen Rechtsordnungen ergeben, heranzuziehen[568]. So hat sogar der EuGH über

---

562 Spellenberg, ZZP 91 (1978),38,47.

563 Vgl. Pfeiffer, Int. Zuständigkeit, S. 11.

564 Rauscher, S. 166.

565 BGBl. 1972 II, S. 846 und ABl. EG Nr. C 15 v. 15.1.1997, S. 1.

566 Vgl. Rauscher, S. 165; Wilderspin, in: Lagarde/v. Hoffmann, L' européanisation du droit international privé, S. 50,57.

567 EuGH v. 14.10.1976 (Eurocontrol), Slg. 1977,1517,1525 f.

568 EuGH v. 22.3.1983 (Peters), Slg. 1983,987,1002; EuGH v. 8.3.1988 (Arcado), Slg. 1988,1551,1554; EuGH v. 22.9.1988 (Kalfelis), Slg. 1988,5565,5585; EuGH v.

eine Negativabgrenzung schon einen Ansatz zur Definition des Begriffs "Vertrag oder Ansprüche aus einem Vertrag" entwickelt. Danach gilt er nicht für Situationen, in der keine von einer Partei gegenüber einer anderen freiwillig eingegangene Verpflichtung vorliegt[569]. Eine abstrakt-generelle Definition, was nach europäisch-einheitlichem Normverständnis ein vertraglicher Anspruch ist, wäre - wenn überhaupt - nur mit erheblichen Schwierigkeiten zu entwickeln[570]. Sie ist vom EuGH nicht zu erwarten. Ohnehin wird mit der Revision des EuGVÜ diese Frage an Bedeutung einbüßen. In Zukunft wird der EuGH eher bestimmen müssen, in welchen Fällen ein "Kaufvertrag über Waren" im Sinne von Art. 5 Nr. 1 EuGVÜ n. F. vorliegt.

II. Rechtsprechungsübersicht: EuGH zu Art. 5 Nr. 1 und 3 EuGVÜ

1. Fallweise Ausformung des Anwendungsbereichs der Normen durch den EuGH

Auf der Grundlage der soeben beschriebenen Zielsetzung hat der EuGH fallweise den Anwendungsbereich von Art. 5 Nr. 1 und Nr. 3 EuGVÜ näher bestimmt. Die Entwicklung soll hier nur in den Grundzügen nachgezeichnet werden, soweit sie Bedeutung bei der Einordnung von positiver Forderungsverletzung und Vertrag mit Schutzwirkung für Dritte erlangen kann.

Ausgangspunkt war die Rechtssache "de Bloos", in der der EuGH zunächst ausführte, die in der Präambel des Übereinkommens niedergelegten Ziele geböten es, soweit wie möglich zu verhindern, daß aus ein und demselben Vertrag mehrere Zuständigkeitsgründe hergeleitet werden. Vor diesem Hintergrund kam der Gerichtshof zu dem Schluß, daß "Verpflichtung" in Art. 5 Nr. 1 EuGVÜ diejenige vertragliche Verpflichtung meine, die den Gegenstand der Klage bildet. Der Erfüllungsort für den Hauptanspruch sei auch der Erfüllungsort für einen sich aus der lex causae ergebenden Sekundäranspruch, vor allem einen Schadensersatzanspruch[571]. Streitige Verpflichtung bleibt also auch bei Sekundäransprüchen die verletzte Primärpflicht.

Konsequent nahm der EuGH in einer späteren Entscheidung eine Akzessorietät des Erfüllungsorts für Nebenansprüche, wie Auskunftsansprüche oder

---

17.6.1992 (Handte), Slg. 1992, I-3967,3993; kritisch: Schlosser, RIW 1988,987,989 ("Kraftformel").

569 EuGH v. 17.6.1992 (Handte), Slg. 1992,I-3967,3994.

570 Gaudemet-Tallon, Convention, Nr. 157.

571 EuGH v. 6.10.1976 (de Bloos), Slg. 1976,1497,1508.

Zinsansprüche, zum Erfüllungsort für den Hauptanspruch an[572]. Einzig für Arbeitsverträge weicht der Gerichtshof von seiner Linie ab, wenn er dort einheitlich auf den Erfüllungsort der vertragscharakteristischen Leistung - der Arbeitsleistung - abstellt[573].

Zentrale Bedeutung kam der zuvor schon ansatzweise beschriebenen vertragsautonomen Auslegung der Begriffe "Vertrag oder Ansprüche aus einem Vertrag" bzw. "unerlaubte Handlung" in den Rechtssachen "Peters", "Arcado" und "Handte" zu. Die Rechtssache "Peters" hatte Ansprüche eines Vereines auf Zahlung von Mitgliedsbeiträgen zum Gegenstand, die der EuGH vertraglich qualifizierte[574]. Der Beitritt zu einem Verein schaffe zwischen den Vereinsmitgliedern enge Beziehungen gleicher Art, wie sie zwischen Vertragsparteien bestünden.

Im Jahre 1988 bejahte der EuGH die Vorlagefrage eines belgischen Gerichts, ob der Rechtsstreit über die mißbräuchliche Auflösung eines selbständigen Handelsvertretervertrages und aus diesem resultierende Provisionsansprüche dem Art. 5 Nr. 1 EuGVÜ unterfallen[575]. An dieser Entscheidung fällt auf, daß der EuGH zur Auslegung des Begriffs "Vertrag oder Ansprüche aus einem Vertrag"[576] auf Art. 10 EVÜ zurückgegriffen und damit erstmalig dem Zusammenhang der Übereinkommen Bedeutung bei der Bestimmung der internationalen Zuständigkeit beigemessen hat. Die Norm bestätige den vertraglichen Charakter der Klage, da sie unter dem Geltungsbereich des auf den Vertrag anwendbaren Rechts die vertragliche Haftung derjenigen Partei begreife, der die Nichterfüllung zu Last falle.

In der Entscheidung "Handte/TMCS" qualifizierte der EuGH in einem Produkthaftungsfall Ansprüche des Letzterwerbers einer Sache gegen den Hersteller, die auf der französischen action directe beruhen, im Rahmen des EuGVÜ deliktisch[577]. Wie bereits beschrieben, weist die action directe zahlreiche Parallelen zu der deutschen Konstruktion eines Vertrags mit Schutzwirkung für Dritte auf. Daher muß sich dessen Einordnung im Rahmen der internationalen Zuständigkeit an der "Handte"-Entscheidung messen lassen. Ob der EuGH in ihr eine zutreffende Wertung gefunden hat, soll später überprüft werden.

---

572 EuGH v. 15.1.1987 (Shenavai), Slg. 1987,239,256.

573 EuGH v. 26.5.1982 (Ivinel), Slg. 1982,1891,1901.

574 EuGH v. 22.3.1983 (Peters), Slg. 1983,987,1002.

575 EuGH v. 8.3.1988 (Arcado), Slg. 1988,1551,1554 f.

576 In der französischen Fassung "en matière contractuelle", in der englischen Version "matters relating to a contract".

577 EuGH v. 17.6.1992 (Handte), Slg. 1992,I-3967,3993 ff.

2. *Bestimmung des Erfüllungsorts*

a. *Lex-causae-Ansatz*

Eine Auslegung der Wendung "Vertrag oder Ansprüche aus einem Vertrag" bei Art. 5 Nr. 1 EuGVÜ bleibt unvollständig, wenn sie nicht berücksichtigt, wie der Erfüllungsort zu bestimmen ist. Der EuGH hat sich bereits in einer sehr frühen Entscheidung für die Maßgeblichkeit der lex causae ausgesprochen[578]. Dies ist die wohl wichtigste Ausnahme vom Grundsatz der autonomen Auslegung der staatsvertraglichen Begriffe, die auch dann gilt, wenn die lex causae das UN-Kaufrechtsübereinkommen ist und so bei Zahlungsklagen eines Verkäufers über Art. 57 Abs. 1 UNKÜ (zuvor Art. 59 Abs. 1 EKG) in der Regel ein Klägergerichtsstand entsteht[579]. Der Erfüllungsort bestimmt sich also nach dem Recht, das nach den Kollisionsnormen des mit dem Rechtsstreit befaßten Gerichts für die streitige Verpflichtung maßgebend ist, ohne daß es auf eine Verbindung zwischen dem Sachverhalt, der dem Rechtsstreit zugrunde liegt, und dem angerufenen Gericht ankommt. Der EuGH hielt - abgesehen von Arbeitsverträgen - beim gegenwärtigen Stand der Rechtsentwicklung eine vertragsautonome Ermittlung des Erfüllungsorts für ausgeschlossen. Diese Rechtsprechung hat der EuGH kürzlich bestätigt und dabei zu erkennen gegeben, daß Veränderungen in dieser Frage nur auf der Basis eines überarbeiteten EuGVÜ zu erwarten sind[580]. In der Literatur wird zur Rechtfertigung der Bestimmung des Erfüllungsorts nach der lex causae zudem auf den inneren Entscheidungseinklang hingewiesen, der es gebiete, den Schuldner dort gerichtspflichtig werden zu lassen, wo er nach materiellem Recht leisten müsse[581].

b. *Kritik an der Rechtsprechung*

Gleichwohl werden Bedenken gegen diese Rechtsprechung laut[582]. Die Kritik macht sich in methodischer Hinsicht daran fest, daß die übrigen Zuständigkeits-

---

578 EuGH v. 6.10.1976 (Tessili), Slg. 1976,1473,1486.

579 EuGH v. 29.6.1994 (Custom Made Commercial), Slg. 1994, I-2913 ff.

580 EuGH v. 28.9.1999 (Groupe Concorde), Slg. 1999, I-6342,6348; ähnlich EuGH v. 5.10.1999 (Leathertex), Slg. 1999, I-6779,6791.

581 Geimer/Schütze, EuGVÜ, Art. 5 Rn. 65; Wieczorek/Schütze-Hausmann, Art. 5 EuGVÜ Rn. 2 u. 23; Kropholler, EuGVÜ, Art. 5 Rn. 13; kritisch: Schack, Erfüllungsort, Rn. 329 ff.

582 Schack, Erfüllungsort, Rn.. 325 ff.; Pfeiffer, Internat. Zuständigkeit, S. 677 ff.; Kadner, Jura 1997,240,244 ff.; vgl. auch Wagner IPRax 1998,241,243 zur Revision des EuGVÜ: Die Qualifikation nach der lex causae habe sich als zu umständlich erwiesen.

merkmale des EuGVÜ ganz überwiegend autonom bestimmt werden[583]. Eine Ausnahme für den Erfüllungsort aus praktischen Erwägungen sei angesichts fortgeschrittener Rechtsvergleichung mittlerweile überholt. Vor allen Dingen bestehe bei der Anwendung der lex causae wieder die Gefahr, daß einzelne Vertragsstaaten unter Berufung auf ihr nationales Recht ein größeres Maß an Entscheidungszuständigkeit annehmen und so das Gleichgewicht von Entscheidungszuständigkeit und Anerkennungspflicht verhindern[584]. So wird darauf hingewiesen, daß gerade bei der über die Erfüllungsortregelung bewirkten Risikoverteilung[585] zwischen den Vertragsparteien erhebliche sachrechtliche Differenzen bestehen. Mit der internationalen Zuständigkeit am Erfüllungsort, die auf wirtschaftlichen Aktivitäten des Beklagten außerhalb seines Wohnsitzstaates beruhe, stehe diese Risikoverteilung in keinem Zusammenhang[586]. Auch sei die tatsächliche Leistungspflicht einer Partei nicht der Grund für ihre Gerichtspflichtigkeit am Erfüllungsort, da sie im Rahmen der Zuständigkeit nicht geprüft werde.

Desweiteren sei nachteilig, daß schon bei der Frage der gerichtlichen Zuständigkeit inzident die oft schwierige Frage geklärt werden müsse, welchem Recht der Vertrag unterliegt und wie dieses Sachrecht den Erfüllungsort lokalisiert. Instanzgerichte würden so dazu verleitet, den Erfüllungsort der Einfachheit halber dem eigenen Recht zu entnehmen oder ihn rein tatsächlich zu bestimmen[587].

c. *Absehbare Entwicklung*

Obwohl die Kritik an der Rechtsprechung einigen Anklang gefunden hat, ist es doch bislang meist bei bloßen Bekenntnissen zu einer vertragsautonomen Auslegung geblieben, ohne daß diese für den Erfüllungsort näher umrissen worden wäre. Voraussetzung für eine vertragsautonome Auslegung des Begriffs Erfüllungsort ist jedoch eine rechtsvergleichende Umschau. Erst auf dieser Basis läßt sich eine konventionseigene Wertung aufstellen. Die Literatur dazu beschränkt sich auf die grundlegende Arbeit von Schack[588].

Daß sich der EuGH in dieser Frage noch von der lex causae lösen wird, ist kaum zu erwarten. Die Entscheidungen "Custom Made Commercial"[589] und

583 Nachweise bei Schack, Erfüllungsort, Rn. 326.
584 Schack, Erfüllungsort, Rn. 325.
585 Im einzelnen zur Risikoverteilung: Generalanwalt Lenz, EuGH Slg. 1994, I-2913,2918 ff. (Custom Made Commercial).
586 Pfeiffer, Internat. Zuständigkeit, S. 678.
587 Übersicht über die französische Rechtsprechung bei Gaudemet- Tallon, Conventions, Nr. 173.
588 Vgl. Schack, Erfüllungsort, Rn. 236 ff.
589 EuGH v. 29.6.1994, Slg. 1994, I-2913 ff.

"Groupe Concorde"[590] haben dies deutlich gemacht. Hingegen spricht nach der geplanten Revision des EuGVÜ mit ihrer Ablösung des national vorbelasteten Begriffs "Erfüllungsort" durch den "Lieferungsort" bei Warenkaufverträgen viel für eine autonome Bestimmung des neuen Terminus. Die Anwendung der lex causae hat der EuGH immer nur als Ausnahme vom Grundsatz der automomen Auslegung der Begriffe des Übereinkommens angesehen und beim Erfüllungsort mit der Inkompatibilität der nationalen Regelungen begründet. Solche Schwierigkeiten entfallen beim Begriff des Lieferungsortes. Ähnlich dürfte der Verordnungsentwurf der Kommission vom 14.7.1999 zu Art. 5 Nr. 1[591] mit seinen Erfüllungsortdefinition bei Warenkauf- und Dienstleistungsverträgen zu bewerten sein. Sollte dieser umgesetzt werden, blieben die Schwierigkeiten der Bestimmung des Erfüllungsortes dann allerdings bei den übrigen Vertragstypen bestehen.

III. Bisherige Einordnung von Ansprüchen im Grenzbereich von Vertrag und Delikt im internationalen Zivilprozeßrecht

1. Positive Forderungsverletzung und Vertrag mit Schutzwirkung

Bislang finden sich in Rechtsprechung und Literatur kaum Äußerungen zu der Frage, in welchem Gerichtsstand Ansprüche aus positiver Forderungsverletzung und Vertrag mit Schutzwirkung geltend zu machen sind. Im autonomen IZPR läßt die gängige Qualifikation nach der lex fori nur wenige Fragen, und dann allenfalls nach der Zuordnung im Sachrecht, z. B. bei Ansprüchen aus Geschäftsführung ohne Auftrag, aufkommen[592]. Ansonsten wird lediglich angeführt, der Begriff der "vertraglichen Ansprüche" im EuGVÜ sei weit zu ziehen, er umfasse alle Ansprüche, die mit einem Vertrag zusammenhängen oder ihn voraussetzen. Ansprüche aus positiver Vertragsverletzung gehörten jedenfalls dazu[593].

Teilweise wird darauf hingewiesen, daß die Erweiterungen des deutschen Vertragsrechts, die zum Ausgleich der Schwächen des Deliktsrechts entwickelt wurden, bei autonomer Qualifikation dem Deliktsgerichtsstand zuzuordnen seien[594]. Frühe Ansätze zu einer Rückbesinnung auf den dem Deliktsrecht "an sich" zukommenden Anwendungsbereich für die Auslegung des Begriffs "Vertrag oder

---

590 EuGH v. 28.9.1999, Slg. 1999, I-6342 ff.

591 Abgedruckt in IPRax 2000,41 ff.

592 Vgl. Schwarz, S. 18 ff.

593 Geimer/Schütze, EuGVÜ, Art. 5 Rn. 18; Wieczorek/Schütze-Hausmann, Art. 5 EuGVÜ Rn. 6;

594 Lohse, S. 32.

Ansprüche aus einem Vertrag" im EuGVÜ finden sich bei Schlosser[595]. Seiner Ansicht nach ist ein Anspruch im Zweifel deliktisch einzuordnen. Vertragliche Haftung sei nur ein Haftungssonderfall für solche Situationen, wo einer Person gegenüber eine Pflicht verletzt wurde, die lediglich deshalb bestand, weil sich Schädiger und Geschädigter in vertraglicher Beziehung befanden. Ein "Anspruch aus Vertrag" im Sinne von Art. 5 Nr. 1 EuGVÜ liege nur in den Situationen vor, in denen ohne Vorliegen der vertraglichen Beziehung zwischen Schädiger und Geschädigtem in der weit überwiegenden Zahl der Mitgliedsstaaten eine Haftung abgelehnt werde und auch nicht subsidiär deliktische Haftung zum Tragen komme.

Schack mahnt bei solcher Neubewertung allerdings zur Vorsicht, da jede Ausgrenzung angeblich deliktischer Ansprüche die Brauchbarkeit des besonderen Gerichtsstands des Vertrages schmälere, ohne auf Seiten von Art. 5 Nr. 3 EuGVÜ eine ähnlich umfassende Zuständigkeit schaffen zu können[596].

Auch die deutsche Rechtsprechung hat sich neuen Erwägungen bislang verschlossen. So betonte der BGH unter Bezugnahme auf die Rechtsprechung des EuGH jüngst nur, daß die durch eine Leistungsstörung entstandenen Sekundärpflichten auf Schadensersatz nicht gesondert angeknüpft werden. Maßgebend sei die primäre Hauptleistung, die den Gegenstand der Klage bildet[597].

In einem Vorlagebeschluß an den EuGH aus dem Jahre 1995 legte der BGH dar, daß Schäden, die bei der Beladung oder Löschung der Ladung an einem Schiff entstehen, über die positive Forderungsverletzung im Gerichtsstand des Art. 5 Nr. 1 EuGVÜ zu ersetzen seien[598]. Die Vorlagefrage betraf allerdings nur das Problem einer mündlichen Erfüllungsortvereinbarung, die allein darauf abzielt, einen bestimmten Gerichtsstand - formfrei - festzulegen. Der EuGH hat sie in seiner Entscheidung vom 20. Februar 1997 dahingehend beantwortet, daß es den Parteien verwehrt sei, mündlich einen Erfüllungsort zu bestimmen, der keinen Zusammenhang mit dem wirklichen Vertragsgegenstand aufweist[599]. Eine Erfüllungsortvereinbarung sei nur unter den Voraussetzungen des Art. 17 EuGVÜ zulässig.

Nicht ausdrücklich mit der positiven Forderungsverletzung, doch mit der internationalen Zuständigkeit bei der Verletzung vertraglicher Nebenpflichten beschäftigt sich eine Entscheidung des OLG Bremen[600]. Dieses hatte über den Gerichtsstand gemäß Art. 5 Nr. 1 EuGVÜ in einem Fall zu entscheiden, in dem der

---

595 Schlosser, IPRax 1984,65,67; ähnlich Gottwald, IPRax 1989,272,274.

596 Schack, Erfüllungsort, Rn. 310.

597 BGH NJW 1997,870,871.

598 Vorlagebeschluß des BGH IPRax 1996,264 ff.

599 EuGH v. 20.2.1997 (MSG Mainschiffahrtsgenossenschaft), Slg. 1997, I-911,943 f.

600 Vgl. OLG Bremen, TranspR 1995,32 ff.

deutsche Kläger für die französische Beklagte die Verzollung der von der Beklagten aus einem nicht der EG angehörenden Drittland gelieferten Ware übernommen hatte. Das Gericht lehnte seine internationale Zuständigkeit für den Rechtsstreit ab und verwies den Kläger auf den allgemeinen Gerichtsstand der Beklagten nach Art. 53 Abs. 1 Satz 1 i. V. m. Art. 2 Abs. 1 EuGVÜ in Paris. Zwar habe die vertragliche Nebenpflicht der Verzollung einen eigenen Erfüllungsort in Bremerhaven, doch sei dieser nicht für andere Ansprüche aus der Rechtsbeziehung maßgeblich, selbst wenn es sich um den Erfüllungsort der vertragscharakteristischen Leistung handele.

2. *Culpa in contrahendo*

Ähnlich wie im internationalen Privatrecht ist auch im Prozeßrecht die Diskussion um die Einordnung von Ansprüchen aus culpa in contrahendo fortgeschritten. Auf der einen Seite betonen nach wie vor einige Stimmen die dienende Funktion des Prozeßrechts und halten dieses für nicht befugt, eine materiellrechtliche Einordnung der culpa in contrahendo als vertragliches Rechtsinstitut durch eigene Bewertungen im Prozeßrecht zu ersetzen[601]. Auf der anderen Seite findet der Vorschlag, Aufklärungs- und Beratungspflichten als vertragsähnlich im Sinne von Art. 5 Nr. 1 EuGVÜ, sonstige Verkehrs- und Schutzpflichten hingegen als deliktsähnlich im Sinne von Art. 5 Nr. 3 EuGVÜ zu qualifizieren, eine Reihe von Anhängern[602]. Dabei wird jedoch meist nicht deutlich, ob diese Fallgruppendifferenzierung auf einer rein materiellrechtlichen Einschätzung oder einer eigenen prozessualen Wertung beruht.

Schon Bernstein hatte 1977 in seinem Aufsatz, der den Anstoß zur Diskussion um die culpa in contrahedo im Kollisionsrecht gab, auch zur internationalen Zuständigkeit bei §§ 29 und 32 ZPO Stellung genommen. Er hat darauf hingewiesen, daß der Begriff des "Erfüllungsorts" nur am Modell der Leistungspflichten orientiert sei und für Schutzpflichten nur sehr bedingt passe[603]. Die Pflichten aus einem vorvertraglichen Schuldverhältnis seien meist Schutzpflichten und nicht Leistungspflichten, so daß sich ein selbständiger Erfüllungsort schon nicht bestimmen lasse. Nur der Erfüllungsort für vorvertragliche Aufklärungs- und Beratungspflichten sei mit dem Erfüllungsort der vertraglichen Leistungspflichten zu

---

601 Stein/Jonas-Schumann, § 29 II Rn. 14; vgl. zur "dienenden Funktion des Prozeßrechts" H. Roth, Festschrift für Stree und Wessels, S. 1045,1051.

602 Wieczorek/Schütze-Hausmann, Art. 5 EuGVÜ Rn. 8 und 52; Geimer/Schütze, EuGVÜ, Art. 5 Rn. 18 und 162; ähnl. Schack, IZVR, Rn. 261 ff.; Schlosser, EuGVÜ, Art. 5 Rn. 5.

603 Bernstein, RabelsZ 41 (1977),281,292 ff.

identifizieren, deren Ergänzung jene Pflichten bezwecken sollen. Wolle man für andere Fälle überhaupt einen selbständigen Erfüllungsort für Schutzpflichten annehmen, sei dessen Lage aus der Natur des Schuldverhältnisses und damit der Schutzpflicht abzuleiten. Jedenfalls sei für den Fall einer Verletzung vorvertraglicher Obhuts- und Erhaltungspflichten eher die Zuständigkeit am Begehungsort nach § 32 ZPO als die vertragsrechtliche am Erfüllungsort nach § 29 ZPO sachgerecht. Auch sei die Tatsache bedeutsam, daß Obhuts- und Erhaltungspflichten in einer Person oder Sache verkörpert sind, und so deren jeweiliger Aufenthaltsort zu einer lokalen Konkretisierung der Schutzpflichten führt. Ein etwaiger Erfüllungsort würde so sogar wechseln.

IV. Kritik an Rechtsprechung und Literatur

In der Rechtsprechung fallen einige Unstimmigkeiten auf, die einer sachgerechten Einordnung von Ansprüchen aus positiver Forderungsverletzung und Vertrag mit Schutzwirkung entgegenstehen können. Vor allem zwei "Kernsätze" des EuGH mögen dazu verleiten, unumschränkt Schadensersatzansprüche bei Verletzung jeglicher nationaler vertraglicher Pflichten vorschnell einer vertraglichen Hauptpflicht zuzuordnen und auf deren Erfüllungsort abzustellen. Auf die "de Bloos"-Entscheidung des EuGH geht der Satz zurück, daß Sekundärpflichten auf Schadensersatz nicht selbständig angeknüpft werden[604]. Vielmehr sei der Erfüllungsort derjenigen vertraglichen Verpflichtung heranzuziehen, deren Nichterfüllung zur Begründung dieser Sekundäransprüche, die beispielsweise durch Leistungsstörungen, Wandlung, Kündigung oder Rücktritt entstandenen sind, behauptet wird.

Die weitere zu Fehlinterpretationen verleitende Aussage des EuGH ist der Grundsatz aus der Rechtssache "Shenavai", daß Nebensächliches der Hauptsache folge[605]. Hier ist indes zu beachten, daß der EuGH die Folgepflicht nebensächlicher Verpflichtungen aus dem Vertrag nur für Konstellationen angenommen hat, in denen der Kläger seine Klage in einem Rechtsstreit auf mehrere Verpflichtungen stützt. Legitimes Ziel dieser Methode ist es, einer Gerichtsstandszersplitterung entgegenzuwirken.

Kritikwürdig erscheint allerdings das Argumentationsmuster, etwas zunächst ohne weiteres zur Nebensache zu erklären und dann einer - wie auch immer bestimmten - Hauptsache folgen zu lassen[606]. Will man die autonom-rechts-

604 EuGH v. 6.10.1976 (de Bloos) Slg. 1976,1497,1508.
605 Vgl. EuGH v. 15.1.1987 (Shenavai), Slg. 1987,239,256.
606 Schack, Erfüllungsort, Rn. 196.

vergleichende Auslegung konsequent praktizieren, muß auch die Abgrenzung von Nebensächlichem und Hauptsächlichem entsprechend vorgenommen werden[607]. In einem Geflecht vertraglicher Verpflichtungen wird dies einfacher, wenn man präzise sagt, es komme auf den Erfüllungsort der jeweils streitigen Leistungspflicht an. Nicht der Vertrag, sondern die konkrete Leistungspflicht hat einen Erfüllungsort[608]. Konsequenz ist, daß Streitigkeiten über die verschiedenen Pflichten ein und desselben Vertrages möglicherweise vor Gerichten unterschiedlicher Vertragsstaaten ausgetragen werden. Dies kann zu divergierenden Entscheidungen führen, wird aber andererseits insoweit abgemildert, als Nebenleistungspflichten und leistungsbegleitende Nebenpflichten der Hauptsache folgen, wenn sie zusammen eingeklagt werden. In den weitaus meisten Fällen wird so zu dem Erfüllungsort der typischen Vertragsleistung nur derjenige der Gegenleistungspflicht (in aller Regel die Zahlungspflicht) kommen.

Desweiteren sollte man die Gefahr sich widersprechender Entscheidungen in der Praxis nicht überschätzen, da die Parteien, sollten sie sich denn überhaupt gegenseitig verklagen, meist eher den Weg der Widerklage wählen[609]. Nach Art. 6 Nr. 3 EuGVÜ kann diese, wenn sie auf denselben Vertrag oder Sachverhalt wie die Klage gestützt wird, bei dem Gericht der anhängigen Klage erhoben werden. Überdies bietet Art. 22 EuGVÜ eine Möglichkeit, widersprechende Entscheidungen in getrennten Verfahren zu verhindern, indem das später angegangene Gericht das Verfahren aussetzt. Nach Beendigung des ersten Verfahrens steht die Rechtskraft einer Divergenz der Urteile entgegen, obgleich diese ihre Wirkungen nur nach dem Recht des Urteilsstaates entfaltet.

Auch der häufig zitierte Satz "Sekundärpflichten auf Schadensersatz werden nicht gesondert angeknüpft"[610] hilft nicht weiter, wenn sich für den geltend gemachten Anspruch keine korrespondierende Hauptleistungspflicht findet, wie dies gerade bei Schutzpflichten der Fall ist. Der Grundsatz, daß Nebensächliches der Hauptsache folgt, rechtfertigt sich nur bei Leistungspflichten und ist allein auf den Fall zugeschnitten, daß Haupt- und Nebenpflichten zusammen geltend gemacht werden. Es würde in der Tat zu einer Vervielfachung von Gerichtsständen führen, wollte man am Erfüllungsort jeder leistungsbegleitenden Nebenpflicht, z. B. einer Verpackungs-, Verzollungs- oder Beratungspflicht, einen Gerichtsstand für alle weiteren Ansprüche aus dem Vertragsverhältnis annehmen.

---

607 Vgl. Wieczorek/Schütze-Hausmann, Art. 5 EuGVÜ Rn. 20; Schack, Erfüllungsort, Rn. 323.

608 Zutreffend daher OLG Bremen, TranspR 1995,32,34.

609 Vgl. Spellenberg, ZZP 91 (1978),38,55.

610 Vgl. Wieczorek/Schütze-Hausmann, Art. 5 EuGVÜ Rn. 17; Kropholler, EuGVÜ, Art. 5 Rn. 9; Schlosser, EuGVÜ, Art. 5 Rn. 7; Geimer/Schütze, EuGVÜ, Art. 5 Rn. 59; Schack, IZVR, Rn. 266.

Demgemäß wird man bei isoliert eingeklagten Nebenpflichten nicht umhin kommen, diese als die streitigen anzusehen[611]. Dies bedeutet keine "Gerichtsstandszersplitterung", da ein einheitlicher Vertragsgerichtsstand ohnehin nicht existiert. Eine solche Betrachtungsweise wirkt sich auch auf die Schutzpflichten im Verhältnis von Parteien, die durch eine rechtliche Sonderbeziehung verbunden sind, aus. Da Schutzpflichten nicht selbständig erfüllbar und einklagbar sind, ist eine eigene Gerichtsstandsbestimmung für den bei ihrer Verletzung entstehenden Schadensersatzanspruch geboten und durch die bisherige Rechtsprechung des EuGH nicht gehindert.

V. Entscheidungskriterien zur Bestimmung der internationalen Zuständigkeit

Eine Entscheidung über die gerichtliche Zuständigkeit für Ansprüche aus einem bestimmten Lebenssachverhalt muß grundlegenden Wertungen der Zuständigkeitsordnung Rechnung tragen. Ziel einer jeden Zuständigkeitsordnung ist Zuständigkeitsgerechtigkeit[612]. Die typisierten Zuständigkeitsinteressen dienen dazu, sich ihr zu nähern. Die Zuständigkeitsgerechtigkeit bildet damit die zentrale Wertungsgrundlage des Zuständigkeitsrechts.

1. Widerstreitende Zuständigkeitsinteressen

Vergleichbar den berechtigten Parteiinteressen bei der Qualifikation im internationalen Privatrecht, bestehen im internationalen Zivilprozeßrecht objektivierte bzw. typisierte Zuständigkeitsinteressen der Parteien. Diese besitzen eine herausragende Qualität, da die einzelne Partei im Vordergrund unseres Prozeßbildes steht[613]. Eine umfassende Analyse der Interessen, die bei der Bestimmung der internationalen Zuständigkeit eine Rolle spielen, kann hier nicht geleistet werden, doch soll auf einige Wertungsgesichtspunkte eingegangen werden, die eine sachgerechte Einordnung von Ansprüchen aus bestimmten Lebensachverhalten nicht außer acht lassen darf. Eine scharfe Trennung zwischen Interessenermittlung und der Interessenwertung ist dabei nicht praktikabel, da sich schon die Auswahl be-

---

611 Schack, Erfüllungsort, Rn. 324 Fn. 139; für eine Zuordnung zum Hauptanspruch hingegen: Wieczorek/Schütze-Hausmann, Art. 5 EuGVÜ Rn. 20.

612 kritisch zur Definition von Gerechtigkeitsvorstellungen: Generalanwalt Lenz, EuGH Slg. 1994, I-2913,2920 (Custom Made).

613 Vgl. Schröder, Internat. Zuständigkeit., S. 112.

stimmter Interessen als wertender Vorgang darstellt und ihre Objektivierung wertungsgepägt ist[614].

An erster Stelle sind Vereinfachungs- und Wirksamkeitsinteressen zu nennen, nach denen der Kläger möglichst schnell, einfach, preiswert und wirksam sein Recht erhalten möchte[615]. Damit ist zunächst das Interesse begründet, überhaupt irgendwo einen Gerichtsstand zu haben. Dann mag sich das Augenmerk auf die Vorteile richten, die ein heimatnaher Gerichtsstand innerhalb des eigenen Landes bietet. Bei dem Beklagten gilt eine ähnliche Interessenlage.

Hinzu kommt ein beidseitiges Interesse an der Sachverhaltsnähe eines Gerichtsstandes im Hinblick auf Zugänglichkeit der Beweismittel - man denke nur an dic schwierige Zeugenladung im Ausland - und Beurteilungskompetenz des Gerichts. Der Gesichtspunkt der Sachnähe soll gerade auch dem Art. 5 Nr. 1 EuGVÜ zugrundeliegen[616]. Andererseits ist Beweisnähe nur schwerlich ein durchgängiger Gesichtspunkt, da Zuständigkeitsbezüge vielfältiger sind und kaum in einem Anknüpfungspunkt zusammentreffen. Beispielsweise kann es auf die Vertragsstörung oder den Schaden ankommen. So kann in einem gestörten Schuldverhältnis der Ort der Störung mehr Beweisnähe aufweisen als der Erfüllungsort[617].

Jedenfalls zählen die Nähe des Gerichtsstandes zum anwendbaren Recht und die Wirksamkeit des Rechtsschutzes im Sinne einer Vollstreckungsmöglichkeit aus dem Urteil zu den weiteren typisierten Zuständigkeitsinteressen der Parteien. Stets wird den Parteien daran gelegen sein, daß ein Urteil in den Staaten Anerkennung findet, in denen sich das streitige Rechtsverhältnis auswirkt. Große Bedeutung wird im übrigen der Zuständigkeitsklarheit beigemessen[618]. Ein normal informierter Beklagter soll vernünftigerweise vorhersehen können, vor welchem anderen Gericht als dem seines Wohnsitzstaates er verklagt werden könnte. Dabei gilt aber auch, daß eine enge Verbindung des Streitgegenstandes zum Forumstaat der Schutzwürdigkeit des Beklagten als gerichtsstandsbestimmend vorgehen kann[619]. So geschieht es regelmäßig beim deliktischen Gerichtsstand. Die Lokalisierung eines Rechtsstreits an einem sachnahen Ort muß ein dem Beklagtenschutz zumindest gleichwertiges Anliegen der Zuständigkeitsordnung sein.

---

614 Buchner, S. 56.

615 Vgl. Pfeiffer, Internat. Zuständigkeit., S. 168 ff.

616 Vgl. Bericht Jenard, ABl.EG 1979, Nr. C 59/22; Generalanwalt Mancini, EuGH Slg. 1983,1005,1010 (Peters); Generalanwalt Lenz, EuGH Slg. 1994, I-2913,2919 (Custom Made).

617 Vgl. Schröder, Internat. Zuständigkeit., S. 322 f.

618 Pfeiffer, Internat. Zuständigkeit., S. 190; diese erwähnt auch EuGH v. 17.6.1992 (Handte), Slg. 1992, I-3967,3995.

619 Buchner, S. 53.

Hingegen fällt es schwer, eine innere Beziehung der Zuständigkeitsinteressen und -erwartungen zum Akt der privatautonomen Selbstbindung herzustellen. Gesichtspunkte wie Leistungserwartung und Leistungsgegenstand werden zwar durch den Gerichtsstand am Erfüllungsort berücksichtigt, doch wollen die Parteien aufgrund des Vertragsschlusses vorrangig vertragliche Pflichten und nicht einen Gerichtsstand begründen. Ohnehin wird ein Rechtsstreit nicht zum Erwartungshorizont redlicher Parteien bei Vertragsschluß gehören, so daß das Gericht erst mit dem Prozeß in eine Beziehung zum Sachverhalt tritt. Die Zuständigkeit kann sich zudem nach den Verhältnissen bei Klageerhebung, insbesondere der Verteilung der Prozeßrollen richten[620]. Sollten Gerichtsstands- oder Erfüllungsortsvereinbarungen getroffen worden sein, stehen diese selbständig neben der Begründung der Leistungspflichten. Allenfalls läßt sich sagen, daß der Erfüllungsort, und mit ihm der Gerichtsstand, für die Parteien bei Vertragsschluß vorhersehbar war, und so mittelbar auf ihrem Willen beruht[621].

2. *Materielle Wertungen im Zuständigkeitsrecht*

Sachrecht und Zuständigkeitsrecht folgen im Grundsatz unterschiedlichen Ordnungs- und Wertungsprinzipien. Das Zuständigkeitsrecht ist insofern "neutraler" als das Sachrecht, als sich bei ersterem nicht ein konkretes Ergebnis des Rechtsstreits an materiellen Gerechtigkeitsvorstellungen messen lassen muß. Rechtspolitische Überlegungen im materiellen Recht können sich erheblich von den Erwägungen unterscheiden, die bei der Bestimmung des zuständigen Gerichts ins Gewicht fallen[622].

Gleichwohl sind Interdependenzen zwischen Sachrecht und Zuständigkeitsrecht denkbar. Materiellrechtliche Wertungen können auf das Zuständigkeitsrecht abfärben. Bei dem Bestreben, die Zuständigkeitsgerechtigkeit als Wertungsgrundlage in einer konkreten Entscheidung über die Anwendbarkeit eines bestimmten Gerichtsstandes umzusetzen, wird die Berücksichtigung ausländischen Rechts dann unausweichlich, wenn dessen Inhalt Wertungsprinzipien verwirklicht, die auch für das eigene Recht gelten. Sind solche gemeinsamen Wertungsprinzipien zu erkennen, ist zu fragen, ob das ausländische Recht nicht vor dem Hintergrund unserer eigenen normativen Ausgangslage die bessere Umsetzung der auch für uns maßgeblichen Wertungen darstellt[623]. So suchen alle euro-

620 Vgl. Kropholler, IPR, § 58 II 2.
621 Vgl. Schack, Erfüllungsort, Rn. 142.
622 Vgl. Generalanwalt Jacobs, EuGH Slg. 1992, I-3967,3985 (Handte).
623 Pfeiffer, Internat. Zuständigkeit., S. 166.

päischen Rechtsordnungen eine Grenze zwischen dem Bereich vertraglicher und dem deliktischer Haftung zu ziehen. Im deutschen Recht bestand wegen mancher Schwächen des Deliktsrechts die Tendenz, vertragliche Haftung auf genuin deliktische Jedermannsbeziehungen auszuweiten. Zweck war die Befriedigung elementarer Haftungsbedürfnisse vor dem Hintergrund eines Strebens nach materieller Gerechtigkeit. Mit welchen Regelungsmechanismen andere Rechtsordnungen das Haftungsbedürfnis befriedigen, wurde bereits erörtert. Ob die materiellen Wertungen als Entscheidungskriterium bei der internationalen Zuständigkeit geeignet sind, soll im folgenden geklärt werden.

VI. Subsumtion der einzelnen Fallgruppen der positiven Forderungsverletzung unter Art. 5 Nr. 1 EuGVÜ

1. Schlechterfüllung und Verletzung leistungsbegleitender Nebenpflichten

Für die vom EuGH postulierte autonom-rechtsvergleichende Bestimmung des Begriffs "Vertrag oder Ansprüche aus einem Vertrag" auf der Basis von "Zielsetzung und Systematik des Übereinkommens sowie der allgemeinen Rechtsgrundsätze, die sich aus der Gesamtheit der innerstaatlichen Rechtsordnungen ergeben"[624], sind die Ergebnisse der Rechtsvergleichung aus dem ersten Teil dieser Arbeit von zentraler Bedeutung. In internationaler Perspektive hat sich gezeigt, daß ein europäischer Kernbereich vertraglicher Pflichten existiert, der die eigentlichen Leistungspflichten und solche Pflichten, die in engem Zusammenhang mit ihnen stehen, umfaßt[625]. Einheitlich soll dabei die Erfüllung der fraglichen Pflichten der Verwirklichung des Leistungserfolgs dienen.

Werden die entsprechenden vertraglichen Pflichten verletzt, handelt es sich um "Ansprüche aus einem Vertrag" im Sinne von Art. 5 Nr. 1 EuGVÜ. Dies führt zu einem Gleichklang mit der Auslegung des Begriffs der "durch ihn (den Vertrag) begründeten Verpflichtungen" aus Art. 10 Abs. 1 lit. b EVÜ bzw. den "Folgen der Nichterfüllung" in Art. 10 Abs. 1 lit. c EVÜ und wird dem Zusammenhang von EuGVÜ und EVÜ[626], die ihrerseits in das materielle Recht der Mitgliedsstaaten eingebettet sind, gerecht. Die Pflichtverletzung würde sachrechtlich als "inexécution", "inadempimento", "tekortkoming", "breach of contract" oder eben "Schlechterfüllung" behandelt und vertragsrechtliche Folgen

624 Zuletzt EuGH v. 17.6.1992 (Handte) Slg. 1992,I-3967,3993.

625 Dazu § 3 IV. 3. a.

626 Giuliano/Lagarde, ABl.EG 1980 Nr. C 282/5 berichten über die Konzeption des EVÜ als "natürliche Fortsetzung" des EuGVÜ.

nach sich ziehen. Differenzen, die sich aus den nicht völlig kongruenten vertraglichen Pflichtenspektren ergeben, und die auf eine veränderte konventionseigene Wertung für die internationale Zuständigkeit hindeuten könnten, reichen nicht über Detailfragen hinaus.

a. *Bezug zum Vertragsinhalt bei leistungsbegleitenden Nebenpflichten*

Der Gerichtsstand des Erfüllungsorts ist auf die Fälle der Schlechterfüllung von Haupt- oder Nebenleistungspflichten zugeschnitten. Als Annex sollte die Verletzung sonstiger leistungsbegleitender Nebenpflichten aufgefaßt werden, da sie sich - wie bereits beschrieben[627] - nur sehr schwer von den Nebenleistungspflichten abgrenzen lassen, und sich zudem angesichts ihrer Abhängigkeit vom Einzelfall einer generalisierenden Betrachtung eher verschließen. So wie in Art. 10 EVÜ der Wille der Vertragsstaaten zum Ausdruck gekommen ist, im Grundsatz alle Fragen, die einen Zusammenhang mit dem Vertrag aufweisen, dem Vertragsstatut zu unterstellen, sollte für alle entsprechenden Fragen der Gerichtsstand des Art. 5 Nr. 1 EuGVÜ eröffnet sein.

Dem mit den Nebenpflichten einhergehenden "unkontrollierbaren Unsicherheitsfaktor"[628] und damit einer Uferlosigkeit des forum contractus läßt sich begegnen, wenn bei den leistungsbegleitenden Nebenpflichten im jeweiligen Fall ein enger Bezug zum eigentlichen Vertragsinhalt und zum Schutz des Leistungsinteresses geprüft wird. So kann der rechtsgeschäftliche Bezug danach ermittelt werden, ob die Pflichten durch den Vertragszweck bestimmt werden, vom Vertragsgegenstand abhängig sind und wem gegenüber sie bestehen. In vielen Fällen wird man dabei auch einen eigenen Erfüllungsort ermitteln können. Beispielsweise wird sich meist festlegen lassen, an welchem Ort der Vertragspartner die Ware zu verzollen hat[629], den anderen Teil beraten oder aufklären muß. Ist der rechtsgeschäftliche Bezug nicht feststellbar, erscheinen bei einer isolierten Klage weder der Gerichtsstand des Art. 5 Nr. 1 EuGVÜ noch der von Art. 5 Nr. 3 EuGVÜ sachgerecht. Insbesondere scheidet eine Vergleichbarkeit mit einer deliktischen Situation aus, da die fragliche Pflicht nicht gegenüber einem unabgrenzbaren Personenkreis besteht. Erfüllung oder Schadensersatz sollte dann nur im allgemeinen Gerichtsstand begehrt werden können.

---

627 Vgl. § 2 I. 2. b.
628 v. Bar, DeliktsR I, Rn. 418.
629 Vgl. OLG Bremen, TranspR 1995,32,34.

b. *Kompatibilität mit Zuständigkeitsinteressen*

Durch die beschriebene Einordnung läßt sich eine konventionseigene Wertung erzielen, die auch vor dem Hintergrund der verschiedenen Zuständigkeitsinteressen eine adäquate Lösung darstellt. Sie wird dem Gebot der Zuständigkeitsklarheit gerecht, da der Beklagte bei einem internationalen Sachverhalt vorhersehen kann, in dem Staat verklagt zu werden, in dem er seine jeweilige Vertragspflicht zu erfüllen hat. Jeder Vertragspartner erhält überdies als Beklagter gleichen zuständigkeitsrechtlichen Schutz, da das forum contractus in mehrere besondere Gerichtsstände, die allein von der streitigen Verpflichtung abhängig sind, gespalten wird[630].

Deutlich tritt auch die Verbindung des Erfüllungsortgerichtsstandes zum Lebenssachverhalt hervor, gleich ob es sich um den - in Art. 5 Nr. 1 EuGVÜ ausdrücklich berücksichtigten - tatsächlichen oder den rechtlichen Erfüllungsort handelt. Der Leistungsvorgang spielt sich herkömmlich an einem bestimmten Ort ab. Daß es bei Zahlungspflichten und Leistungen in Form elektronischer Datenübermittlung keinen so deutlichen Ortsbezug gibt, muß hier außer Betracht bleiben.

Auch der EuGH hat jüngst die Bindung der internationalen Zuständigkeit an den Lebenssachverhalt gestärkt, indem er für den rechtlichen Erfüllungsort die - abstrakte - Vereinbarung von Erfüllungsorten ohne Bezug zur Vertragswirklichkeit, an denen die vertraglichen Verpflichtungen nicht erfüllt werden können, eingeschränkt und den Erfordernissen des Art. 17 EuGVÜ unterworfen hat[631]. Im Interesse eines objektiven Zusammenhangs zwischen dem streitigen Rechtsverhältnis und dem zur Entscheidung berufenen Gericht ist dieser Entscheidung beizupflichten. Eine solche Sachverhaltsnähe dient wiederum vor dem Hintergrund von gerichtlicher Beurteilungskompetenz und Zugänglichkeit von Beweismitteln[632] dem berechtigten Parteiinteresse an der "materiellen Richtigkeit" der Entscheidung.

Desweiteren ist die Wirksamkeit des Rechtsschutzes im Hinblick auf Vollstreckungsmöglichkeiten gewährleistet, da die Art. 26 ff. EuGVÜ Regeln über die vereinfachte Anerkennung und Vollstreckung gerichtlicher Entscheidungen enthalten.

Der EuGH hatte bislang keinen Anlaß, sich mit der Frage des Gerichtsstands bei Ansprüchen aus Schlechterfüllung von Haupt- oder Nebenleistungspflichten bzw. leistungsbegleitenden Nebenpflichten näher auseinanderzusetzen, sondern

630 Schack, Erfüllungsort, Rn. 144.
631 EuGH v. 20.2.1997 (MSG Mainschiffahrts-Genossenschaft), Slg. 1997,I-911.
632 kritisch zur Sach- und Beweisnähe: Schack, Erfüllungsort, Rn. 146.

ist implizit von der Anwendbarkeit des Art. 5 Nr. 1 EuGVÜ auf solche Ansprüche ausgegangen[633]. Allerdings wurde in den jeweiligen Vorlagefragen in dieser Hinsicht auch kein Zweifel laut. So ist in Zukunft - zumindest solange das EuGVÜ in seiner gegenwärtigen Fassung gilt - nicht zu erwarten, daß der EuGH sich mit diesen Vertragspflichten wird beschäftigen müssen. Die nationalen Gerichte werden hier keine Notwendigkeit zur Vorlage sehen und ohne weiteres Art. 5 Nr. 1 EuGVÜ anwenden[634].

c. *Sonderfrage: Mangelfolgeschäden und "Weiterfresserschäden"*

Kommt es in einer Vertragsbeziehung dazu, daß der eine Teil durch eine mangelhafte Leistung oder aus Anlaß der Leistung Schäden im schon vorhandenen Bestand an Rechtsgütern des anderen Teils verursacht, halten die untersuchten europäischen Rechte überwiegend das Vertragsrecht für berufen, den Schadensausgleich zu gewährleisten. Dagegen steht die deutsche Rechtsprechung mit ihrer differenzierenden Betrachtungsweise bei Schäden infolge von Mängeln eines Einzelteils bei zusammengesetzter Ware - "Weiterfresserschäden" - in Europa allein. Sachgerecht ist es daher, bei einer europäisch-einheitlichen Auslegung des Begriffs "Vertrag oder Ansprüche aus einem Vertrag" auf diese Differenzierung zu verzichten. Dies kommt dem Interesse an einer möglichst einfachen Bestimmung der gerichtlichen Zuständigkeit entgegen. Hier in eine umfängliche Prüfung nach Deckungsgleichheit von Schaden und Mangelunwert bei Gefahrübergang einzutreten erscheint unpraktikabel, wäre für die ausländischen Gerichte befremdlich und kaum zu handhaben. Eine autonome Betrachtung als Vertrag über eine Gesamtleistung verdient den Vorzug. Demgemäß ist auf den Erfüllungsort der verletzten Vertragspflicht, hier der Lieferpflicht, abzustellen. Diese beinhaltet eine umfassende Pflicht zur integritätswahrenden Schulderfüllung. Sowohl Mangelfolge- als auch Weiterfresserschäden sind bei europäisch-einheitlicher Auslegung Ansprüche aus Vertrag.

---

633 Vgl. EuGH v. 6.10.1976 (de Bloos), Slg. 1976,1457 ff.; EuGH v. 8.3.1988 (Arcado), Slg. 1988,1551 ff.; EuGH v. 22.9.1988 (Kalfelis), Slg. 1988,5565 ff.; EuGH v. 29.6.1994 (Custom Made Commercial), Slg. 1994,I-2913 ff.; EuGH v. 20.2.1997 (MSG Mainschiffahrtsgenossenschaft), Slg. 1997, I-911 ff.; EuGH v. 5.10.1999 (Leathertex), Slg. 1999, I-6779 ff.

634 Z. B. BGH IPRax 1996,264 ff.

2. *Schutzpflichtverletzungen*

a. *Harmonisierende Auslegung von EuGVÜ und EVÜ*

Welche Erwägungen sollen die zuständigkeitsrechtliche Einordnung von Ansprüchen aus der Verletzung von Schutzpflichten leiten? Der Umstand, daß im ersten Teil der Arbeit internationalprivatrechtlich eine deliktische Qualifikation vorgenommen wurde, präjudiziert dabei noch nicht eine Zuordnung bei der internationalen Zuständigkeit. Denn es ist unschädlich, wenn das Gericht seine Zuständigkeit auf Art. 5 Nr. 1 EuGVÜ stützt und dann den fraglichen Anspruch - scheinbar paradox - deliktisch qualifiziert. Ähnliches geschieht im internationalen Privatrecht häufig. Denkbar wäre z. B. ein Fall, in dem sich französische Gerichte gemäß Art. 5 Nr. 3 EuGVÜ für zuständig erklären, die Klage dann aber vertraglich qualifizieren und anschließend feststellen, daß die lex causae deutsches Recht ist, nach dem der Anspruch schließlich eine deliktische Natur aufweist[635].

Die demgegenüber zuweilen noch praktizierte Betonung von "innerem Entscheidungseinklang" zwischen materiellem Recht und Prozeßrecht, sowie einer "dienenden Funktion" des Prozeßrechts[636], beruht auf überholten Vorstellungen, die durch die autonome Auslegung weitgehend obsolet geworden sind. An die Stelle einer Subordination des Prozeßrechts, die im nationalen Recht noch vertretbar sein mag, ist in Europa eine wechselseitige Beeinflussung der Übereinkommen im Zuge einer harmonisierenden Auslegung getreten[637]. Damit wird dem Zusammenhang der Übereinkommen Rechung getragen, die einheitliche Rechtsanwendung in Europa gefördert und die Entstehung möglichst gleicher und einheitlicher Rechte für die betroffenen Personen in allen Vertragsstaaten sichergestellt[638].

Schon dieses Ziel einer harmonisierenden Auslegung von EuGVÜ und EVÜ deutet darauf hin, im Anschluß an die deliktische Qualifikation im internationalen Privatrecht, für die internationale Zuständigkeit die Fallgruppe der Schutzpflichtverletzungen vom vertraglichen Gerichtsstand auszunehmen. Vor allen Dingen muß die autonom-rechtsvergleichende Auslegung berücksichtigen, daß lediglich Deutschland, Österreich und - weniger ausgeprägt - Frankreich das vertragliche Pflichtenspektrum auf solche Fälle ausgedehnt haben, in denen Rechtsgüter des anderen Teils ohne Beziehung zu Leistungsgegenstand und eigentlichem Vertragsinhalt verletzt werden. So wäre es beispielsweise für ein niederländisches

---

635 Vgl. Generalanwalt Jacobs, EuGH Slg. 1992,I-3967,3984 (Handte).

636 So Lohse, S. 195.

637 Geimer/Schütze, EuGVÜ, Art. 5 Rn. 12 sprechen davon, der EuGH wolle die national unterschiedlichen Grenzen zwischen Vertrag und Delikt amalgamisieren.

638 Vgl. EuGH v. 22.9.1988 (Kalfelis), Slg. 1988,5565,5584 f.

Gericht befremdlich, in dem Fall einer Schutzpflichtverletzung im Anwendungsbereich des EuGVÜ seine Zuständigkeit aus einem vertraglichen Gerichtsstand herleiten zu müssen. Umgekehrt ist in Deutschland, Frankreich und Österreich das Wissen um den ursprünglichen Charakter von Schutzpflichten und den Hintergrund der "Grenzverschiebung" zwischen Vertrag und Delikt sehr wohl noch vorhanden. Eine von der sachrechtlichen Einordung abweichende Zuständigkeitsbestimmung kann daher eher mit Akzeptanz rechen.

Bedeutsamer als die Akzeptanzfrage und von inhaltlicher Relevanz ist der Umstand, daß die Grenzverschiebungen zwischen dem Bereich vertraglicher und deliktischer Haftung, die auf Unzulänglichkeiten der deliktischen Haftung in Deutschland und Österreich und einem französischen Streben nach Flexibilität im Haftungsrecht beruhen, Wertentscheidungen im materiellen Recht darstellen. Die den Hintergrund der Grenzverschiebung zwischen Delikts- und Vertragsrecht bildenden Fragen von Beweislastregeln, möglichen Haftungsklauseln, Gehilfenhaftung, Verjährung und Rechtsgüterschutz sind genuin materiellrechtliche Kategorien. Für die Verjährung ist das zwar nicht selbstverständlich, da die angloamerikanischen Rechtsordnungen die Verjährung als prozeßrechtliche Frage ansehen[639], doch wird sie in Europa durch Art. 10 Abs. 1 lit. d EVÜ materiellrechtlich qualifiziert. Diese sachrechtlichen Fragen sind für die Entscheidung über die internationale Zuständigkeit irrelevant. Die internationale Zuständigkeit fußt auf eigenen abweichenden Wertungen, die bereits benannt wurden[640]. Vor allem hat die Befriedigung elementarer Haftungsbedürfnisse im Anschluß an ein schädigendes Verhalten nur wenig mit der vergleichsweise "neutralen" Entscheidung über die gerichtliche Zuständigkeit zu tun. Insofern besteht keine Notwendigkeit, im internationalen Zuständigkeitsrecht die "Grenzverschiebungen" zwischen Delikts- und Vertragsrecht nachzuvollziehen.

Desweiteren muß herausgestellt werden, daß der Begriff "Erfüllungsort" für Pflichten, die nicht selbständig erfüllt, sondern nur verletzt werden können, wenig geeignet erscheint. Bei dem Lieferungsort in Art. 5 Nr. 1 EuGVÜ n. F. gilt dies in gleicher Weise; der Bezug zum eigentlichen Leistungsvorgang wird eher noch deutlicher. Auch eine Äußerung im Schlosser-Bericht zum Erfüllungsort als Grundlage gerichtlicher Zuständigkeit deutet auf ein solches Verständnis hin, wenn zu Art. 5 Nr. 1 EuGVÜ ausdrücklich nur von Leistungspflichten, die Gegenstand des gerichtlichen Verfahrens sind, die Rede ist[641]. Auf die herausragende Bedeutung der Berichte bei der Auslegung der Übereinkommen, die ihr schon

639 Vgl. MüKo-Spellenberg, Art. 32 EGBGB Rn. 70.
640 Siehe § 4 V. 1.
641 Schlosser-Bericht zum EuGVÜ, ABl.EG 1979, Nr. C 59/111.

aufgrund der Veröffentlichung im Amtsblatt der EG zukommt, wurde bereits verwiesen[642].

Außerdem ließe sich ein etwaiger Erfüllungsort für Schutzpflichten nicht von vornherein lokalisieren, da sich die Schutzpflichten an einer Person oder Sache festmachen und von deren jeweiligem Aufenthaltsort abhängig sind[643]. Daher wäre für die Parteien bei Vertragsschluß nur schwer vorhersehbar, welche Zuständigkeiten sich aufgrund von Schutzpflichten ergeben können. Folglich bestehen auch vor dem Hintergrund des Gebots der Zuständigkeitsklarheit Bedenken, den Erfüllungsortsgerichtsstand auf Schutzpflichtverletzungen anzuwenden. Schließlich sollte auch Berücksichtigung finden, daß das deutsche Zivilprozeßrecht mit seinem § 29 ZPO Vorbildfunktion für Art. 5 Nr. 1 EuGVÜ hatte und, die zugehörigen Vorschriften im Sachrecht - §§ 269 ff. BGB - immer nur vom "Leistungsort" sprechen. Das läßt darauf schließen, daß die Verfasser des BGB keine Schutzpflichten im Zusammenhang mit der Erfüllung einer Vertragspflicht vor Augen hatten.

Nach alldem ist der Gerichtsstand des Art. 5 Nr. 1 EuGVÜ für Ansprüche aus der Verletzung von Schutzpflichten nicht sachgerecht.

Dies gilt auch in den Fällen, in denen die Parteien eine Gerichtsstandsvereinbarung gemäß Art. 17 Abs. 1 EuGVÜ getroffen haben. Hier muß die Auslegung der Gerichtsstandsvereinbarung ergeben, ob sie sich nur auf - autonom qualifizierte - vertragliche Ansprüche erstrecken soll, oder von ihr auch die gerichtliche Durchsetzung außervertraglicher Ansprüche umfaßt sein soll. Im Zweifel sei dies anzunehmen, wenn zwischen der Vertragsverletzung und der unerlaubten Handlung ein hinreichend enger Zusammenhang besteht[644]. Beispielsweise ließ das OLG München unter eine Gerichtsstandsklausel in einer Verpfändungsvereinbarung zwischen einer luxemburgischen Bank und einem deutschen Anleger auch die deliktischen Schadensersatzansprüche des Anlegers wegen einer Unterschlagung von Aktien durch die Bank fallen[645].

Die vorstehenden Ausführungen beziehen sich nicht nur auf den Fall, daß ein Anspruch auf Schadensersatz aus einer Schutzpflichtverletzung isoliert eingeklagt wird. Wenn das angerufene Gericht seine Zuständigkeit aus Art. 5 Nr. 1 EuGVÜ angesichts einer Schlechterfüllung einer Hauptleistungspflicht bejaht, ist damit eine zugleich begangene Schutzpflichtverletzung noch nicht erfaßt. Da es sich um etwas gänzlich anderes und nicht eine bloße Nebensache handelt, findet der Grundsatz "Nebensächliches folgt der Hauptsache" keine Anwendung. Man

---

642 Vgl. § 3 II. 1. b. cc.

643 Vgl. Bernstein, RabelsZ 41 (1977),281,292 ff.

644 Reithmann/Martiny, Rn. 2190.

645 Vgl. OLG München, RIW 1989,901 f.

denke beispielsweise an einen Fall, in dem der Anwalt einen Mandanten falsch berät und dieser zudem auf der schadhaften Treppe stürzt. Vielmehr handelt es sich dann um die Frage der zuständigkeitsrechtlichen Behandlung von Ansprüchen im Sachzusammenhang. Ob dabei - vergleichbar der akzessorischen Anknüpfung im internationalen Privatrecht - eine Entscheidungskonzentration in einem Gerichtsstand oder eine Annexzuständigkeit angemessen ist, kann an dieser Stelle noch offenbleiben. Vorrangig muß geklärt werden, ob Art. 5 Nr. 3 EuGVÜ für Ansprüche aus Schutzpflichtverletzungen sachgerecht ist.

b. Anwendung von Art. 5 Nr. 3 EuGVÜ auf Schutzpflichtverletzungen?

Nachdem die Schutzpflichtverletzungen keinen "Anspruch aus einem Vertrag" darstellen, kann es sich jedoch um einen Anspruch handeln, für den Art. 5 Nr. 3 EuGVÜ einen besonderen Gerichtsstand bereitstellt. Auch die zu Art. 5 Nr. 1 EuGVÜ komplementären Begriffe des Art. 5 Nr. 3 EuGVÜ bestimmt der EuGH autonom. Er führt aus, die Norm gelte für alle Klagen, mit denen eine Schadenshaftung des Beklagten geltend gemacht wird und die nicht an einen "Vertrag" im Sinne von Art. 5 Nr. 1 EuGVÜ anknüpfen[646]. Diese Definition ist zwar wenig präzise, läßt aber ein Verständnis von der deliktischen Haftung als Grundfall und Auffangtatbestand erkennen. Demgemäß liegt eine Fülle von Ansprüchen im Anwendungsbereich der Norm, die weit über die Tatbestände der §§ 823 ff. BGB hinausgehen. Es handelt sich um grundsätzlich alle Fälle der Verschuldenshaftung, die nicht im Gerichtsstand des Art. 5 Nr. 1 EuGVÜ geltend gemacht werden können. So verschiedene Delikte wie Straßenverkehrsunfälle, Umweltbeeinträchtigungen, Schädigungen durch fehlerhafte Produkte, Kartellverstöße, unlauterer Wettbewerb, Verletzung von Immaterialgüterrechten oder des allgemeinen Persönlichkeitsrechts sind umfaßt[647].

Desweiteren fällt schon am Wortlaut auf, daß Art. 5 Nr. 3 EuGVÜ den Zusatz enthält "...oder eine Handlung, die einer unerlaubten Handlung gleichgestellt ist", während in Art. 5 Nr. 1 EuGVÜ kein entsprechender Zusatz existiert. Offenbar hatten die Verfasser des Übereinkommens bei dieser Formulierung Haftungsmodelle vor Augen, die weder deliktisch noch vertraglich im klassischen Sinne sind. Die Berichte zum EuGVÜ schweigen an dieser Stelle. Schlosser glaubt, es handele sich lediglich um eine Übersetzung des französischen Begriffs "quasi-delict", die im deutschen Text überflüssig sei[648]. In der französischen Literatur

646 EuGH v. 27.9.1988 (Kalfelis), Slg. 1988,5565,5585.
647 Wieczorek/Schütze-Hausmann, Art. 5 EuGVÜ Rn. 51 mit zahlreichen Nachweisen aus der Rechtsprechung.
648 Schlosser, EuGVÜ, Art. 5 Rn. 15.

wird als Beispiel für die gleichgestellten Handlungen die Haftung aufgrund der Produkthaftungsrichtlinie angeführt[649]. Deutsche Stimmen erwähnen in diesem Zusammenhang generell die Tatbestände der Gefährdungshaftung, neben Beseitigungs- und Unterlassungsansprüchen des Grundeigentümers oder Nebenansprüchen, z. B. Auskunftsansprüchen[650]. Bei letzeren ergibt sich die Anwendbarkeit von Art. 5 Nr. 3 EuGVÜ bei genauerer Betrachtung aber nur aus dem Grundsatz, "daß Nebensächliches der Hauptsache folgt"[651]. In der den Kommentarauffassungen zugrundeliegenden Entscheidung des BGH hatte es dieser mit einem Auskunftsanspruch zu tun, der die Grundlage für einen Schadensersatzanspruch wegen Verletzung von Kennzeichnungsrechten bilden sollte[652].

Als deliktsähnlich gelten in der Literatur zur internationalen Zuständigkeit auch Ansprüche aus der Verletzung von Verkehrs- und Schutzpflichten bei der culpa in contrahendo[653]. Nicht anders kann man dann für die entsprechende Fallgruppe bei der positiven Forderungsverletzung entscheiden, da die fraglichen Pflichten inhaltlich kongruent sind. Auch durch den Vertragsschluß wird sich kein engerer Bezug zum eigentlichen Vertragsinhalt und der vertraglichen Hauptpflicht ergeben. Zwar ist es möglich, daß die Parteien eine Schutzpflicht zum Vertragsgegenstand machen, doch handelt es sich dann bei der Verletzung dieser Pflicht schlichtweg um einen Fall von Schlechterfüllung, für den ohne weiteres der Gerichtsstand des Art. 5 Nr. 1 EuGVÜ zur Verfügung steht.

Die Schutzpflichtverletzungen sind somit als deliktsähnlich im Sinne von Art. 5 Nr. 3 EuGVÜ anzusehen.

Die Wendung "... Ortes, an dem das schädigende Ereignis eingetreten ist" erfaßt sowohl den Ort, an dem die schädigende Handlung begangen wurde, als auch den Ort, an dem der Schaden eingetreten ist[654]. Auch für die Fälle von Schutzpflichtverletzungen sind dabei die Grenzen des Erfolgsorts von Interesse. Man denke nur an Vermögensfolgeschäden, die beim Geschädigten aus der Verletzung eines konkreten Rechtsguts entstehen und sich nicht am Eingriffsort manifestieren. Die Schwierigkeiten bestehen vor allem darin, den "Erfolgsort" von solchen Orten abzugrenzen, an denen sich weitere Schadensfolgen für den Geschädigten zeigen[655]. Hier besteht die Gefahr einer unverhältnismäßigen Verviel-

649 Gaudemet-Tallon, Conventions, Nr. 185.
650 Wieczorek/Schütze-Hausmann, Art. 5 EuGVÜ Rn. 51; widersprüchlich: Schlosser, EuGVÜ, Art. 5 Rn. 16.
651 Mansel, IPRax 1989,84.
652 BGH IPRax 1989,98.
653 Wieczorek/Schütze-Hausmann, Art. 5 EuGVÜ Rn. 8, 52; Geimer/Schütze, EuGVÜ, Art. 5 Rn. 162; Schack, IZVR, Rn. 261 ff.
654 EuGH v. 30.11.1976 (Mines de Potasse), Slg. 1976,1735,1746.
655 Vgl. Hohloch, IPRax 1997,312.

fachung des klägergünstigen Deliktsgerichtsstands, die zum "forum-shopping" einladen würde und der der EuGH durch eine fallweise Ausformung des Begriffs "Erfolgsort" entgegenzuwirken sucht. Der Gerichtshof hält danach eine enge Beziehung zwischen Deliktsteil und Gerichtsplatz für erforderlich, die fehlt, wenn nicht an den beim unmittelbar Geschädigten eingetretenen Schadenserfolg, sondern an einen in dessen Folge eingetretenen mittelbaren Schaden einer anderen Person angeknüpft wird[656]. Im Fall Marinari hat es der Gerichtshof abgelehnt, unter "Erfolgsort" im Sinne des Art. 5 Nr. 3 EuGVÜ auch den Ort zu fassen, an dem sich ein Vermögensfolgeschaden realisiert hat, der aus einer primären Rechtsgutsverletzung resultierte[657].

Handlungs- und Erfolgsort der unerlaubten Handlung oder einer ihr gleichgestellten Handlung sind aber auch die einzigen Kriterien zur Gerichtsstandsbegründung. Das Gericht prüft nur, ob der vorgetragene Sachverhalt als unerlaubte Handlung zu qualifizieren ist und der angebliche Deliktsort im Gerichtsbezirk liegt[658]. Eine weitergehende Prüfung der Schlüssigkeit des Klägervortrags ist dagegen nicht angebracht, da sie den Rückgriff auf materielles Recht verlangen würde. Die angestrebte einheitliche Auslegung wäre dadurch wieder gefährdet. Zudem würde von einer Schlüssigkeitsprüfung einzig der Kläger profitieren, da seine Klage nur durch Prozeßurteil abgewiesen würde, er also an einem anderen Ort - etwa im allgemeinen Gerichtsstand des Beklagten - erneut klagen könnte[659].

c. *Zuständigkeiten kraft Sachzusammenhangs?*

Schadensersatzansprüche aus einer Schutzpflichtverletzung werden in einer Reihe von Fällen nicht isoliert, sondern gleichzeitig mit Schlechterfüllungsansprüchen geltend gemacht. Folgeproblem ist daher die zuständigkeitsrechtliche Behandlung von Ansprüchen, die im Sachzusammenhang stehen und sich auf einen einheitlichen Lebenssachverhalt stützen. Teilweise spricht man auch von der zuständigkeitsrechtlichen Frage der Anspruchskonkurrenz[660], wobei aber unterschiedlich beurteilt wird, ob sich die Anspruchskonkurrenz nach der lex fori, der lex causae oder sogar autonom bestimmen soll. Jedenfalls gilt es, bei den Ansprüchen im Sachzusammenhang einen angemessenen Ausgleich zwischen den Zuständigkeitsinteressen der Parteien zu finden. Diesen Ausgleich bezweckt zwar auch das Übereinkommen, doch bleiben weitere Ausdifferenzierungen möglich.

656 EuGH v. 11.1.1990 (Dumez et Tracoba), Slg. 1990,I-49 ff.
657 Vgl. EuGH v. 19.9.1995 (Marinari), Slg. 1995,I-2733,2739 f.
658 Kropholler, EuGVÜ, Art. 5 Rn. 41.
659 Vgl. Würthwein, ZZP 106 (1993),51,69 f.
660 Vgl. Gottwald, IPRax 1989,272 f.; Spellenberg, ZZP 91 (1978),38,49; Schack, Erfüllungsort, Rn. 317; Lohse, S. 18 ff.

Vor allen Dingen kann eine Spaltung der Zuständigkeiten nach Schlechterfüllung und Schutzpflichtverletzung in Widerspruch zu einem Zuständigkeitsinteresse einer Partei treten, alle Ansprüche gegen den Beklagten in einem Gerichtsstand geltend machen zu können. Ebenso kann es im Interesse des Beklagten liegen, sich nur in einem Rechtsstreit verteidigen zu müssen.

aa. Annexzuständigkeiten kraft Sachzusammenhangs

Vor der "Kalfelis"-Entscheidung des EuGH[661] tendierte ein Teil der Literatur dazu, bei den Gerichtsständen der Art. 5 Nr. 1 und 3 EuGVÜ eine Annexkompetenz kraft Sachzusammenhangs für jeweils konkurrierende Ansprüche, gleich aus welchem Rechtsgrund, anzunehmen[662]. Eine solche Zuständigkeit kraft Sachzusammenhangs ermögliche die Umgehung von Qualifikationsproblemen und gewährleiste, daß der gewünschte Gleichlauf von Vertrags- und Deliktsstatut nicht auf der Ebene der internationalen Zuständigkeit zerrissen werde. Auch widerspreche das nicht der Wertung der Konvention, da dem Beklagten im Rahmen von Art. 6 Nr. 1 EuGVÜ eine weitaus größere Prozeßführungslast aufgebürdet werde. Vor allem werde den Beklagteninteressen mit einer Spaltung der Zuständigkeiten nicht gedient. Der Beklagte müsse sich zweimal in der Hauptsache verteidigen und die Belastungen einer doppelten Prozeßführung tragen. Auch der EuGH hat in der Ivinel-Entscheidung Sympathie für dieses Argument anklingen lassen, wenn er davon spricht, "Bestimmungen des Brüsseler Übereinkommens so auszulegen, daß das angerufene Gericht keine Veranlassung dazu hat, für die Entscheidung über einige Ansprüche seine Zuständigkeit zu bejahen, sie jedoch in Bezug auf andere Ansprüche zu verneinen"[663].

Indes hat sich der EuGH in der "Kalfelis"-Entscheidung[664] zu Recht anders entschieden. Er lehnte eine Annexzuständigkeit des Gerichts im forum delicti commissi für nichtdeliktische Ansprüche ab und wies darauf hin, daß es sich bei den besonderen Zuständigkeiten der Art. 5 und 6 EuGVÜ um Ausnahmen vom Grundsatz der Zuständigkeit der Gerichte am Beklagtenwohnsitz handele, die einschränkend auszulegen seien. Zwar sei die doppelte Prozeßführung mit Nachteilen verbunden, doch könne der Kläger die Klage unter sämtlichen Gesichtspunkten vor das Gericht am Wohnsitz des Beklagten bringen. Desweiteren lasse sich über Art. 22 EuGVÜ einem Sachzusammenhang von vor verschiedenen Gerichten erhobenen Klagen Rechnung tragen.

---

661 EuGH v. 27.9.1988 (Kalfelis), Slg. 1988,5565,5585 ff.

662 Vgl. Mansel, ZVglRWiss 86 (1987),1,22; Geimer, IPRax 1986,80,81 f.; Geimer/Schütze, EuGVÜ, Art. 5 Rn. 163.

663 EuGH v. 26.5.1982 (Ivinel), Slg. 1982,1891,1901.

664 EuGH v. 27.9.1988 (Kalfelis), Slg. 1988,5565,5585 ff.

Schon in methodischer Hinsicht fallen an der Auffassung von der Annexkompetenz kraft Sachzusammenhangs einige Unschärfen auf. So kann die Bestimmung des Sachzusammenhangs nicht einfach je danach vorgenommen werden, ob Anspruchskonkurrenz vorliegt oder nicht. Bei der Anspruchskonkurrenz erscheint eine vertragsautonome Bestimmung ausgeschlossen, so daß die jeweilige - nach der lex causae oder der lex fori bestimmte - nationale Rechtsordnung mit ihren Vorstellungen von Streitgegenstand und Anspruchskonkurrenz über die Zuständigkeiten nach dem EuGVÜ bestimmt. Die einheitliche Anwendung würde damit preisgegeben[665]. Allenfalls könnte unter Rückgriff auf die Definition des Art. 22 Abs. 3 EuGVÜ die Identität des Lebenssachverhaltes als Kriterium für einen Sachzusammenhang dienen.

Aber auch inhaltlich läßt sich eine Extension von Art. 5 Nr. 1 oder Nr. 3 EuGVÜ schwerlich rechtfertigen. Über die vom EuGH genannten Gründe hinaus sollte berücksichtigt werden, daß eine fallweise sich immer weiter differenzierende autonome Interpretation der Begriffe "Vertrag" und "unerlaubte Handlung" dem Qualifikationsproblem die Spitze nimmt. Den Vorwürfen eines "unkritisch-schwärmerischen Umgangs mit dem Postulat der autonomen Auslegung"[666] kann durch Konkretisierung für einzelne Fälle - um die sich diese Arbeit bemüht - entgegengewirkt werden.

Desweiteren würde eine Annexzuständigkeit aus Sachzusammenhang im Spannungsfeld der widerstreitenden Zuständigkeitsinteressen zu sehr die Interessen des Klägers betonen und ein forum shopping für vertragliche Ansprüch durch schlüssige Darlegung oder bloße Behauptung eines Delikts ermöglichen; der vertragliche Gerichtsstand würde verdoppelt. Eine solche Verdopplung erführe in gleicher Weise der Deliktsgerichtsstand.

Eine Prüfung deliktischer Ansprüche am Erfüllungsort widerspricht indes dem Gebot der Sachnähe des forum delicti. Gerade die Zuständigkeit am Deliktsort stützt sich wesentlich auf Überlegungen der örtlichen Sachnähe, beispielsweise der Zugänglichkeit von Beweismitteln[667]. Für andere Rechtsverhältnisse, bei denen es um Fragen wie Vertragsauslegung oder Konstruktion oder Inhalt eines Rechtsverhältnisses geht, sind diese Erwägungen weniger bedeutsam. Der Handlungort prägt den Inhalt des Rechtsverhältnisses nicht. Daher verbietet sich auch eine Zuständigkeitskonzentration am Deliktsort.

In diesem Zusammenhang erscheint de lege ferenda lediglich die Möglichkeit einer bindenden Verweisung an ein anderes Gericht bei konkurrierenden Anspru-

665 Schack, Erfüllungsort, Rn. 317.
666 So Schlosser, RIW 1988,987,988.
667 Vgl. Mankowski, IPRax 1997,173,178; Lohse, S. 26.

chen im internationalen Kontext wünschenswert[668]. Damit wäre das Problem konkurrierender Ansprüche entschärft und die internationale Rechtsverfolgung würde erleichtert. Der Vorschlag der Kommission zur Revision des EuGVÜ enthält leider keine entsprechende Regelung.

bb. Entscheidungskonzentration im Gerichtsstand des Art. 5 Nr. 1 EuGVÜ

Eine andere Schlußfolgerung aus einem Sachzusammenhang zwischen verschiedenen Ansprüchen zieht diejenige Ansicht, die bei konkurrierenden Ansprüchen aus Vertrag und Delikt eine Entscheidungskonzentration im vertraglichen Gerichtsstand befürwortet[669]. Art. 5 Nr. 1 EuGVÜ käme also eine die Zuständigkeit nach Art. 5 Nr. 3 EuGVÜ verdrängende Annexzuständigkeit für deliktische Ansprüche zu. Sogar Generalanwalt Darmon machte sich in seinem Schlußantrag in der Rechtssache Kalfelis diese Auffassung zu eigen[670]. Die Argumente zur akzessorischen Anknüpfung des Deliktsstatuts an das Statut eines zwischen den Parteien bestehenden Sonderverhältnisses klingen an, wenn von der Bedeutung der privatautonomen Selbstbindung der Parteien und einem Vertrauen auf einen Zuständigkeitsgleichlauf die Rede ist. Insbesondere hat der eine Vertragspartner ihm zurechenbare Rechtsgüter einer Gefährdung in der Sphäre des anderen Teils ausgesetzt; das Vertragsverhältnis hat die Einwirkungsmöglichkeiten erhöht. Außerdem sei die Entscheidungskonzentration im vertraglichen Gerichtsstand die konsequente Fortsetzung des Grundsatzes, daß Nebensächliches der Hauptsache zu folgen habe. Doppelprozesse und sich widersprechende Urteile seien so vermeidbar; das für den Vertrag zuständige Gericht sei am besten in der Lage, den Zusammenhang des Vertrages und die Gesamtheit seiner streitigen Implikationen zu verstehen. Der Vertrag "kanalisiere" alle Aspekte des Rechtsstreits.

Der EuGH hat sich in der "Kalfelis"-Entscheidung zu diesen Erwägungen nicht geäußert[671], obgleich sich ein obiter dictum angeboten hätte.

Die Entscheidung des EuGH kann aufgrund ihrer Argumentationsstruktur als implizite Absage an eine Entscheidungskonzentration im Vertragsgerichtsstand gewertet werden. Der EuGH ist dabei zu Recht den Ausführungen von Generalanwalt Darmon nicht gefolgt, da sich die akzessorische Anknüpfung nicht aus dem internationalen Privatrecht auf das Prozeßrecht übertragen läßt. Insbesondere würden die Gerichtsstände der Art. 5 Nr. 2 und 3 EuGVÜ entwertet, obwohl das Übereinkommen und die Berichte von einer Gleichwertigkeit der besonderen

668 Mankowski, IPRax 1997,173,178.
669 Vgl. Lohse, S. 30 f.; Kropholler, EuGVÜ, Art. 5 Rn. 39; Wieczorek/Schütze-Hausmann, Art. 5 Rn. 56.
670 Generalanwalt Darmon, EuGH Slg. 1988,5573,5576 f. (Kalfelis).
671 EuGH v. 27.9.1988 (Kalfelis), Slg. 1988,5565,5585 ff.

Gerichtsstände ausgehen. Eine solch weitgehende Umdeutung findet im Normtext keinen Anhalt[672]. Anzuerkennen ist zwar ein Zuständigkeitsinteresse einer oder beider Parteien an einer Entscheidung in einem einheitlichen Gerichtsstand bei Anspruchskonkurrenz, doch ist dieses, was den Gerichtsstand des Art. 5 Nr. 1 EuGVÜ angeht, nicht schutzwürdig. Im Regelfall steht der allgemeine Gerichtsstand am Beklagtenwohnsitz zur Verfügung. Eine Ausnahme ergibt sich nur bei den ausschließlichen Zuständigkeiten nach Art. 16 EuGVÜ - einem hier unbeachtlichen Fall - und bei einer Zuständigkeitsvereinbarung nach Art. 17 EuGVÜ. Im Rahmen des Art. 17 EuGVÜ beruht die Zuständigkeit jedoch nicht auf einem typisierten Zuständigkeitsinteresse wie bei Art. 2 Abs. 1 und Art. 5 EuGVÜ, sondern dem beidseitigen Parteiwillen.

Im übrigen widerspräche es der Zuständigkeitsklarheit, wenn ein konkurrierender vertraglicher Anspruch - ganz absehen von der bereits erwähnten Frage der Bestimmung der Konkurrenzsituation - die Zuständigkeit regelte. Dieser könnte vom Kläger nur geltend gemacht werden, um eine ihm genehme Zuständigkeit zu erlangen, so daß auch hier die Gefahr des forum shopping im Raume steht.

Schließlich erscheinen die Überlegungen zum prägenden Charakter des Vertragsverhältnisses nicht in jedem Fall zutreffend. So kann in kombinierten Gewährleistungs- und Produkthaftungsfällen der außervertragliche Ersatzanspruch den Schwerpunkt des Rechtsstreits bilden[673].

d. Ergebnis

Für Schutzpflichtverletzungen ist allein der Gerichtsstand des Art. 5 Nr. 3 EuGVÜ angemessen. Die wechselseitige Beeinflussung von EVÜ und EuGVÜ führt so auf der ersten Stufe der einheitlichen Auslegung der Systembegriffe der Übereinkommen zu einer kohärenten Lösung. Erst auf der zweiten Stufe ist im Kollisionsrecht im Einzelfall eine vertragsakzessorische Anknüpfung möglich, wenn das schädigende Ereignis in einem inneren Zusammenhang mit dem Vertrag steht.

---

672 Vgl. Mansel, IPRax 1989,84,85.
673 Gottwald, IPRax 1989,272,274.

VII. Ansprüche aus einem Vertrag mit Schutzwirkung

1. Entscheidung des EuGH zur action directe

Im Rahmen der Auslegung von Art. 5 Nr. 1 EuGVÜ hat sich im Jahre 1992 der EuGH auf einen Vorlagebeschluß der französischen Cour de Cassation zu einem der vertraglichen Drittschutzkonzepte in Europa, nämlich der französischen action directe in Produzentenhaftungsfällen, geäußert. Inwieweit diese Entscheidung zutrifft und für die zuständigkeitsrechtliche Behandlung von Ansprüchen aus einem Vertrag mit Schutzwirkung für Dritte maßgeblich ist, soll nun erörtert werden.

Dem Vorlagebeschluß lag - vereinfacht - folgender Sachverhalt zugrunde: Die französische Firma TMCS aus Bonneville/Haute Savoie kaufte für von ihr genutzte Metallpoliermaschinen ein Absaugsystem bei der in Straßburg ansässigen Gesellschaft französischen Rechts Handte France. Das Absaugsystem war von der deutschen Firma Handte & Co. GmbH hergestellt worden. Wie sich die Rechtsbeziehungen zwischen Handte France und Handte Deutschland gestalteten, ist nicht weiter bekannt. Wegen Mängeln am Absaugsystem erhob TMCS in Bonneville u. a. gegen Handte Deutschland Klage auf Schadensersatz. Das Eingangsgericht und der Cour d'appel hatten die Zuständigkeit des Gerichts in Bonneville gemäß Art. 5 Nr. 1 EuGVÜ mit der Begründung bejaht, es handele sich um eine Klage wegen einer Haftung des Herstellers für Mängel der verkauften Sache, die vertraglicher Natur sei. Erst der Kassationshof hegte Zweifel an dieser Auslegung des Übereinkommens bei einer Kette von Verträgen und legte dem EuGH die Frage nach der Anwendbarkeit von Art. 5 Nr. 1 EuGVÜ auf die in Rede stehende Klage vor.

Generalanwalt Jacobs ging in seinem Schlußantrag vor dem EuGH kurz auf die Abgrenzung von Vertrag und unerlaubter Handlung in den verschiedenen europäischen Rechtsordnungen für Fälle ein, in denen dem Erwerber der Ware allein ein wirtschaftlicher Schaden entstanden ist. Er wies darauf hin, daß in solchen Konstellationen nur in Frankreich, Belgien und Luxemburg eine Klage aus Vertrag gegen den Hersteller gewährt werde[674]. Gleichwohl dürfe man dem nicht zu viel Gewicht beimessen, da sich die rechtspolitischen Überlegungen, auf denen die nationalrechtliche Qualifikation beruhe, erheblich von denen unterschieden, die bei der Auslegung des Übereinkommens von Bedeutung seien. Art. 5 EuGVÜ solle nicht zur Zuständigkeit von Gerichten an einem Ort führen, der keinen "wirklichen Bezug" zum Gegenstand des Rechtsstreits hat. Die Klage des späteren Erwerbers gegen den Hersteller wegen Lieferung von Ware unzurei-

---

674 EuGH Slg. 1992, I-3977,3982 f.

chender Qualität sei eine Klage aus unerlaubter Handlung, da zwischen den Parteien kein Vertrag geschlossen wurde. Es bestünden zwar zwei oder mehr getrennte Verträge, doch könnten diese sehr unterschiedliche Klauseln enthalten und auch verschiedenen Rechten unterliegen. Weder seien "vertragliche" Verpflichtungen des Herstellers gegen den späteren Erwerber präzise zu ermitteln, noch ein zugehöriger Erfüllungsort zu bestimmen.

Der EuGH ist im wesentlichen den Ausführungen des Generalanwalts gefolgt und hat Art. 5 Nr. 1 EuGVÜ für unanwendbar gehalten. Dazu hat er den Begriff "Vertrag oder Ansprüche aus einem Vertrag" in Art. 5 Nr. 1 EuGVÜ negativ definiert[675]. Er gelte nicht für Situationen, in der keine von einer Partei gegenüber einer anderen freiwillig eingegangene Verpflichtung vorliegt. In einer Kette von Verträgen sei der Hersteller keine vertragliche Verpflichtung gegenüber dem späteren Erwerber eingegangen. Desweiteren könne sich der Inhalt der Verträge unterscheiden und der Beklagte könne nicht vernünftigerweise vorhersehen, vor welchem anderen Gericht als dem seines Wohnsitzstaates er verklagt werden könne. Mit dem Grundsatz der Rechtssicherheit sei dies unvereinbar.

2. *Kritik*

Der EuGH hat mit der restriktiven Auslegung des Erfüllungsortgerichtsstands konsequent die Linie seiner Rechtsprechung aus der Rechtssache Kalfelis verfolgt. Zunächst ist er dem Grundsatz der autonomen Auslegung der Begriffe des Übereinkommens treu geblieben, und hat, indem er den Ausnahmecharakter der besonderen Gerichtsstände betont, im Ergebnis für die action directe eine zutreffende Wertung gefunden.

Dies wird deutlich, wenn man die Konsequenzen betrachtet, die aus einer zuständigkeitsrechtlichen Qualifikation der action directe als vertraglicher Anspruch entstanden wären. Es bestünde die Schwierigkeit, festzulegen, aus welchem der internationalen Verträge der Erfüllungsort nach der lex causae bestimmt werden soll. Dann müßte der von der haftbar gemachten Person geschlossene Vertrag maßgeblich sein, weil dem Beklagten nur die Rechtsstellung zugewiesen werden kann, die er im Verhältnis zum eigenen Vertragspartner besitzt[676]. Infolgedessen wäre jedoch die Art. 5 Nr. 1 EuGVÜ zugrundeliegende Sachnähe[677] dahin. Zudem käme es zu unterschiedlichen Zuständigkeiten, je nachdem,

675 EuGH v. 17.6.1992, Slg. 1992,I-3990 ff. (Handte).

676 Vgl. Stellungnahme der Handte Deutschland, EuGH Slg. 1992, I-3970 f.

677 Dazu Bericht Jenard, ABl.EG 1979 Nr. C 59/22; Generalanwalt Mancini, EuGH Slg. 1983,1005,1010 (Peters); Generalanwalt Lenz, EuGH Slg. 1994, I-2913,2919 (Custom Made).

ob der Kläger nur den Hersteller oder einen Weiterverkäufer oder beide gemeinsam verklagt. Im letzteren Fall eröffnet nämlich Art. 6 Nr. 1 EuGVÜ einen weiteren Gerichtsstand.

Auch angesichts der unklaren dogmatischen Grundlage der action directe ist der Lösung des EuGH der Vorzug zu geben. Wenn man wie Teile der französischen Literatur eine stillschweigende Abtretung der Ansprüche annimmt[678], entspringen die Rechte des Enderwerbers dem ersten Vertrag und verändern weder den ursprünglichen Erfüllungsort noch dessen Gerichtsstand[679]. Der Erfüllungsort des Erstvertrages spielt für die Verpflichtung des Herstellers, eine mangelfreie Ware in den Verkehr zu bringen, indes keine Rolle mehr[680]. Umgekehrt ist der Erfüllungsort für die Verpflichtungen aus dem Letztvertrag für den Hersteller zufällig, da er von der unkontrollierbaren Zahl der Weiterverkäufer abhängt.

Eine Betrachtung der Vertragskette als "Vertragsgesamtheit", wie sie die Kommission in ihrer Stellungnahme präferierte, würde zu einer völligen Konturlosigkeit des Vertragsbegriffs führen. Gleichzeitig entstünden neue exorbitante Gerichtsstände, obgleich das Übereinkommen in Art. 3 das Ziel verfolgt, solche - bislang nur auf nationalem Recht beruhende - Gerichtsstände international zurückzudrängen. Sie bei der Produzentenhaftung einzuführen ist wenig wünschenswert. Der Hersteller kann kaum vorhersehen wo sein Produkt schließlich einen Enderwerber findet. Prinzipiell könnte er dann überall aus Vertrag gerichtspflichtig werden. Der einschränkende Vorschlag der Kommission, Art. 5 Nr. 1 EuGVÜ auf die Produkthaftungsklage nur insoweit anzuwenden, als das Gericht für eine vom Verkäufer gegen den Hersteller nach Art. 6 Nr. 2 EuGVÜ erhobene Gewährleistungsklage zuständig wäre, überzeugt nicht. Die Zuständigkeitsprüfung gestaltete sich übermäßig kompliziert und wäre von innerstaatlichen Vorschriften über den Streitbeitritt abhängig. Zuständigkeitsklarheit und -vorhersehbarkeit wären gänzlich dahin.

Generalanwalt Jacobs hatte auch eine gänzlich abweichende Lösung erwogen, diese dann aber zu Recht verworfen. Es erscheine denkbar, nach den Arten des Schadens zu unterscheiden: Eine Klage wegen eines Schadens, der lediglich darin besteht, daß das Erzeugnis nicht den vertraglichen Abmachungen entspricht, sei eine Klage aus Vertrag, eine Klage wegen einer körperlichen Schädigung des späteren Erwerbers oder einer Beschädigung von dessen Eigentum sei als Klage aus unerlaubter Handlung anzusehen[681]. Dem liegt der Gedanke zugrunde, die schon seit langem im deutschen Recht für die Abgrenzung der ver-

---

678 Siehe § 3 III. 4. ee. ccc. (2).
679 Vgl. Peifer, JZ 1995,91,92.
680 Vgl. Gaudemet-Tallon, Rev.crit.dr.int.pr. 1992,730,734.
681 Generalanwalt Jacobs, EuGH Slg. 1992, I- 3977,3987 f.

traglichen von der deliktischen Haftung diskutierte Lösung nach der Art des verletzten Interesses für das EuGVÜ fruchtbar zu machen. Wie schon im Kollisionsrecht erweist sich dieser Gedanke jedoch auch bei der internationalen Zuständigkeit als wenig tragfähig. Unschärfen bei der Abgrenzung nach geschützten Interessen und mangelnde Kompatibilität mit den meisten europäischen Rechtsordnungen sind die wesentlichen Probleme, auf die bereits näher eingegangen wurde[682].

Allerdings hat sich der EuGH in der Begründung seiner Entscheidung überaus kurz gefaßt, so daß einige Fragen offen bleiben. Dazu gehört insbesondere die nach der Anwendbarkeit von Art. 5 Nr. 3 EuGVÜ auf die in Rede stehende Klage. Das Schweigen des EuGH läßt sich nur auf zwei Arten deuten: Entweder liegt der Grund in dem schlichten Umstand, daß Art. 5 Nr. 3 EuGVÜ nicht Gegenstand der Vorlagefrage war, oder darin, daß der Gerichtshof für quasi-deliktische oder gesetzliche Schadensersatzansprüche - in Frankreich "responsabilité de troisième type" genannt - von einer Anwendung des Art. 2 Abs. 1 EuGVÜ ausgeht[683]. Für letztere Sichtweise könnte der argumentative Schwerpunkt der Entscheidung bei Rechtssicherheit und Zuständigkeitsvorhersehbarkeit sprechen, da der Hersteller auch nicht vorhersehen kann, vor welchen Gerichten er sich im deliktischen Gerichtsstand verteidigen muß. Andererseits kommt dem Gesichtspunkt der Vorhersehbarkeit im Rahmen von Art. 5 Nr. 3 EuGVÜ nur eine untergeordnete Rolle zu. Dort stehen vielmehr Gesichtspunkte wie Sach- und Beweisnähe sowie die Privilegierung des Geschädigten im Vordergrund.

Art. 5 Nr. 3 EuGVÜ sollte auch auf Klagen der vorliegenden Art angewendet werden. Vor allen Dingen weist der Wortlaut von Art. 5 Nr. 3 EuGVÜ "... Handlung, die einer unerlaubten Handlung gleichgestellt ist" auf ein Verständnis des Deliktsgerichtsstand als Forum für alle Schadensersatzansprüche mit Ausnahme der vertraglichen Ansprüche hin. Dies entspricht auch dem in der Kalfelis-Entscheidung hervorgehobenen residuellen Charakter des Deliktsgerichtsstandes. Eine weitergehende Einschränkung würde diesen entwerten, Sach- und Beweisnähe des Gerichts hintanstellen und dem Geschädigten die Prozeßführung erschweren.

3. *Zuständigkeitsrechtliche Lösung des Falles*

Wie der Fall "Handte" zuständigkeitsrechtlich zu lösen ist, soll nun kurz dargestellt werden. Dabei wird vorausgesetzt, daß Handte Deutschland nicht speziell

682 Siehe § 3 IV. 3. b. cc.

683 Gaudemet-Tallon, Rev.crit.dr.int.pr. 1992,730,736.

für oder direkt an TMCS geliefert hat. Der Begehungsort der unerlaubten Handlung lag am Produktionsort der Absauganlage in Deutschland. Der Erfolgsort macht sich am schadensstiftenden Ereignis der Lieferung angeblich mangelhafter Ware von Handte Deutschland an Handte France fest, das entweder am Sitz von Handte Deutschland oder bei Handte France in Straßburg eingetreten ist. Bei TMCS in Bonneville ist in jedem Fall nur ein Folgeschaden bzw. mittelbarer Schaden eingetreten, der bei einem Dritten nicht mehr von Art. 5 Nr. 3 EuGVÜ erfaßt wird. Diese Einschränkung des Erfolgsortbegriffs ergibt sich aus der Entscheidung des EuGH in der Rechtssache "Dumez"[684]. TMCS hätte daher in Straßburg oder am Sitz von Handte Deutschland Klage erheben müssen.

4. *Folgerungen für den Vertrag mit Schutzwirkung für Dritte*

Der Grundsatz der Relativität der Vertragsbeziehungen wird in Deutschland durch den Vertrag mit Schutzwirkung für Dritte ebenso durchbrochen, wie es in Frankreich unter anderem durch die action directe geschieht. Die Parallelen der Entwicklung wurden bereits eingehend behandelt. Vor diesem Hintergrund müssen im Anschluß an die "Handte"-Entscheidung auch die Ansprüche aus einem deutschen - bzw. österreichischen - Vertrag mit Schutzwirkung für Dritte vom Erfüllungsortsgerichtsstand des Art. 5 Nr. 1 EuGVÜ ausgenommen werden. Hier besteht "keine von einer Partei gegenüber einer anderen freiwillig eingegangene Verpflichtung", wie sie der EuGH für die Anwendung von Art. 5 Nr. 1 EuGH verlangt. Es werden lediglich "vertragliche" Schutz- und Sorgfaltspflichten auf außerhalb der vertraglichen Sonderbeziehung stehende dritte Personen erstreckt, um diesen die Vorteile der vertraglichen Haftung zu verschaffen. Der EuGH hat in der "Handte"-Entscheidung gerade versucht, den Begriff "Ansprüche aus einem Vertrag" gegenüber solch mittelbaren Bindungen abzugrenzen.

Wenn beispielsweise Arbeitsgeräte an einen bestimmten Ort geliefert werden und dort ein Arbeitnehmer des Vertragspartners infolge von Defekten der Geräte einen Körperschaden erleidet, erscheint es kaum sachgerecht, ihn für seinen Schadensersatzanspruch auf den Gerichtsstand am Beklagtenwohnsitz oder am Erfüllungsort der verletzten Vertragspflicht zu verweisen, da dem Geschädigten ein Einblick in das Vertragsverhältnis zwischen Schädiger und Anschlußgläubiger regelmäßig verschlossenen ist. Der zufällige Umstand, daß der Geschädigte in einer Nähebeziehung zu einem Vertragspartner des Schädigers steht, kann ihn nicht schlechter als jedes sonstige Opfer einer Rechtsgutsverletzung stellen. Die

684 EuGH v. 11.1.1990 (Dumez et Tracoba), Slg. 1990, I-49 ff.

Nähe zu dem besonderen Rechtsverhältnis Vertrag soll ihn allenfalls privilegieren, nicht aber Schwierigkeiten bei der Rechtsverfolgung bereiten.

Ebenso wie bei der action directe sind es im wesentlichen zwei Argumentationslinien, auf die sich die Konkretisierung des autonomen Begriffs "Vertrag oder Ansprüche aus einem Vertrag" hinsichtlich des Vertrags mit Schutzwirkung für Dritte stützen kann: Zum einen ist bereits auf der Ebene der Sachrechte eine Tendenz zu einer Rekonturierung der Grenze zwischen Vertrag und Delikt und ein Verzicht auf vertragliche Erklärungsmuster hinsichtlich des Schutzes außerhalb der Vertragsbeziehung stehender Personen auszumachen. Die allein zutreffende Einordnung als richterliche Rechtsfortbildung gewinnt in Rechtsprechung und Rechtslehre zunehmend an Raum, da die Unstimmigkeiten bei der Anbindung an den eigentlichen Vertrag allzu deutlich geworden waren[685]. Zum anderen führt die Analyse der zugrundeliegenden Zuständigkeitsinteressen zu der Anwendung von Art. 5 Nr. 3 EuGVÜ auf die fraglichen Ansprüche.

Die Rechtsvergleichung ausgewählter europäischer Sachrechte hatte gezeigt, daß der Schutz Dritter über das Vertragsrecht nicht die Regel darstellt und die Ausweitung der vertraglichen Pflichtenspektren meist vor dem Hintergrund eines als unbefriedigend empfundenen deliktischen Schadensausgleichs oder einem Bedürfnis nach Flexibilisierung der Haftung erfolgte. Insofern setzen die restriktiven Rechtsordnungen Italiens, Englands und der Niederlande die gemeineuropäische Wertung einer klaren Grenzziehung zwischen dem Bereich vertraglicher und dem deliktischer Haftung deutlicher um. In Frankreich, Deutschland und Österreich hat sich über richterliche Rechtsfortbildung eine "Grauzone" oder "dritte Spur" der Haftung herausgebildet, die jedenfall Teil einer "Hypertrophie der vertraglichen Schadenshaftung"[686] ist. Für das Recht der internationalen Zuständigkeit kommt dem Hintergrund eines sachrechtlichen "Leidensdrucks" auf dem Deliktsrecht dagegen keine Bedeutung zu. Ob das jeweilige nationale Deliktsrecht den Geschädigten zureichend zu schützen vermag, ist insoweit irrelevant. Die verschiedenen Ebenen von Sachrecht und internationaler Zuständigkeit können also auseinandergehalten werden, ohne daß es zu Friktionen bei der Haftung kommt. Auf jeden Fall erscheint es sinngerecht, zumindest für die Auslegung eines europäischen Übereinkommens nationale Sonderwege außer acht zu lassen und konsequent danach zu fragen, ob der Anspruch aus einem Akt der privatautonomen Selbstbindung der Rechtssubjekte resultiert oder nicht. Bei dem Vertrag mit Schutzwirkung sind geschützter Dritter und Anspruchsgegner zu keiner Zeit eine rechtliche Bindung eingegangen. Meistens werden sie sogar nichts voneinander wissen. Sie treten erst mit dem Schadensfall in eine rechtliche Ver-

685 Vgl. § 3 V. 1.
686 Vgl. Picker, JZ 1987,1041,1042.

bindung, wie dies bei der vom Deliktsrecht erfaßten Jedermannsbeziehung typischerweise der Fall ist.

Desweiteren besteht mangels Vertrag auch keine Zuständigkeitserwartung der Parteien hinsichtlich eines Vertragsgerichtsstandes. Überdies werden die Erfüllungsorte der verschiedenen Verpflichtungen des Vertrages, aus dem in Deutschland die Schutzwirkung hergeleitet wird, allenfalls zufällig mit dem schädigenden Ereignis zu tun haben. Ebensowenig könnte eine Gerichtsstandsvereinbarung gemäß Art. 17 EuGVÜ oder gar eine Erfüllungsortvereinbarung zwischen Schuldner und Anschlußgläubiger Einfluß auf den Anspruch des Dritten gewinnen, da bei autonomer Auslegung von Art. 17 Abs. 1 EuGVÜ keine "aus einem bestimmten Rechtsverhältnis entspringende Rechtsstreitigkeit" vorliegt. Mit einer - zulässigen - Zuständigkeitsvereinbarung zugunsten Dritter hat dies nichts gemein, da dabei eine konkrete Person in Aussicht genommen wird, die zudem die Zuständigkeitsvereinbarung bestätigen muß[687].

Werden die Ansprüche des Dritten zuständigkeitsrechtlich deliktisch qualifiziert, verwirklichen sich auch eine Reihe typisierter Zuständigkeitsinteressen, wie vor allen Dingen das Allgemeinintersse an einer einfachen Gerichtsstandsbestimmung, die für die Gerichte aller Vertragsstaaten praktikabel ist und die Wirksamkeit von Rechtsschutz. Desweiteren wird dem beidseitigen Interesse an Sachverhalts- und Beweisnähe des Gerichtsstandes Rechnung getragen.

Die durch richterliche Rechtsfortbildung in Deutschland geschaffene vertragsrechtliche Konstruktion des Anspruchs des Dritten kann also auch bei der internationalen Zuständigkeit auf europäischer Ebene keinen Bestand haben. Vielmehr läßt sich durch die vorgeschlagene Lösung der "vertragliche" Drittschutz auf seinen Ursprung im Deliktsrecht zurückführen, so daß der eigentlichen Charakter der Schutzpflichten als allgemeine Verkehrssicherungspflichten wieder in den Vordergrund tritt. Dabei entsteht ein kohärentes Ergebnis der Auslegung von EVÜ und EuGVÜ. Internationales Privatrecht und Recht der internationalen Zuständigkeit laufen in diesem Fall parallel, ohne daß ihre Eigenständigkeit und spezifischen Ordnungs- und Wertungsprinzipien angetastet werden.

687 EuGH v. 14.7.1983, Slg. 1983,2503,2515 f. (Gerling).

VIII. Positive Forderungsverletzung und Vertrag mit Schutzwirkung im autonomen internationalen Zivilprozeßrecht

1. Einleitung

Auch das autonome deutsche Recht der internationalen Zuständigkeit ist von der Dichotomie des Haftungsrechts geprägt und hält einen vertraglichen Gerichtsstand am Erfüllungsort der streitigen Verpflichtung in § 29 ZPO und einen Gerichtsstand am Begehungsort der unerlaubten Handlung in § 32 ZPO bereit. Die Vorschriften der ZPO über die örtliche Zuständigkeit sind dabei doppelfunktional. Die internationale Zuständigkeit wird als von den Vorschriften über die örtliche Zuständigkeit mitgeregelt angesehen[688]. Internationale und örtliche Zuständigkeit sind zwar nicht identisch, werden aber durch die §§ 12 ff. ZPO in ihren Voraussetzungen miteinander verknüpft.

Die genannten Vorschriften der ZPO hatten Vorbildfunktion für das EuGVÜ. § 29 Abs. 1 ZPO stand ebenso Pate für den Erfüllungsortsgerichtsstand im EuGVÜ[689], wie § 32 ZPO - neben der entsprechenden französischen Vorschrift des Art. 59 Abs. 12 der Zivilprozeßordnung - für die sprachliche Fassung des Gerichtsstands der unerlaubten Handlung in Art. 5 Nr. 3 EuGVÜ[690]. Während ein Gerichtsstand der unerlaubten Handlung in den meisten Mitgliedsstaaten vorgesehen war, kannten das niederländische und luxemburgische Recht keinen Gerichtsstand des Erfüllungsortes; in den anderen Rechten war er in abweichender Form enthalten.

Die im wesentlichen inhaltsgleiche Form der beiden Gerichtsstände in der ZPO und dem EuGVÜ läßt es naheliegend erscheinen, bei der Auslegung der Vorschriften einen Gleichlauf anzustreben. Allerdings steht dem auf den ersten Blick entgegen, daß die Systembegriffe des deutschen Rechts der internationalen Zuständigkeit - nach bislang einhelliger Ansicht - vorrangig nach der lex fori bestimmt werden[691]. Der Richter wendet bei der Prüfung seiner Zuständigkeit also sein eigenes Recht an. Eine Ausnahme im Rahmen des § 29 Abs. 1 ZPO macht die überwiegende Ansicht nur für den Begriff des Erfüllungsorts, für den - wie

688 St. Rspr., vgl. BGHZ 94,156,157; BGH NJW 1991,2212; BGH NJW 1992,974; BGHZ 115,90,91; 119,392,393; 120,334,337.

689 Vgl. Bericht Jenard, ABl.EG 1979 Nr. C 59/23.

690 Vgl. Bericht Jenard, ABl.EG 1979 Nr. C 59/26.

691 Vgl. nur Wieczorek/Schütze-Hausmann, § 29 ZPO Rn. 122; anders jedoch: Geimer, IZPR, Rn. 1481 (lex causae).

bei Art. 5 Nr. 1 EuGVÜ - die lex causae maßgeblich sein soll[692]. Ebenso wie im EuGVÜ verweist man für diese Ausnahme auf den engen Zusammenhang von Gerichtspflichtigkeit des Schuldners und seiner materiellen Leistungspflicht. Nur wenn der Erfüllungsort dem Vertragsstatut entnommen werde, sei gewährleistet, daß dort geklagt wird, wo auch erfüllt werden muß. Angesichts der Vereinheitlichung des europäischen Vertragskollisionsrechts durch das EVÜ ergebe sich so eine international einheitliche Bestimmung des forum contractus. Überdies befinde sich diese Auslegung des autonomen deutschen Rechts im Einklang mit der Rechtsprechung des EuGH zur Bestimmung des Erfüllungsorts bei Art. 5 Nr. 1 EuGVÜ.

2. *Konkretisierungen der Auslegung bei §§ 29 Abs. 1 und 32 ZPO*

Auch in zahlreichen Einzelfragen decken sich die Konkretisierungen, die der EuGH bei den fraglichen Gerichtsständen in den zentralen Fragen der streitigen Verpflichtung, dem Begehungsort der unerlaubten Handlung und der Ablehnung von Annexzuständigkeiten vorgenommen hat, mit der Rechtsprechung des Bundesgerichthofs zum autonomen IZPR. Bei Schadensersatzklagen im Rahmen von Art. 5 Nr. 1 EuGVÜ bzw. § 29 Abs. 1 ZPO ist hier wie dort streitige Verpflichtung die verletzte Vertragspflicht und nicht die Schadensersatzpflicht. Ebenso gilt das Prinzip, daß Nebensächliches der Hauptsache folgt, wenn Haupt- und Nebenpflichten in einer Klage geltend gemacht werden. Bei isoliert eingeklagten Nebenpflichten ist gleichfalls allein deren Erfüllungsort maßgeblich[693]. Kaum ins Gewicht fällt der gegenüber Art. 5 Nr. 1 EuGVÜ abweichende Umstand, daß § 29 Abs. 1 ZPO dem tatsächlichen Erfüllungsort keine gerichtsstandsbegründende Wirkung beimißt. Auch die in § 29 Abs. 2 ZPO erweiterte Möglichkeit von Erfüllungsortvereinbarungen kann außer Betracht bleiben. Der Begehungsort der unerlaubten Handlung wird für Art. 5 Nr. 3 EuGVÜ und § 32 ZPO in gleicher Weise nach dem Ubiquitätsprinzip, also Handlungs- oder Erfolgsort bestimmt, wobei der Ort, an dem sich Folgeschäden oder mittelbare Schäden zeigen, nicht umfaßt ist. Der Geschädigte soll nicht ungerechtfertigt bevorzugt werden, indem der an sich neutrale Gerichtsstand der unerlaubten Handlung zu einem solchen der Vermögensverwaltung des Klägers wird.

---

692 Vgl. BGH NJW 1981,2642,2643; BGH NJW 1988,966,967; Stein/Jonas-Schumann, § 29 ZPO Rn. 43; Geimer, IZPR, Rn. 1482; Wieczorek/Schütze-Hausmann, § 29 ZPO Rn. 122; kritisch: Schack, Erfüllungsort, Rn. 225.

693 Vgl. RGZ 49,72,75.

Der Vorschlag, im Interesse von Verfahrenskonzentration, Prozeßökonomie und schneller Streiterledigung Annexkompetenzen für konkurrierende vertragliche oder deliktische Ansprüche anzuerkennen, hat bei der deutschen Rechtsprechung keinen Anklang gefunden[694]. Insbesondere sei der Beklagte sonst im Gerichtsstand des § 32 ZPO nicht hinreichend geschützt, da bereits die schlüssige Behauptung einer deliktischen Anspruchsgrundlage genügt, um die gerichtliche Zuständigkeit zu begründen. Der Deliktsgerichtsstand würde ungerechtfertigt überdehnt. Im einzelnen decken sich in dieser Frage die Argumentationslinien im Rahmen des EuGVÜ und des autonomen IZPR.

Aus dem Dargelegten ergibt sich, daß eine Übernahme von Wertungen aus der Konvention für die Auslegung des autonomen Rechts nicht durch Auslegungsdivergenzen in zentralen Fragen gehindert wird.

3. Auslegung der Systembegriffe der Zuständigkeitsnorm

Schwierigkeiten kann allerdings zunächst - wie schon erwähnt - die Auslegung der Systembegriffe der Zuständigkeitsnormen nach der lex fori bereiten. Im deutschen Sachrecht werden sämtliche Ansprüche aus der positiven Forderungsverletzung und dem Vertrag mit Schutzwirkung für Dritte zum Bereich der vertraglichen Haftung gezählt. Demgemäß halten Rechtsprechung und Literatur ohne weiteres für die örtliche und internationale Zuständigkeit den Gerichtsstand des § 29 Abs. 1 ZPO für einschlägig[695].

a. Kriterien der Auslegung

Gleichwohl kann sich eine Neubewertung von Ansprüchen aus einer Schutzpflichtverletzung bei der positiven Forderungsverletzung und aus Vertrag mit Schutzwirkung für Dritte auch auf der Ebene der autonomen internationalen Zuständigkeit empfehlen. Die Auslegung der Systembegriffe nach der lex fori darf nämlich nicht im Sinne einer deckungsgleichen Übernahme sachrechtlicher Kategorien verstanden werden. So wird sie schon nicht ausnahmslos praktiziert, sondern bei der Qualifikation des Erfüllungsorts durchbrochen. Dies geschieht auch unter Berufung auf die Rechtsprechung des EuGH zu Art. 5 Nr. 1 EuGVÜ. Ein

---

694 Vgl. BGH NJW 1974,410,411; BGH NJW 1986,2436,2437; BGH NJW 1996,1411,1413.

695 Vgl. BGH NJW 1974,410 f.; Schwarz, S. 22; Zöller-Vollkommer, § 29 Rn. 20; Wieczorek/Schütze-Hausmann, § 29 ZPO Rn. 23; Schack, IZVR, Rn. 261 ff.; Stein/Jonas-Schumann, § 29 Rn. 14.

solcher Einfluß des EuGVÜ kann sich dann ebenfalls bei der Auslegung des Begriffs "Vertragsverhältnis" niederschlagen.

Außerdem ist die Aussage, daß der Begriff des Vertragsverhältnisses lege fori ausgelegt werden müsse, zumeist nur ein mißverständlicher Ausdruck dafür, daß sich die Qualifikation anhand der Wertungen des deutschen Rechts vollziehen muß und eine Qualifikation lege causae ausgeschlossen ist[696]. Eine völlige Kongruenz von Qualifikationsentscheidung und materiellrechtlicher Haftungskategorie ist nicht angestrebt, da bei der internationalen Zuständigkeit aufgrund des Auslandsbezugs des Sachverhalts besondere typisierte Zuständigkeitsinteressen - in der bereits beschrieben Form[697] - bestehen, die sich von den Parteiinteressen bei einem reinen Inlandsfall unterscheiden[698]. "Innerer Entscheidungseinklang" der Auslegung der Systembegriffe des autonomen Zuständigkeitsrechts mit der nationalen dogmatischen Einordnung eines Rechtsinstituts ist kein tragfähiger Gesichtspunkt, wenn die Internationalität des Sachverhalts abweichende Lösungen gebietet. Diese Autonomie des Prozeßrechts, seine Begriffe selbständig zu bestimmen, kann sogar dazu dienen, zu verdeutlichen, wo im Sachrecht bei praeter legem entwickelten Rechtsinstituten dogmatische Unschärfen entstanden sind.

Auch wenn man - im autonomen nationalen Recht vertretbar - die "dienende Funktion" des Prozeßrechts betont[699], darf man in internationalen Fällen daraus nicht das Gebot einer Deckungsgleichheit von - ohnehin angreifbarer - rechtsdogmatischer Einordnung und Zuständigkeitsrecht folgern. Eine international konsensfähige Lösung im autonomen Zuständigkeitsrecht dient gleichfalls der Durchsetzung des materiellen Rechts.

Auf der anderen Seite besteht keine allgemeine Regel, daß die Lösungen des nationalen IZPR möglichst weitgehend mit jenen des EuGVÜ übereinstimmen müssen. Jedoch liegt eine Anlehnung an Lösungen des EuGVÜ insoweit im Interesse des deutschen Rechts, als sich Friktionen im Grenzbereich der beiden Zuständigkeitsregime vermeiden lassen[700]. Eine international konsensfähige Lösung ist dem nationalen Prozeßrecht ebenso angemessen wie der europäischen Zuständigkeitsordnung. So wie der Anwendungsbereich des EuGVÜ durch eine Erweiterung des Kreises der Mitgliedsstaaten wächst, schrumpft der Anwendungsbereich des autonomen IZPR. Gleichzeitig geraten abweichende Lösungen des autonomen IZPR unter zunehmenden Rechtfertigungsdruck. Auch dieses kann das Ziel einer internationalen Zuständigkeitsharmonie nicht außer acht lassen.

696 Mankowski, IPRax 1997,173,176.
697 Siehe oben § 4 V. 1.
698 Vgl. BGH NJW 1996,1411,1413.
699 S. auch § 4 III. 2.
700 Mankowski, IPRax 1997,173,174.

Überdies besteht ein Konnex des IZPR zu den Lösungen des IPR. Das IPR trägt den besonderen Erfordernissen von Fällen mit Auslandsbezug und damit der Autonomie des Kollisionsrechts gegenüber dem Sachrecht Rechnung und qualifiziert die Systembegriffe der deutschen Kollisionsnorm überwiegend nicht mehr nach den Maßstäben und materiellrechtlichen Begriffen des deutschen Sachrechts, sondern auf funktioneller Grundlage[701]. Die Systembegriffe des IZPR haben auch kollisionsrechtlichen Gehalt. In beiden Fällen geht es um die Zuordnung zu einem Rechtssystem. Beim IPR geschieht dies meist allseitig zum Zwekke der sachlichen Erfassung des Lebenssachverhalts, beim IZPR geht es um die prozessuale Befassung des eigenen Justizsystems. Die Systembegriffe von IPR und IZPR müssen schon deshalb über die entsprechenden materiellrechtlichen Begriffe hinausgehen, weil es ebenso gilt, ausländische Rechtserscheinungen zu erfassen. Vor diesem Hintergrund indiziert die Qualifikation im IPR zumindest eine entsprechende Qualifikation auch für Zwecke des autonomen deutschen IZPR.

b. Harmonisierungstendenzen in der Rechtsprechung

Es hat sich gezeigt, daß eine richtig verstandene Auslegung der Systembegriffe in der Lage ist, für eine Neubewertung der Ansprüche aus Schutzpflichtverletzung und Vertrag mit Schutzwirkung eine tragfähige Grundlage zu bilden. Teilweise hat die nationale Rechtsprechung zum IZPR schon gemeineuropäische Wertungen aufgenommen. Einige Entscheidungen des BGH zum nationalen Prozeßrecht zeigen eine solche Aufgeschlossenheit gegenüber international konsensfähigen Lösungen.

So hat der BGH ausgeführt, daß sich zwar die Auslegung der autonomen Zuständigkeitsregeln der ZPO nach deutschem Recht als der lex fori richte, § 29 ZPO aber seinem Sinngehalt nach nur auf Verträge anwendbar sei, auf deren Erfüllung geklagt werden kann[702]. Im Fall ging es um Ansprüche aus einem Verlöbnis bzw. seiner Auflösung, die nach Auffassung des BGH nicht unter § 29 ZPO fallen, da die Hauptpflicht aus dem Verlöbnis, die Einlösung des Eheversprechens gemäß § 1297 Abs. 1 BGB, nicht einklagbar ist. Desweiteren hat das Gericht die Harmonisierung von europäischer und autonomer Rechtsanwendung in den Mittelpunkt seiner Argumentation gestellt, als es sich mit der Frage beschäftigte, ob ein allgemeiner Gerichtsstand des Sachzusammenhangs für konkurrierende Anspruchsgrundlagen anzuerkennen ist. Die Ablehnung der Annexzuständigkeit hat der BGH mit der insoweit restriktiven Rechtsprechung des EuGH

701 Vgl. Mankowski, IPRax 1997,173,174 ff.
702 Vgl. BGH NJW 1996,1411,1412.

zum EuGVÜ begründet und angeführt, daß das Interesse an internationalem Rechtsanwendungseinklang und der Einheitlichkeit der Auslegung von Staatsverträgen eine Übernahme dieser Wertung für das autonome IZPR gebiete. Es sei nicht verständlich, eine internationale Zuständigkeit kraft Sachzusammenhangs in Fällen, die der Geltung des EuGVÜ unterliegen, auszuschließen, sie dagegen in Fällen außerhalb seines Geltungsbereichs allgemein zuzulassen, obwohl das Interesse der Europäischen Staatengemeinschaft gerade darauf abziele, in Fällen mit Auslandsbezug zu möglichst einheitlichen Verfahrensgrundsätzen zu gelangen.

Desweiteren hat der BGH in dieser Entscheidung für die Frage nach dem "Vertragsverhältnis" bei § 29 Abs. 1 ZPO implizit eine Wertung aus dem Kollisionsrecht übernommen, das das Verlöbnis dem internationalen Familienrecht unterstellt[703]. Dies bedeutet eine Abkehr der Auslegung des Systembegriffs "Vertragsverhältnis" von der sachrechtlichen Einordnung des Verlöbnisses als Rechtsgeschäft und eine zutreffende Präzisierung des Anwendungsbereichs der Zuständigkeitsnorm.

Besondere Aufmerksamkeit verdient das Argument des BGH, § 29 ZPO sei nach seinem Sinngehalt nur auf solche Verpflichtungen anwendbar, auf deren Erfüllung geklagt werden kann. Nicht einklagbar ist auch die "Erfüllung" von Schutzpflichten, gleich ob sie den Vertragspartner oder einen Dritten schützen sollen. An der Ableitung des BGH ist Kritik laut geworden; eben mit Blick auf Ersatzklagen aus positiver Forderungsverletzung und culpa in contrahendo[704]. Diese Kritik ist teilweise berechtigt. Die Frage, ob auf Erfüllung geklagt werden kann, sollte kein zentrales Kriterium sein, da beispielsweise bei einer Verletzung vorvertraglicher Aufklärungs- und Beratungspflichten ein enger innerer Zusammenhang mit dem zu schließenden Vertrag besteht, ohne daß diese Pflichten selbständig einklagbar wären. Gleichwohl läßt sich bei ihnen ein Erfüllungsort bestimmen, so daß bei ihrer Verletzung Schadensausgleich über die culpa in contrahendo im Gerichtsstand des § 29 Abs. 1 ZPO geltend gemacht werden kann.

Die Aussage des BGH kann vielmehr dahingehend verstanden werden, daß die Auslegung der Systembegriffe nicht mehr an der überkommenen sachrechtlichen Haftungszuordnung festzumachen ist. Der fragliche Satz sollte dabei jedoch in der folgenden Weise präzisiert werden: § 29 Abs. 1 ZPO eröffnet einen Gerichtsstand für Ansprüche, die unmittelbar auf die autonome Selbstbindung des in Anspruch genommenen Subjekts zurückgehen bzw. einen engen Zusammenhang mit diesem Akt aufweisen. Ob dies auch Bereicherungsansprüche umfaßt, kann

---

703 Vgl. BGHZ 28,375,376 f.; Kropholler, IPR, § 44 IV; v. Bar, IPR II, Rn. 111.
704 Vgl. Gottwald, JZ 1997,92; Mankowski, IPRax 1997,173,175.

hier dahinstehen; jedenfalls befinden sich die besonderen Pflichten aus der privatautonomen Selbstbindung im Gegensatz zu allgemeinen Pflichten, die gegenüber jedermann bestehen und von daher als deliktstypisch anzusehen sind. Die Schutzpflichtverletzungen bei der positiven Forderungsverletzung erfassen solche Verletzungen allgemeiner Verkehrssicherungspflichten ebenso wie der Vertrag mit Schutzwirkung für Dritte und gehören daher zu dem deliktstypischen Bereich. Der Gerichtsstand der unerlaubten Handlung nach § 32 ZPO eignet sich für diese Fälle.

Die genannte Entscheidung des BGH ist nicht der erste Fall, in dem Wertungen aus dem EuGVÜ die Auslegung des autonomen IZPR beeinflußt haben. Schon im Jahre 1991 hat sich der BGH zu einer einschränkenden Auslegung des Vermögensgerichtsstandes in § 23 ZPO bekannt und dabei vom Verbot exorbitanter Gerichtsstände in Art 3 Abs. 2 EuGVÜ auf das autonome IZPR geschlossen[705]. Zwar mag das dort entwickelte Kriterium eines "hinreichenden Inlandsbezugs des Rechtsstreits" wenig präzise sein, doch ist die erkennbare Tendenz zu einer Internationalisierung der Auslegung begrüßenswert. Ohnehin stützt sich in den Fällen, in denen das Vorschriften der ZPO dem EuGVÜ nachgebildet sind, die deutsche Judikatur ohne weiteres auf die Rechtsprechung des EuGH zu den entsprechenden Normen. Dies geschah bei der Anerkennungsvoraussetzung der rechtzeitigen Klagezustellung in § 328 Abs.1 Nr. 2 ZPO[706] und der schriftlichen Bestätigung einer mündlich getroffenen Gerichtsstandsvereinbarung in § 38 Abs. 2 Satz 2 ZPO[707].

Damit erscheint es nicht fernliegend, daß die deutsche Rechtsprechung den Aspekt der harmonisierenden Auslegung weiter ausbauen wird und vor dem Hintergrund eines begrenzteren Spektrums vertraglicher Pflichten in den meisten europäischen Rechtsordnungen Ansprüche aus der Verletzung von Schutzpflichten als deliktisch ansieht und der internationalen Zuständigkeit am Begehungsort nach § 32 ZPO unterfallen läßt. Dieses wird schon länger für die entsprechende Fallgruppe bei der culpa in contrahendo gefordert[708], doch hatte die Rechtsprechung bislang keine Gelegenheit, sich damit näher auseinanderzusetzen.

Wie unpassend § 29 ZPO für die in Rede stehenden Fälle ist, wird deutlich, wenn man bedenkt, daß das angerufene Gericht über eine nach der lex causae bestimmte ausländische Erfüllungsortregelung für Schutzpflichten seine Zuständigkeit bestimmen müßte. Die auf den Vertrag anwendbare Rechtsordnung wird so vielfach mit der fraglichen Schutzpflichtverletzung nichts zu tun haben. Außer-

---

705 Vgl. BGHZ 115,90,95 ff.
706 Vgl. BGHZ 120,305,314.
707 Vgl. BGHZ 116,77,81.
708 Vgl. schon Bernstein, RabelsZ 41 (1977),281,294.

dem hat Schack gezeigt, wie groß die Differenzen bei den nationalen Erfüllungsortregelungen sind[709]. Da vertragliche Schutzpflichten vielen Rechtsordnungen unbekannt sind, fehlen zugehörige Regeln über den Erfüllungsort.

4. *Konsequenzen der harmonisierenden Auslegung der Systembegriffe*

An verschiedenen Stellen lassen sich Einflüsse des europäischen Zivilprozeßrechts auf die Weiterentwicklung des autonomen internationalen Zivilprozeßrechts ausmachen. So zeigt die jüngste Entscheidung des BGH, wie das Zivilprozeßrecht in Bewegung geraten ist, und das Vertragsrecht - zumindest in grenzüberschreitenden Fällen - schrittweise auf den gemeineuropäischen Kernbereich zurückgeführt werden kann.

Insofern kann von einer Europäisierung des nationalen Rechts gesprochen werden. Das EuGVÜ kann positive Impulse geben, "eingefahrene Gleise des nationalen IZPR zu verlassen"[710]. Nationales Prozeßrecht wird an europäische Maßstäbe angepaßt[711]. Auch das Zivilprozeßrecht muß sich den Herausforderungen des wachsenden internationalen Rechtsverkehrs und der europäischen Integration stellen.

Die hier vorgeschlagene Lösung, die Ansprüche aus einer Schutzpflichtverletzung und einem Vertrag mit Schutzwirkung für Dritte vom Gerichtsstand des § 29 ZPO auszunehmen und stattdessen den Gerichtsstand des § 32 ZPO zu eröffnen, führt für den Gläubiger nicht zu Schutzlücken oder Schwierigkeiten bei der Rechtsverfolgung. Ein angerufenes deutsches Gericht kann sich bei einer Schutzpflichtverletzung in einem internationalen Sachverhalt aufgrund von § 32 ZPO für zuständig erklären, internationalprivatrechtlich den Anspruch deliktisch qualifizieren und deutsches Recht als Deliktsstatut bestimmen, nach dem der Anspruch vertraglicher Natur ist. Die Schwächen des deutschen Deliktsrechts schlagen so auf die vorgelagerten Entscheidungen nicht durch; der prozessuale Schutzzweck ist erfüllt. Desweiteren geht die gerichtliche Zuständigkeit am Begehungsort der Schutzpflichtverletzung mit den zentralen Zuständigkeitsinteresse der Bindung an den Lebenssachverhalt konform. Eine Zuständigkeit am Begehungsort kommt in aller Regel dem Geschädigten entgegen und ermöglicht die Entscheidung durch ein sachnah operierendes Gericht.

Im Ergebnis entsteht die scheinbare Paradoxie, daß § 29 ZPO Vorbild für Art. 5 Nr. 1 EuGVÜ gewesen ist und nun die Auslegung des Einheitsrechts auf auto-

709 Schack, Erfüllungsort, Rn. 236 ff.
710 Schack, ZZP 107 (1994),279,293.
711 Jayme/Kohler, IPRax 1996,377,380.

nomes nationales Recht zurückwirkt. Daran werden die Wechselwirkungen zwischen europäischem und nationalem Zivilprozeßrecht sinnfällig.

§ 5 Zusammenfassung und Schlußbetrachtung

Die Ausdehnung des Bereichs vertraglicher Haftung in Deutschland in Form eines immer weiter ausufernden Spektrums vertraglicher Pflichten und eines vertraglichen Schutzes von eigentlich vertragsfremden dritten Personen kann weder im internationalen Privatrecht noch im staatsvertraglichen oder autonomen Recht der internationalen Zuständigkeit eine Fortsetzung finden.

Zwar werden bislang zu diesen Fragen im internationalen Privatrecht und bei der internationalen Zuständigkeit noch vielfach ausdrücklich oder implizit die sachrechtlichen Wertungen übernommen, doch hat die rechtsvergleichende Umschau deren mangelnde Eignung für Fälle mit internationalem Bezug sinnfällig gemacht.

Für den Bereich des internationalen Einheitsrechts und die ihm nachgebildeten Vorschriften des EGBGB vermag die auf der autonom-rechtsvergleichenden Methode basierende funktionelle Qualifikation von Systembegriffen der Kollisions- bzw. Zuständigkeitsnormen der Eigenständigkeit von internationalem Privatrecht und internationalem Zivilprozeßrecht zur Geltung zu verhelfen. Die einheitliche Rechtsanwendung in den Vertragsstaaten von EVÜ und EuGVÜ wird auf diesem Wege gefördert. Im Rahmen der autonomen deutschen Vorschriften zur internationalen Zuständigkeit ist bei richtigem Verständnis der Auslegung nach der lex fori eine Anlehnung an Lösungen aus dem staatsvertraglichen Recht möglich. Die lex-fori-Qualifikation ist also keine unreflektierte Übernahme materiellrechtlicher Haftungskategorien.

Für die positive Forderungsverletzung ist aufgrund der Heterogenität der verschiedenen Fallgruppen eine differenzierende Lösung bei der Qualifikation im internationalen Privatrecht und bei der internationalen Zuständigkeit geboten. Ansprüche aus einem Vertrag mit Schutzwirkung für Dritte resultieren dagegen aus eher homogenen Situationen und eröffnen daher die Möglichkeit zu einer einheitlichen Qualifikationsentscheidung.

Zentrales Abgrenzungskriterium für die Anwendung der vertraglichen oder der deliktischen Norm muß bei den fraglichen Fällen mit Auslandsbezug der funktionale Zusammenhang mit dem Akt privatautonomer Selbstbindung sein. Nur sofern Pflichten auf diesem Akt beruhen oder durch ihn modifiziert werden, können sie im internationalen Kontext den jeweiligen Systembegriffen der für das Vertragsrecht maßgeblichen Norm - Art. 32 Abs. 1 Nr. 3 EGBGB bzw. Art. 10 Abs. 1 lit. c) EVÜ und Art. 5 Nr. 1 EuGVÜ bzw. § 29 Abs. 1 ZPO - zugeordnet werden. Der Maßgeblichkeit des Charakters der Pflichten gebührt auch der Vorrang gegenüber einer Unterscheidung nach der Natur des Schadens und der Art des geschützten Interesses. Diese Unterscheidung könnte nur sehr unscharf getroffen werden und liefe dem internationalen Entscheidungseinklang zuwider.

Außerhalb der Pflichten, die in funktionalem Zusammenhang mit dem Akt privatautonomer Selbstbindung stehen, ist eine Zuordnung zum Vertragsstatut bzw. eine gerichtliche Zuständigkeit am Erfüllungsort inadäquat. Es entstehen weder für den Geschädigten noch für den Schädiger wesentliche Nachteile, wenn die Schutzpflichten - sei es gegenüber dem Vertragspartner oder einem Dritten - in internationalen Fällen in das Deliktsrecht zurückgegliedert werden. Die fraglichen Pflichten sind wesensgleich mit allgemeinen Verkehrssicherungspflichten, bei deren Verletzung das Deliktsrecht für den Schadensausgleich sorgen muß. Dann verwirklicht sich der internationale Entscheidungseinklang und die internationale Zuständigkeitsharmonie, da der europäische Kernbereich der vertraglichen Haftung sichtbar wird.

Unterschiedliche Bedürfnisse und Fragestellungen im Sachrecht auf der einen Seite und bei internationalem Privatrecht und internationaler Zuständigkeit auf der anderen Seite führen zu dieser Neubewertung der Schutzpflichtverletzung bei der positiven Forderungsverletzung und beim Vertrag mit Schutzwirkung. Ein Haftungsbedürfnis im materiellen Recht steht typisierten Rechtsanwendungs- und Zuständigkeitsinteressen der Parteien und dem Gebot internationalen Entscheidungseinklangs und internationaler Zuständigkeitsharmonie gegenüber.

Insgesamt entsteht ein Fall schlichter Parallelität von internationalem Privatrecht und internationaler Zuständigkeit[712]. Beide Rechtsgebiete sind zwar prinzipiell eigenständig und folgen eigenen Ordnungs- und Wertungsprinzipien, doch darf bewußt nach einer Harmonisierung gesucht werden. Beide Bereiche können als verschiedene Aspekte der territorialen Einordnung einer rechtlichen Frage angesehen werden.

An diesem Ergebnis ändert sich nichts wesentliches, wenn der Vorschlag der europäischen Kommission zur Reform des EuGVÜ das Übereinkommen in seiner gegenwärtigen Form ersetzt oder der auf Art. 65 EGV basierende Verordnungsentwurf umgesetzt wird. Es wurde bereits darauf hingewiesen, daß selbst bei einem Wegfall des Gerichtsstands am Erfüllungsort ein neues Spannungsverhältnis zwischen allgemeinem Gerichtsstand und dem Gerichtsstand der unerlaubten Handlung entstünde[713]. Art. 5 Nr. 3 EuGVÜ n. F. gewänne dann an Attraktivität und Bedeutung, da der allgemeine Gerichtsstand dem Geschädigten die Rechts-

---

712 Dazu Pfeiffer, Int. Zuständigkeit, S. 95 ff.

713 Siehe § 4 I. 2.

verfolgung erschwert. Auch vor diesem Hintergrund darf die vorgeschlagene Lösung auf Akzeptanz hoffen.

Literaturverzeichnis

Audit, Bernard: Droit international privé, 2. Auflage, Paris 1997

V. Bar, Christian: Internationales Privatrecht, Erster Band, München 1987 (zit.: IPR I) Zweiter Band, München 1991 (zit.: IPR II)

—: Gemeineuropäisches Deliktsrecht, Erster Band, München 1996 (zit.: DeliktsR I)

Batiffol, Henry/Lagarde, Paul: Traité de droit international privé, Bd. 1, 8. Auflage, Paris 1993

Bauer, Ulrich: Grenzen nachträglicher Rechtswahl durch Rechte Dritter im Internationalen Privatrecht, Diss. Pfaffenweiler 1992

Beitzke, Günter: Bemerkungen zur Kollisionsrechtsvergleichung in der Praxis, RabelsZ 48 (1984), 623 ff.

—: Das Deliktsrecht im schweizerischen IPR-Entwurf, SchwJBIntR 1979, 93 ff.

—: Les obligations délictuelles en droit international privé, Rec. des Cours 115 (1965 II), 65 ff.

Benjamin's: Sale of Goods, 5. Auflage, London 1997

Bernstein, Herbert: Kollisionsrechtlche Fragen der culpa in contrahendo, RabelsZ 41 (1979), 281 ff.

Bertrams, R.I.V.F./van der Velden, F.J.A.: Overeenkomsten in het internationaal privaatrecht en het Weense Koopverdrag, Zwolle 1994

Bröcker, Walter: Möglichkeit der differenzierten Regelbildung im Internationalen Deliktsrecht, Diss. München 1967

Broggini, Gerardo: La nouvelle loi italienne de droit international privé, SchwJBIntR 1996, 1 ff.

Buchner, Benedikt: Kläger- und Beklagtenschutz im Recht der internationalen Zuständigkeit, Diss. Tübingen 1998

Busse, Daniel: Internationales Bereicherungsrecht, Diss. Tübingen 1998

Bydlinski, Franz: Vertragliche Sorgfaltspflichten zugunsten Dritter, JBl. 1960, 359 ff.

v. Caemmerer, Ernst: Wandlungen des Deliktsrecht, Karlsruhe 1964

Canaris, Claus-Wilhelm: Ansprüche wegen "positiver Vertragsverletzung" und "Schutzwirkung für Dritte" bei nichtigen Verträgen, JZ 1965, 475 ff.

—: Schutzgesetze-Verkehrspflichten- Schutzpflichten, in: Festschrift für Karl Larenz zum 80. Geburtstag, München 1983, S. 27 ff.

Constantinesco, Léotin-Jean: Inexécution et Faute contractuelle en Droit comparé, Stuttgart- Brüssel 1960
Czernich, Dietmar/Heiss, Helmut: Das Europäische Schuldvertragsübereinkommen, Wien 1999
Dahm, Henning: Die dogmatischen Grundlagen und tatbestandlichen Voraussetzungen des Vertrages mit Schutzwirkung für Dritte, Diss. Köln 1988
Dalloz, Répertoire de droit civil: Dalloz, Encyclopédie juridique, Paris, Lsbl. (zit.: Enc. Dalloz)
Dammann, Reinhard: Die Einbeziehung Dritter in die Schutzwirkung eines Vertrages: eine Studie des französischen Rechts im Lichte einer rechtsvergleichenden Betrachtung des deutschen Rechts, Diss. München 1990
Degner, Egbert Paul: Kollisionsrechtliche Anknüpfung der Geschäftsführung ohne Auftrag, des Bereicherungsrechts und der culpa in contrahendo, RIW 1983, 825 ff.
—: Kollisionsrechtliche Probleme des Quasikontrakts, Diss. Tübingen 1984
Denkschrift des Deutschen Bundestages zum Römischen Übereinkommen über das auf vertragliche Schuldverhältnisse anwendbare Recht, BT-Drs. 10/503, S. 21 ff.
Dicey and Morris: The Conflict of Laws, London 1987
Diedrich, Frank: Autonome Auslegung von Internationalem Einheitsrecht, Diss. Baden-Baden 1994
Dörner, Heinrich: Anmerkung zu BGH, JR 1987, 201 ff.
—: Qualifikation im IPR - ein Buch mit sieben Siegeln, StAZ 1988, 345 ff.
Emmerich, Volker: Das Recht der Leistungsstörungen, 4. Auflage, München 1996
Erman: Handkommentar zum BGB, 9. Auflage, Münster 1993
Esser, Josef/Schmidt, Eike: Schuldrecht Bd. 1, 6. Auflage, Heidelberg 1984
Ferid, Murad: Das französische Zivilrecht, Band 1, Frankfurt am Main - Berlin 1971
Ferid, Murad/Sonnenberger, Hans Jürgen: Das Französische Zivilrecht, Bd. 2, 2. Auflage, Heidelberg 1986
Fikentscher, Wolfgang: Schuldrecht, 9. Auflage, Berlin 1997
Firsching, Karl: Das Prinzip der Akzessorietät im deutschen internationalen Recht der unerlaubten Handlung, in: Festschrift für Zajtay, Tübingen 1982, S. 143 ff.
Fischer, Gerfried: Culpa in contrahendo im Internationalen Privatrecht, JZ 1991, 168 ff.
Fischer, Peter Michael: Die akzessorische Anknüpfung des Deliktsstatuts, Diss. Berlin 1989

Flessner, Axel: Befreiung vom Vertrag wegen Nichterfüllung, ZEuP 1997, 255 ff.

Frick, Joachim: Culpa in contrahendo - Eine rechtsvergleichende und kollisionsrechtliche Studie, Diss. Zürich 1992

Gaudemet-Tallon, Helène: Anmerkung zu EuGH, Rev.crit.dr.int.p. 81 (1992), 730 ff.

—: Les Conventions de Bruxelles et de Lugano, 2. Auflage Paris 1996 (zit.: Conventions)

Geimer, Reinhold: Die Gerichtspflichtigkeit des Beklagten nach Art. 5 Nr. 1 und 3 EuGVÜ bei Anspruchskonkurrenz, IPRax 1986, 80 ff.

—: Internationales Zivilprozeßrecht, 3. Auflage, Köln 1997 (zit.: IZPR)

Geimer, Reinhold/Schütze, Rolf A.: Europäisches Zivilverfahrensrecht, München 1997

Gernhuber, Joachim: Das Schuldverhältnis, Tübingen 1989

—: Drittwirkungen im Schuldverhältnis kraft Leistungsnähe, in: Festschrift für Nikisch, Tübingen 1958, S. 249 ff.

Giuliano, Mario/Lagarde, Paul: Bericht über das Übereinkommen über das auf vertragliche Schuldverhältnisse anzuwendende Recht, ABl.EG 1980 Nr. C 282/1 ff.

Gonzenbach, Gerald: Die akzessorische Anknüpfung - ein Beitrag zur Verwirklichung des Vertrauensprinzips im IPR, Diss. Zürich 1986

Gottwald, Peter: Anmerkung zu BGH, JZ 1997, 92 ff.

—: Europäische Gerichtspflichtigkeit kraft Sachzusammenhangs, IPRax 1989, 272 ff.

Grundmann, Stefan: Qualifikation gegen die Sachnorm, Diss. München 1985

Gschnitzer, Franz: Österreichisches Schuldrecht, Besonderer Teil, 2. Auflage, Wien 1988

Hartkamp, Arthur: Das neue niederländische Bürgerliche Gesetzbuch aus europäischer Sicht, RabelsZ 57 (1993), 664 ff.

Van Hecke, Georges/Lenaerts, Koen: Internationaal Privaatrecht, 1989

Heinrichs, Helmut: Abschied vom BGB oder sinnvolle Weiterentwicklung des bürgerlichen Rechts?, Regensburg 1995

Heyn, Hanns-Christian: Die "Doppel-" und "Mehrfachqualifikation im IPR, Diss. Frankfurt a. M. 1986

Hohloch, Gerhard: Erfolgsort und Schadensort - Abgrenzung bei Ansprüchen auf Ersatz von (primären und sonstigen) Vermögensschäden, IPRax 1997, 312 ff.

Hondius, Ewond u. a.: Das neue Niederländische Zivilgesetzbuch, AcP 191 (1991), 379 ff.

Hopt, Klaus J.: Nichtvertragliche Haftung außerhalb von Schadens- und Bereicherungsausgleich, AcP 183 (1983), 608 ff.

Huber, Ulrich: Leistungsstörungen, in: Bundesminister der Justiz (Hg.), Gutachten und Vorschläge zur Überarbeitung des Schuldrechts, Köln 1981, S. 647 ff.

Huber, Ulrich: Zur Dogmatik der Vertragsverletzungen nach einheitlichem Kaufrecht und deutschem Schuldrecht, in: Festschrift für von Caemmerer, Tübingen 1978, S. 837 ff.

—: Zur Haftung des Verkäufers wegen positiver Vertragsverletzung, AcP 177 (1977), 281 ff.

Hübner, Ulrich/Constantinesco, Vlad: Einführung in das französische Recht, 3. Auflage, München 1994

Jayme, Erik/Kohler, Christian: Europäisches Kollisionsrecht 1995 - Der Dialog der Quellen, IPRax 1995, 343 ff.

—: Europäisches Kollisionsrecht 1996 - Anpassung und Transformation der nationalen Rechte, IPRax 1996, 377 ff.

—: Europäisches Kollisionsrecht 1997 - Vergemeinschaftung durch "Säulenwechsel"?, IPRax 1997, 385 ff.

—: Europäisches Kollisionsrecht 2000 - Interlokales Privatrecht oder universelles Gemeinschaftsrecht? IPRax 2000, 454 ff.

Jenard-Bericht zum EuGVÜ, ABl.EG 1979 Nr. C 59/1 ff.

Jourdain, Patrice: Responsabiltité delictuelle et responsabilité contractuelle, Revue trimestrielle de droit civil 89 (1990), 481 ff.

Junker, Abbo: Die einheitliche europäische Auslegung nach dem EG-Schuldvertragsübereinkommen, RabelsZ 55 (1991), 674 ff.

Kadner, Thomas: Gerichtsstand des Erfüllungsortes im EuGVÜ, Einheitliches Kaufrecht und internationalzivilprozessuale Gerechtigkeit, Jura 1997, 240 ff.

Karollus, Martin: Anmerkung zu OGH, JBl. 1994, 333 ff.

Kassis, Antoine: Le nouveau droit européen des contrats internationaux, Paris 1993

Kaye, Peter: The New Private International Law of Contract of The European Community, Aldershood 1993

Keitel, Hans-Joachim: Rechtsgrundlage und systematische Stellung des Vertrages mit Schutzwirkung für Dritte, Diss., Frankfurt a. M. 1988

Keller, Max/Siehr, Kurt: Allgemeine Lehren des internationalen Privatrechts, Zürich 1986

Kiethe, Kurt: Internationale Tatortzuständigkeit bei unerlaubter Handlung - die Problematik des Vermögensschadens, NJW 1994, 222 ff.

Klang: Kommentar zum Allgemeinen Bürgerlichen Gesetzbuch, 2. Auflage, Wien 1950 ff.

Knetsch, Alfred: Das Verhältnis von Vertrags- und Deliktsrecht, Diss. Köln 1975

Köpcke, Günther: Typen der positiven Vertragsverletzung, Diss., Stuttgart-Berlin-Köln-Mainz 1965

Kötz, Hein: Europäisches Vertragsrecht, Band I, Tübingen 1996 (zit.: Europ. Vertragsrecht I)

Koziol, Helmut: Delikt, Verletzung von Schuldverhältnissen und Zwischenbereich, JBl. 1994, 209 ff.

—: Einige Fragen des internationalen Schadensersatzrechts, Zeitschrift für Verkehrsrecht (ZVR) 1980, 1 ff.

—: Österreichisches Haftpflichtrecht Band II, 2. Auflage, Wien 1984 (zit.: Koziol II)

Koziol, Helmut/Welser, Rudolf: Grundriß des bürgerlichen Rechts, Bd. 1, 10. Auflage, Wien 1995

Kreuzer, Karl: Zur Anknüpfung der Sachwalterhaftung, IPRax 1988,16 ff.

Kropholler, Jan: Ein Anknüpfungssystem für das Deliktsstatut, RabelsZ 33 (1969), 601 ff.

—: Europäisches Zivilprozeßrecht, 6. Auflage, Heidelberg 1998 (zit.: EuGVÜ)

—: Internationales Einheitsrecht, Tübingen 1975 (zit.: Internat. EinheitsR)

—: Internationales Privatrecht, 3. Auflage, Tübingen 1997 (zit.: IPR)

La convenzione di roma sulla legge applicable alle obbligazioni contrattuali, Mailand 1983

Lagarde, Paul: Le nouveau droit international privé des contrats après l'entrée en vigueur de la Convention de Rome du 19 juin 1980, Rev.crit.dr.int.pr. 1991, 287 ff.

Lagarde, Paul: The scope of the applicable law in the E.E.C. Convention, in: P. M. North (Hg.), Contract Conflicts, Amsterdam-New York-Oxfort, 1982, S. 49 ff.

Lando, Ole: The EC draft convention on the law applicable to contractual and non-contractual obligations, RabelsZ 38 (1974), 6 ff.

Lando, Ole/Beale, Hugh (Hg.): The Principles of European Contract Law, Dordrecht-Boston-London 1995

Larenz, Karl: Anmerkung zu BGH, NJW 1956, 1193 f.

—: Lehrbuch des Schuldrechts, 1. Band, München 1987 (zit.: Larenz I)

—: Zur Schutzwirkung eines Schuldvertrages gegenüber dritten Personen, NJW 1960, 77 ff.

Lohse, Martin: Das Verhältnis von Vertrag und Delikt, Diss. München 1990

Looschelders, Dirk: Anpassung und Substitution bei der Verjährungsunterbrechung durch unzulässige Auslandsklage, IPRax 1998,296 ff.

—: Die Anpassung im Internationalen Privatrecht, Diss. Heidelberg 1995 (zit.: Anpassung)

—: Persönlichkeitsschutz in Fällen mit Auslandsberührung, ZVglRWiss 95 (1996), 48 ff.

Lorenz, Werner: Anmerkung zu BGH, JZ 1966, 143 ff.

—: Die allgemeine Grundregel betreffend das auf die außervertragliche Schadenshaftung anzuwendende Recht, in: Ernst v. Caemmerer (Hg.), Vorschläge und Gutachten zur Reform des deutschen internationalen Privatrechts der außervertraglichen Schuldverhältnisse, Tübingen 1983, S. 97 ff. (zit.: Vorschläge)

—: Zur Anknüpfung der Produzentenhaftung im österreichischen Recht, IPRax 1988, 373 ff.

Loussouarn, Yvon/Bourel, Pierre: Droit international privé, 5. Auflage, Paris 1996

Lüderitz, Alexander: Internationales Privatrecht, 2. Auflage, Neuwied/Frankfurt a. M. 1992

Mankowski, Peter: Verlöbnisbruch, konkurrierende Deliktsansprüche und Rückforderung im Internationalen Privat- und Zivilprozeßrecht, IPRax 1997, 173 ff.

—: Versicherungsverträge zu Gunsten Dritter, Internationales Privatrecht und Art. 17 EuGVÜ, IPRax 1996, 427 ff.

Mansel, Heinz-Peter: Gerichtliche Prüfungsbefugnis im forum delicti, IPRax 1989, 84 ff.

—: Kollisions- und zuständigkeitsrechtlicher Gleichlauf der vertraglichen und deliktischen Haftung, ZVglRWiss 86 (1987), 1 ff.

Martiny, Dieter: Internationales Privatrecht zwischen Rechtsgefälle und Vereinheitlichung, ZEuP 1995, 67 ff.

Mayer, Hans-Jochem: Die "obligations accessoires" im französischen allgemeinen Vertragsrecht und ihr deutsches Pendant, Diss. Tübingen 1988

Mayrhofer, Heinrich: Das Recht der Schuldverhältnisse, Allgemeine Lehren, 3. Auflage, Wien 1986

Mazeaud, Henry et Léon/Tunc, André: Traité theorique et pratique de la responsabilité civil, 6. Auflage, Paris 1965

Medicus, Dieter: Bürgerliches Recht, 18. Auflage, Köln 1999

—: Verschulden bei Vertragsverhandlungen, in: Bundesminister der Justiz (Hg.), Gutachten und Vorschläge zur Überarbeitung des Schuldrechts, Bd. I, Köln 1981, S. 479 ff.

Meller, Eberhard: Obligation de Sécurité, Diss. Berlin 1974

Meyer-Sparenberg, Wolfgang: Staatsvertragliche Kollisionsnormen, Diss. Berlin 1990

Möllenhoff, Wolfgang: Nachträgliche Rechtswahl und Rechte Dritter, Diss. Berlin 1993

Müller, Klaus: Delikte mit Auslandsberührung, JZ 1986, 212 ff.
Münchener Kommentar: Kommentar zum BGB, 2. Auflage, München 1985 ff. und 3. Auflage, 1990 ff. (zit.: MüKo-Bearbeiter)
Nickl, Ulrich: Die Qualifikation der culpa in contrahendo im Internationalen Privatrecht, Diss., Frankfurt a. M. 1992
Nieuwenhuis: Burgerlijk Wetboek, Commentaar, 2. Auflage, Kluwer-Deventer 1994
Nirk, Rudolf: Rechtsvergleichendes zur Haftung aus culpa in contrahendo, RabelsZ 18 (1953), 310 ff.
Nolte, Georg: Zur Technik der geplanten Einführung des EG- Schuldvertragsübereinkommens in das deutsche Recht aus völkerrechtlicher Sicht, IPRax 1985, 71 ff.
Palandt: Kommentar zum Bürgerlichen Gesetzbuch, 59. Auflage, München 2000
Patrzek, Katrin: Die vertragsakzessorische Anknüpfung im Internationalen Privatrecht, Diss. München 1992
Pellegrino, Mario: Subjektive oder objektive Vertragshaftung? ZEuP 1997, 41 ff.
Peifer, Karl-Nikolaus: Anmerkung zu EuGH, JZ 1995, 91 ff.
Pfeiffer, Thomas: Internationale Zuständigkeit und prozessuale Gerechtigkeit, Frankfurt a. M. 1995 (zit.: Int. Zuständigkeit)
Pfister, Bernhard: Die Produzentenhaftung nach österreichischem Recht, RIW/AWD 1978, 153 ff.
Picker, Eduard: Positive Forderungsverletzung und culpa in contrahendo - Zur Problematik der Haftungen "zwischen" Vertrag und Delikt, AcP 183 (1983), 369 ff.
—: Vertragliche und deliktische Schadenshaftung, JZ 1987, 1041 ff.
Plaßmeier, Heiko: Ungerechtfertigte Bereicherung im Internationalen Privatrecht und aus rechtsvergleichender Sicht, Diss. Berlin 1996
Plender, Richard: The European Contracts Convention, London 1991
Polak, Maurice: Towards codified dutch private international law, Netherlands international law review 1991, 312 ff.
Posch, Willibald: Produkthaftung und Schadensersatzreform, JBl. 1980, 281 ff.
Rabel, Ernst: Das Problem der Qualifikation, RabelsZ 5 (1931), 241 ff.
Rauscher, Thomas: Verpflichtung und Erfüllungsort in Art. 5 Nr. 1 EuGVÜ, Diss. München 1984
Reder, Wolfgang: Die Eigenhaftung vertragsfremder Dritter im internationalen Privatrecht, Diss. Konstanz 1989
Reinhart, Gert: Zur einheitlichen Auslegung vereinheitlichter IPR-Normen nach Art. 36 EGBGB, RIW 1994, 445 ff.
Reithmann, Christoph/Martiny, Dieter: Internationales Vertragsrecht, 5. Auflage, Köln 1996

Renner, Thomas: Der französische Grundsatz des "non-cumul" vertraglicher und deliktischer Schadensersatzansprüche als Vorbild für eine Reform des deutschen Schuldrechts, Diss. Mainz 1988

Roth, Herbert: Die Reichweite der lex-fori-Regel im internationalen Zivilprozeßrecht, in: Festschrift für Stree und Wessels, Heidelberg 1993, S. 1045 ff.

Rummel, Peter: Kommentar zum Allgemeinen Bürgerlichen Gesetzbuch, 2. Auflage, Wien 1990 ff.

Sandrock, Otto: Die Bedeutung des Gesetzes zur Neuregelung des Internationalen Privatrechts für die Unternehmenspraxis, RIW 1986, 841 ff.

Schack, Haimo: Der Erfüllungsort im deutschen, ausländischen und internationalen Privat- und Zivilprozeßrecht, Frankfurt am Main 1985 (zit.: Erfüllungsort)

—: Internationales Zivilverfahrensrecht, 2. Auflage, München 1996 (zit.: IZVR)

—: Wechselwirkungen zwischen europäischem und nationalem Zivilprozeßrecht, ZZP 107 (1994), 279 ff.

Schlechtriem, Peter: Vertragsordnung und außervertragliche Haftung, Frankfurt a. M. 1972

Schlesinger, Wilhelm: Die Lehre von den positiven Vertragsverletzungen und ihr Einfluss auf das österreichische Recht, Zentralblatt für die jur. Praxis 1926, 401 ff.

Schlosser, Peter: Anmerkung zu EuGH, RIW 1988, 987 ff.

—: Europäisch-autonome Interpretation des Begriffs "Vertrag oder Ansprüche aus einem Vertrag" im Sinne von Art. 5 Nr. 1 GVÜ, IPRax 1984, 65 ff.

—: Kommentar zum EuGVÜ, München 1996

Schmidt-Kessel, Martin: Implied Term - auf der Suche nach dem Funktionsäquivalent, ZVglRWiss 96 (1997), 101 ff.

Schönberger, Thomas: Das Tatortprinzip und seine Auflockerung im deutschen internationalen Deliktsrecht, Diss. München 1990

Schröder, Jochen: Internationale Zuständigkeit, Opladen 1971

Schünemann, Wolfgang: Die positive Vertragsverletzung - eine kritische Bestandsaufnahme, JuS 1987, 1 ff.

Schwarz, Matthias: Der Gerichtsstand der unerlaubten Handlung nach deutschem und europäischem Zivilprozeßrecht, Diss. Frankfurt am Main 1991

Schwimann: Praxiskommentar zum ABGB, 2. Aufl. Wien 1997

Schwind, Fritz: Internationales Privatrecht, Wien 1990

Seetzen, Uwe: Zur Entwicklung des internationalen Deliktsrechts, VersR 1970, 1 ff.

Von der Seipen, Christoph: Akzessorische Anknüpfung und engste Verbindung im Kollisionsrecht der komplexen Vertragverhältnisse, Diss. Heidelberg 1989

Soergel: Kommentar zum Bürgerlichen Gesetzbuch, 12. Auflage, Stuttgart, 1990 ff.
Sonnenberger, Hans Jürgen: Neue Wege der Produzentenhaftung im französischen Recht, in: Festschrift für Steindorff, Berlin-New York 1990, S. 777 ff.
Sonnenschein, Gert: Inexécution, Nichterfüllung und Haftung im französischen Vertragsrecht, Diss. Bonn 1971
Spellenberg, Ulrich: Der Gerichtsstand des Erfüllungsortes im EuGVÜ, ZZP 91 (1978), 38 ff.
Stade, Andrea: Die Rechtsgutsverletzung und die Schädigung als Tatbestandsmerkmale der positiven Forderungsverletzung, Diss. Hamburg 1994
Starck, Boris: Droit Civil, Obligations Bd. 2, 2. Auflage, Paris 1986
Staub, Herrmann: Die positiven Vertragsverletzungen, Berlin 1904
Staudinger: Kommentar zum BGB, 13. Auflage, Berlin ab 1995 12. Auflage, Berlin 1978 ff.
Stein/Jonas: Kommentar zur ZPO, Bd. 1 (§§ 1-90), 21. Auflage, Tübingen 1993
Stoll, Hans: Die Behandlung von Verhaltensnormen und Sicherheitsvorschriften, in: Ernst v. Caemmerer (Hg.), Vorschläge und Gutachten zur Reform des deutschen internationalen Privatrechts, Tübingen 1983, S. 160 ff. (zit.: Vorschläge)
—: Die Beweislastverteilung bei positiven Vertragsverletzungen, in: Festschrift für Fritz von Hippel, Tübingen 1967, S. 517 ff.
—: Internationalprivatrechtliche Fragen bei der landesrechtlichen Ergänzung des einheitlichen Kaufrechts, in: Festschrift für Ferid, Frankfurt am Main 1988, S. 495 ff.
—: Sturz vom Balkon auf Gran Canaria - Akzessorische Anknüpfung, deutsches Deliktsrecht und örtlicher Sicherheitsstandard, IPRax 1989, 89 ff.
Stoll, Heinrich: Abschied von der Lehre der positiven Vertragsverletzung, AcP 136 (1932), 257 ff.
Tizzano, Antonio: Bericht über die Protokolle betreffend die Auslegung des am 19. Juni 1980 in Rom zur Unterzeichnung aufgelegten Übereinkommens über das auf vertragliche Schuldverhältnisse anzuwendende Recht durch den Gerichtshof der Europäischen Gemeinschaften, ABl.EG 1990 Nr. C 219/1 ff.
Triebel, Volker/Hodgson, Stephen/Kellenter, Wolfgang/
Müller, Georg: Englisches Handels- und Wirtschaftsrecht, 2. Auflage, Heidelberg 1995
Treitel, G. H.: The Law of Contract, 9. Auflage, London 1995
Urban, Werner: "Vertrag" mit Schutzwirkung zugunsten Dritter und Drittschadensliquidation, Diss. Bergisch Gladbach-Köln 1989
Viney, Geneviè: Traité de droit civil, Les obligations, La responsabilité: conditions, Paris 1982

Von Walter, Christoph: Die Konkurrenz vertraglicher und deliktischer Schadensersatznormen im deutschen, ausländischen und internationalen Privatrecht, Diss. Regensburg 1977

Wagner, Rolf: Die geplante Reform des Brüsseler und des Lugano-Übereinkommens, IPRax 1998, 241 ff.

Wandt, Manfred: Das internationale Produkthaftungsrecht Österreichs und der Schweiz, PHI 1989, 2 ff.

—: Internationale Produkthaftung, Heidelberg 1995

Weber, Helmut: Die Theorie der Qualifikation, Diss. Tübingen 1986

Wieczorek, Bernhard/Schütze, Rolf A.: Kommentar zur Zivilprozeßordnung und Nebengesetzen, 1. Bd., 1. Teilbd., 3. Auflage, Berlin-New York 1994

Wilderspin, Michael: The Rome Convention; Experience to date before the Courts of Member States, and Interpretation by the Court of Justice of the European Communities of the Brussels Convention and its possible impact on the Rome Convention, in: Lagarde/v. Hoffmann (Hg.): L'européanisation du droit internationale privé, Köln 1996, S. 50 ff.

Wolfer, Michel: Die Rechtsprechung des Kassationshofs zu Vertragsketten, PHI 1991, 220 ff.

Würthwein, Susanne: Die Problematik der örtlichen und internationalen Zuständigkeit aufgrund unerlaubter Handlung, ZZP 106 (1993), 51 ff.

Zöller: Kommentar zur Zivilprozeßordnung, 21. Auflage, Köln 1999

Zweigert, Konrad/Kötz, Hein: Einführung in die Rechtsvergleichung, 3. Auflage, Tübingen 1996

FSC
www.fsc.org
MIX
Papier | Fördert gute Waldnutzung
FSC® C083411

Kolibri 360 GmbH
Ferdinand-Jühlke-Straße 7
99095 Erfurt, Deutschland
produktsicherheit@kolibri360.de

Druck:
CPI Druckdienstleistungen GmbH
im Auftrag der
Kolibri 360 GmbH
Ferdinand-Jühlke-Str. 7
99095 Erfurt